CONTENTS
콘텐츠미라클
경험을 돈으로 바꾸는 콘텐츠 전략

MIRACLE

CONTENTS
콘텐츠미라클

경험을 돈으로 바꾸는 콘텐츠 전략

MIRACLE

소영처럼 지음

RADIO BOOK

차례

프롤로그   원하는 삶으로 이끄는 콘텐츠의 힘   · 010

01

콘텐츠는 원하는 삶을 이루는
가장 확실한 방법이다

1. 관점을 바꾸면 콘텐츠가 보인다   · 017
2. 일상은 어떻게 돈 되는 콘텐츠가 되는가   · 020
3. 콘텐츠는 최고의 마케팅이다   · 025

02

돈 되는 콘텐츠 소재 찾는 법

1. 불만을 돈 되는 콘텐츠로 바꾸는 법 · 033
2. 경험에서 콘텐츠 찾는 법 · 040
3. 일상에서 콘텐츠 찾는 법 · 048
4. 가치를 전하는 콘텐츠 3요소 · 052
5. 같은 경험으로 콘텐츠 확장하는 법 · 057
6. 아이디어를 콘텐츠로 구체화하는 법 · 060
7. 두려움 없이 콘텐츠 만드는 법 · 063
8. 술술 읽히는 콘텐츠 만드는 법 · 068
9. 10분 만에 책에서 콘텐츠 소재 뽑아내는 법 · 075
10. 콘텐츠 제작 시간 확보하는 5가지 방법 · 080

03

돈 되는 콘텐츠 만드는 법

1. 돈 되는 콘텐츠 3가지 기본 법칙 · 093
2. 과정은 어떻게 콘텐츠가 되나 · 101
3. 나만의 콘셉트 잡는 법 · 108

4. 4W로 보는 콘텐츠 차별화 · 111
5. 나에게 맞는 콘텐츠 플랫폼 선택법 · 120
6. 구매자를 유혹하는 콘텐츠 만드는 법 · 124

04

따라만 해도 돈 되는 4가지 콘텐츠 원칙

돈 되는 콘텐츠 원칙 〈1〉 신뢰성

1. 지갑을 열기 전 신뢰가 먼저다 · 134
2. 돈 되는 콘텐츠는 상대방 언어로 말한다 · 146
3. 제3자의 입으로 확신을 줘라 · 157

돈 되는 콘텐츠 원칙 〈2〉 전문성

1. 전문성이 돋보이는 콘텐츠 연재법 · 171
2. 시간을 절약해 주는 단 하나의 콘텐츠 · 178
3. 기대감 높이는 콘텐츠 만드는 법 · 191
4. 전문성과 신뢰감을 동시에 보여주는 셀프 리뷰 콘텐츠 · 195

돈 되는 콘텐츠 원칙 〈3〉 관계성

1. 단 한 사람을 위한 감동 콘텐츠 · 207
2. 자연스럽게 함께 성장하는 활동 콘텐츠 · 215

돈 되는 콘텐츠 원칙 〈4〉 성장성

1. 과정을 통해 성장을 보여줘라 · 222
2. 리뷰를 잘하면 파는 것도 잘 판다 · 227

05

돈 되는 콘텐츠 파는 3가지 도구

글로 콘텐츠 팔기

1. 콘텐츠 판매, 가장 쉽게 테스트해 보는 법 · 249

말로 콘텐츠 팔기

1. 콘텐츠만 있다면 누구라도 시작할 수 있는 강의 · 257
2. 처음부터 끝까지, 강의 기획하기 · 270

플랫폼에서 콘텐츠 팔기

1. 카카오톡 오픈 채팅으로 콘텐츠 파는 법 · 286
2. 네이버 카페로 콘텐츠 파는 법 · 290

06

돈 되는 콘텐츠
판매전략

1. 콘텐츠 팔 때 중요한 것 · 301
2. 팔리는 콘텐츠 2스텝 전략 · 304
3. 콜라보로 콘텐츠 파는 법 · 308
4. 하나의 콘텐츠 여러 채널에 활용하기 · 310
5. 상품 만들기 전 미리 파는 법 · 316
6. 콘텐츠 노하우로 대행하는 법 · 329

07

콘텐츠
수익화 사례

1. 해외에서 온라인으로 수익 0원에서 월 천만 원까지(B쌤 님 사례) · 335
2. 계약 0건에서 전환율 90%로(디자인봄애 님 사례) · 345

08

콘텐츠로 당신의
인생을 1도만 바꿔라

1. 모든 일의 시작은 '이것'부터다 · 357
2. 삶을 쉽게 만드는 단 한 가지 · 362
3. 시작할 때 두려움 없애는 방법 · 364

에필로그
당신의 첫 콘텐츠를 마음 다해 응원합니다 · 370

프롤로그

원하는 삶으로 이끄는 콘텐츠의 힘

누구나 콘텐츠라는 말을 들어봤을 것이다. 넷플릭스에 넘쳐나는 드라마와 영화, 온라인에서 쉽게 볼 수 있는 웹툰까지 전문적인 콘텐츠가 넘쳐난다. 콘텐츠라고 해서 반드시 거창한 것만을 의미하는 건 아니다. 몇 줄의 글, 한 장의 이미지, 카드 뉴스, 짧은 영상 하나 등 무엇이든 콘텐츠가 될 수 있다. 내가 생각하는 콘텐츠는 누구라도 만들 수 있고, 누구라도 영향을 미칠 수 있으며, 가치를 전하고 사람들과 연결되는 것이다.

각자의 경험과 지식, 노하우를 콘텐츠로 만들어보자. 콘텐츠가 쌓이면 사람들에게 가치를 전할 수 있다. 이를 통해 연결되고, 새로운 관계가 만들어진다. 사람들에게 영향력이 생기면 수익은 자연스럽게 따라온다.

콘텐츠를 만들 수 있다면 삶에서 많은 것이 자유로워진다. 매일 회사를 나갈 필요가 없어진다. 콘텐츠로 스스로 일을 만들 수 있기 때문이다. 고정적인 수입에서도 자유로워진다. 어느 면에서는 더 큰 수익을 만들 수도 있다. 많은 기회도 얻으면서 말이다.

나는 스스로 일을 만든다. 구속될 필요가 없다. 일의 대부분은 콘텐츠를 만들고 파는 일이다. 월급 이상을 벌면서 어디서든 자유롭게 노트북 하나로 일한다. 여행을 가고 싶을 때는 갑자기 떠나기도 한다. 상사 눈치를 볼 일도, 팀원들과 스케줄을 맞출 필요도 없다. 그저 원할 때, 어디서든 일할 수 있기에 언제든 떠날 수 있다. 더 좋은 건 나의 경험과 노하우가 누군가에게 도움이 된다는 사실이다. 다른 사람들의 문제를 해결해 주며 가치를 전한다. 이를 통해 사람들과 연결된다. 더 나아가 내 경험으로 타인을 도우며 돈까지 벌 수 있다.

나는 이런 삶을 13년째 살고 있다. 그동안 쌓은 노하우를 당장이라도 따라 할 수 있도록 이 책에 담았다.

이 책은 이미 자신의 경험과 노하우로 콘텐츠를 만들어 본 사람에게는 적합하지 않을 수 있다. 그보다 콘텐츠를 처음 만드는 사람에게 눈높이를 맞췄다. 최대한 실천할 수 있도록 쉽게 전했다. 당장에 팔 것이 없어서 콘텐츠를 만들어야 하는 사람뿐만 아니라 이미 상품이 있는 사람에게도 도움이 될 것이다.

팔 것이 있어도 콘텐츠 만드는 방법을 모를 수 있다. 매번 다른 사람에게 체험단을 의뢰하고, 비용을 쏟아부으며 마케팅을 하고 있을지도 모른다. 당신이 그런 사람이라면 이 책이 도움이 될 것이다.

중요한 것은 팔 것이 있느냐, 없느냐가 아니다. 각자의 이야기로 무엇이든 팔 수 있다는 것이다. 이 책을 덮을 때는 누구에게도 의지하지 않고, 스스로 자신의 경험과 노하우를 돈으로 만드는 능력이 생길 것이다. 그 무기 하나가 손에 들릴 것이다.

누구라도 콘텐츠를 만들면 삶을 바꿀 수 있다. 이 책이 끝날 때쯤에는 당신도 두근두근한 마음으로 자신의 이야기를 쓰고 싶어질 것이다. 당장이라도 콘텐츠를 팔 수 있겠다는 자신감도 생길 것이다. 하나씩 방법을 적용하고 실천해 보자. 어느 순간 시간과 돈에서 자유롭게 노트북 하나 들고 원하는 곳에서 일하는 자신을 발견할 것이다. 그 시작을 마음 다해 응원한다.

Part

01

콘텐츠는
원하는 삶을 이루는
가장 확실한 방법이다

01

콘텐츠는 원하는 삶을 이루는 가장 확실한 방법이다

1 관점을 바꾸면 콘텐츠가 보인다

콘텐츠가 돈이 된다고 하면 누군가는 '콘텐츠'라는 단어만으로도 남의 일이라 여긴다. 콘텐츠는 누가 만들까? 재능 있는 사람만 만들까? 콘텐츠라고 하면 넷플릭스나 웹툰 같은 전문적인 콘텐츠를 먼저 떠올린다. 이런 경우는 그에 맞는 재능이 있어야 할 것 같다. 하지만 이 책에서 말하는 콘텐츠는 특별한 재능을 요구하는 영화나 드라마, 웹툰 같은 창작물이 아니다. 자신만의 생각이나 의견, 사는 방식, 남다른 인생 스토리면 충분하다.

콘텐츠를 만들어 본 경험이 없다면 자신의 이야기를 하는 것이 부담스럽다. 평가에 대한 두려움, 글이 써지지 않는 것에 대한 부담, 자신의 경험이 흔한 것은 아닌가 하는 걱정이다.

얼마 전 넷플릭스에서 몇 년 전 방영한 '이태원클라스'라는 드라마를 봤다. 주인공 박새로이는 아버지의 복수를 위해 대한민국 1등 기업을 무너뜨릴 결심을 한다. 그 과정에서 억울하게 감옥에 간다. 목표를 향해 하나씩 준비하는 주인공에게 감방에서 만난 최승권은 "분수에 맞게 살아라."라며 조롱한다. 이때 박새로이는 자신의 목표를 위해서라면 필요한 건 다 할 거라고 말한다. 그리고 자신의 가치를 함부로 정하지 말라고 화를 낸다. "내 가치를 네가 정하지 마. 내 인생은 이제 시작이고, 난 원하는 거 다 이루면서 살 거야."라고 말이다.

우리는 얼마나 자신의 가치를 믿으며 살고 있을까? 이태원클라스 주인공처럼 당신도 당신의 가치를 진심으로 믿는가?

나는 누구나 잘하는 것이 있다고 믿는다. 오랫동안 육아로 경력이 단절됐어도 본인만 아는 값진 경험과 노하우를 가진 사람은 많다. 자신만의 이야기, 노하우가 없는 게 말이 안 된다. 10년 넘게 육아만 했어도 남다른 경험은 있기 마련이다.

예민한 아이를 키우는 노하우, 좁은 집을 넓게 사용하는 살림 노하우, 빠듯한 살림에도 차곡차곡 종잣돈 모으는 노하우, 육아하며 틈틈이 글 쓰는 노하우, 학원을 보내지 않고도 아이를 영재로 키운 노하우, 출산 후에도 같은 몸매를 유지하는 노하우 등 찾아보면 넘쳐난다. 20~30대 회사 다니며 쌓은 일에 대한 노하우를 가진 사람도 있다. 다만 익숙해서 당연하게 여길뿐이다.

대부분 이런 경험이 콘텐츠가 될 수 있다는 것을 모른다. 관점을 조금만 바꾸면 어떤 경험이든 콘텐츠가 된다. 강의나 컨설팅을 하다 보면 스스로에 대한 자존감이 낮은 사람이 있다. 경험이 콘텐츠가 될 수 있다는 것을 모르기 때문이다. 이들이 가진 경험은 스스로 생각하는 것보다 더 큰 가치가 있다. 자신의 경험이 누군가에겐 기대 이상의 도움이 될 수 있다. 자신의 가치를 믿어보자. 그것을 콘텐츠로 만들어 사람들에게 도움을 주자. 그러면 가치는 전달되고 사람들과 연결된다.

육아 경험 노하우	일하면서 얻은 노하우
- 육아 용품 중고마켓에서 사고파는 노하우 - 한 달 10만 원 생활비 아끼는 노하우 - 창의적인 아이로 키우는 노하우 - 자존감 높은 아이로 키우는 노하우 - 엄마표 영어, 중국어 노하우	- 엑셀, 파워포인트 등 노하우 - 대인관계 잘하는 방법 - 웃으면서 원하는 것 얻는 방법 - 협상 잘하는 방법 - 회의 잘 정리하는 방법 - 보고서 잘 쓰는 방법

<각자의 경험 노하우 정리 예시>

2 일상은 어떻게 돈 되는 콘텐츠가 되는가

콘텐츠는 거창한 것이 아니다. 내 생각을 매일 쌓으면 콘텐츠가 된다. 경험이나 노하우를 쌓는 것도 콘텐츠가 된다. 판매하는 상품에 대한 스토리도, 상품에 대한 정보도 콘텐츠가 된다. 그렇다고 해서 콘텐츠가 아무렇게나 쓴 글을 의미하는 건 아니다. 사람들의 공감을 불러일으키고 반응을 이끌어 낼 수 있어야 한다. 신뢰감도 전하면 좋다. 이런 콘텐츠는 수익까지 연결된다. 그렇다면 어떤 콘텐츠가 수익으로 연결될까. 기본적으로 모든 콘텐츠는 다 수익으로 연결될 수 있다.

몇 달 전부터 얼굴과 목에 열이 나고 간지럽기 시작했다. 처음에는 아무 생각 없이 긁었다. 상처가 났다. 조금 지나니 피부층이 두꺼워진 기분이었다. 더는 긁어도 상처가 나지 않았다. 대수롭지 않게 여겨 병원을 늦게 갔다. 알레르기라는 이야기를 들었다. 갑자기 바꾼 화장품이나 영양제, 떨어진 면역력 등 원인이 될 만한 것에 대해 얘기를 들었다. 하지만 정확한 원인은 알 수 없었다. 약은 먹었지만, 효과가 없었다. 한약도 지어먹었다. 그러다 조금씩 건강에 관심이 생겼다.

어떻게 하면 면역력을 높일 수 있을까? 어떻게 하면 얼굴에 올라온 열을 식힐 수 있을까? 어떻게 하면 가려움증을 없앨 수 있을까 고민했다. 운동하기, 물 마시기, 양파 먹기 등 도움 될 방법을 찾아 행동으로 옮겼다.

콘텐츠 이야기를 하다 말고 알레르기 경험담을 꺼냈다. 이 경험을 어떻게 콘텐츠를 만들고 수익으로 이어지게 할까? 느닷없이 생긴 증상으로 그동안 신경 쓰지 않았던 건강에 관심이 생겼다. 어릴 때부터 나는 피부가 좋았다. 학창 시절에도 여드름 한 번 난 적이 없다. 20대는 잡티 하나 없는 피부였다. 그랬던 내가 40대가 되어 처음으로 피부 간지러움을 겪었다. 나이를 먹으면 체질이 바뀐다는 말은 들어봤다. 호르몬 변화 탓인지, 음식을 잘못 먹은 탓인지는 알 수 없다. 모든 가능성은 추측에 불과하다.

결론은 알레르기라는 답변을 들었고, 이를 개선해야 하는 과제가 생겼다. 과제를 해결하기 위해 정보를 찾았다. 얼굴과 몸에 하나씩 적용해 보고 있다. 요즘은 매일 아침, 저녁으로 얼음 마사지도 한다. 화장품도 기존에 사용하던 제품으로 다시 바꿨다. 이렇게 피부에 관한 스토리가 생겼다.

- 과거 : 어린 시절부터 좋았던 피부.
- 문제 : 단 한 번도 피부에 고민이 없던 내가 갑자기 가려움과 열이 올라오는 증상을 겪음.
- 해결 : 병원을 찾고, 한약을 먹었지만 개선되지 않음.
- 변화 : 평소 건강에 큰 관심이 없던 내가 음식과 운동에 관심을 가짐. 얼굴에 열을 내리기 위해 얼음 마사지 시작.

<피부 알레르기 경험으로 얻은 스토리>

이러한 과정을 콘텐츠로 만든다. 예를 들어, '얼굴 열 내리는 10가지 방법', '피부가 간지러울 때 양파의 효능', '면역력 높이는 10가지 대표 음식', '얼굴에 열 오를 때 얼음 마사지를 해야 하는 이유' 등이 콘텐츠가 된다.

이 콘텐츠를 돈으로 연결하는 방법은 무엇일까? 가령 피부에는 양파만 좋을까? 오디나 피망, 양배추 등 다양한 식품이 있다. 이런 식품의 효능은 무엇일까? 다른 식품은 피부에 좋지 않을까? 피부가 아니라면 어디에 좋을까? 이렇게 생각하면 무한대로 콘텐츠를 만들어 낼 수 있다.

앞서 잘 만들어진 콘텐츠는 공감과 반응을 불러일으키는 것이라고 말했다. 여기에 누군가의 지갑을 열게 하려면 신뢰는 필수다. 공감은 이런 이야기다. 나처럼 피부에 알레르기가 있는 사람은 내 글을 보고 공감한다. '아, 나도 얼굴 간지러운데. 맞아 병원 가도 소용없더라.' 혹은 '아, 나도 얼굴에 열이 내리지 않았을 때 얼음 마사지를 하니 효과가 있었어.' 같은 공감을 불러일으킨다.

반응을 불러일으키는 콘텐츠는 어떻게 만들까? 간지러운 피부에 좋은 음식이나 양파의 효능 등 도움 되는 정보를 제공한 후 질문을 한다. "간지러운 피부를 경험하신 분이 있으신가요? 효과를 봤던 음식이나 방법이 있다면 댓글 부탁드립니다." 같은 짧은 요청으로 사람들의 반응을 불러올 수 있다. 콘텐츠 내용이 좋다면 사람들은 자신의 고민을 댓글로 남기기도 한다.

마지막은 신뢰에 관한 이야기다. 아무리 공감되고 도움이 되는 좋은 정보를 얻더라도 사람들은 쉽게 지갑을 열지 않는다. 콘텐츠를 만들었다고 해서 당장 돈을 버는 것도 아니다. 하지만 이러한 반응을 불러일으키는 좋은 글이 쌓인다면 얼마든지 돈 되는 콘텐츠로 만들 수 있다.

건강에 관한 정보를 주는 유료 구독 서비스를 하거나, 블로그 등 자신만의 채널을 키워 유입을 늘릴 수도 있다. 유입이 늘어나면 광고를 붙여 수익으로 연결한다. 그 외에도 양파즙 같은 건강 관련 상품을 직접 판매하는 것도 가능하다. 운동 기구 등의 상품 판매로도 연결할 수 있다. 또는 관련된 식품이나 상품 링크를 연결하는 쿠팡파트너스 같은 제휴 마케팅도 가능하다.

중요한 것은 이렇게 잘 만들어진 콘텐츠는 사람을 모으고, 공감을 일으키고, 반응을 불러온다는 점이다. 거기에 누구나 믿을 수 있는 사람이 특정 제품을 썼다는 기사나 방송 등을 연결할 수 있으면 신뢰감까지 줄 수 있다. 물론 반드시 유명한 사람의 기사나 방송이 아니어도 괜찮다. 일반 소비자의 경험담이나 신뢰할 만한 홍보자료도 괜찮다. 방법은 많다.

자신의 경험이 어떤 방법으로 콘텐츠가 되고, 어떻게 돈으로 연결되는지를 모른다면 이런 전체적인 그림을 볼 수 없다. 이 글을 보고 각자의 경험이 어떤 방법으로 콘텐츠가 돼 돈으로 연결될 수 있는지 떠올려 보길 바란다. 이런 일상적인 알레르기조차도 콘텐츠가 돼 수익으로 연결될 수 있다.

위의 경험을 5단계로 나눠 단계별 행동과 구체적인 사항을 예시로 담아봤다. 우리는 일상에서 어떤 '아하'의 순간을 경험할 때가 있다. 알레르기 예시처럼 '왜 알레르기가 생겼지?'라는 질문에 해결 방법을 찾겠다는 생각을 한다. 해결 방법을 찾다가 콘텐츠로 만들겠다는 결심을 한다. 이후 찾은 해결 방법을 하나하나 콘텐츠로 만든다. 그 콘텐츠가 쌓이면 사람들이 모이고, 관계가 형성된다. 가치를 전달하게 되고, 수익까지 이어진다. 그러다 벽에 부딪히는 순간이 온다. 위기를 극복하고, 다시 거기에서 배울 것을 찾은 후 적용한다. 이렇게 5단계를 반복한다.

단계 구분	단계별 행동	구체적 사항
1단계 : 아하, 모먼트	인지, 새로운 경험	태어나 처음으로 피부 알레르기 경험. 알레르기가 왜 생겼지?
2단계 : 결심	'한번 해볼까?' 결심	피부 알레르기 해결 방법에 대한 글 써보기 결심
3단계 : 실행	콘텐츠 만들기	피부에 좋은 식품 검색, 식품 효능 자료 수집 등 콘텐츠 무한대 생성
4단계 : 수익화	콘텐츠 팔기	같은 문제가 있는 사람에게 문제 해결, 가치 전달, 사람들 모임, 관계 형성, 신뢰, 상품 판매, 수익 연결
5단계 : 성장	위기 극복 + 성장	수익화 반응에 따른 어려움 극복, 아하! 깨달음, 한 단계 성장

<콘텐츠 수익화 5단계>

3 콘텐츠는 최고의 마케팅이다

몇 달 전 동네에 작은 빵집이 생겼다. 포장만 가능한 작은 빵집인데 부부가 운영하며 직접 빵을 만든다. 나는 일주일에 몇 번씩 이 빵집에 들러 두 종류의 빵을 산다. 하나는 남편이 좋아하는 곰보빵이다. 다른 하나는 치즈와 햄이 들어간 모닝빵이다. 나는 바삭한 바게트를 좋아하지만 이 빵집에는 없다.

동네 빵집뿐만 아니라 주변에 개인사업을 하는 사람이 많다. 블로그나 카페, 마케팅 강의나 컨설팅을 하다 보니 마케팅이 필요한 사람들이 모인다. 학원 원장님, 공부방을 운영하는 주부, 세무사, 회계사, 변호사, 방송 작가, PD, 작은 가게를 운영하는 자영업자까지 다양하다.

자영업이든, 개인사업이든, 법인으로 회사를 운영하든, 누구나 마케팅은 필요하다. 하지만 어떻게 마케팅을 해야 하는지 그 방법조차 모르는 경우가 많다. 우리 동네 빵집은 마케팅을 하지 않는다. 마케팅이 어렵거나 몰라서 그럴 수도 있다. 혹은 맛에 자신 있어서 필요 없다고 생각할 수도 있다.

만약 빵도 맛있는데 마케팅까지 잘한다면 어떤 일이 일어날까? 마케팅은 거창한 것이 아니다. 매일 가게 소식을 전하는 것만으로도 마케팅이 된다. 예를 들어 보자. 우선 빵집 사장님이 인스타그램을 시작한다. 매일 빵을 만드는 과정을 찍어서 올린다. 때로는 오븐에 굽는 시간을 제대로 못 맞춰 빵이 타기도 한다. 이럴 때는 상품 가치가 없다. 그러면 인스타그램에 올려서 "빵을 매일 만들어도 이런 실수를 할 때가 있습니다."라며 짧은 에피소드를 담는다.

얼마 전 나는 곰보빵을 사려고 그 가게에 들렀었다. 하지만 빵을 태워서 그날은 팔 수가 없다고 했다. 나가지도 못하고, 사지도 못하고 다른 빵을 만지작거리며 발을 동동거리고 있을 때 사장님이 겉이 조금 탄 곰보빵 두 개를 가져다주며 "상품으로 팔 수는 없지만, 꼭 먹어야 하시면 탄 부분은 빼고 먹으세요."라고 말했다. 이때 인스타그램이 있으면 "팔지는 못하지만 먹을 수 있는 빵, 지금 매장 방문하면 선착순 두 분께 드립니다."라고 가볍게 이벤트를 할 수도 있다.

빵집 캐릭터를 하나 만들어도 좋다. 매번 빵을 구워서 쟁반에 옮겨 판매대에 놓을 때, 미니어처 같은 작은 인형을 옆에 올려 이야기 나누는 식으로 인스타그램 피드에 올려도 재미있다. 가끔은 이벤트를 해도 좋다. 빵을 구입한 손님이 해당 빵집 태그를 걸어 맛있게 먹고 있는 모습을 공유한다. 공유를 통해 빵집은 입소문이 난다. 일부러 멀리서 오는 손님이 생길 수도 있다.

초반에는 인스타그램 팔로워를 추가하는 이벤트를 해도 좋다. 빵을 사러 올 만한 잠재 고객을 모으면 매출에 도움이 된다.

또 하나는 단순히 빵을 만들고 진열하는 과정뿐만 아니라 빵이 나오는 시간을 피드로 알리는 것이다. 방금 막 구운 빵을 살 수 있다면 일부러 빵이 나오는 시간에 맞춰서 사람들이 찾아올 수도 있다. 케이크는 예약 판매를 한다. 이미 많은 빵집이 예약 판매를 하고 있지만, 온라인 마케팅을 하지 않는 곳은 예약 판매를 받지 않는 곳이 많다. 우리 동네 작은 빵집도 케이크 예약 판매 시스템이 없다.

일반 빵도 예약 판매를 받을 수 있다. 인스타그램에 사람들 후기나 팔로워가 많아지면 단체 주문도 들어올 것이다. 주문이 많아지면 배달 서비스도 진행한다.

인스타그램뿐만 아니라 빵을 구매하는 사람들에게 카카오톡 공식 계정을 만들어 친구 추가를 요청하는 것도 가능하다. 빵을 사고 친구 추가를 하면 일정 금액 이상 구매 시 쓸 수 있는 할인 쿠폰을 보낸다. 포인트 적립으로 고정 팬을 늘릴 수도 있다. 이런 소식은 카카오톡채널을 통해서 공유한다.

지역 기반 상점이라면 당근마켓도 마케팅에 활용할 수 있다. '당신의 근처, 당근마켓'이라는 슬로건답게 지역 내 잠재 고객이 활동하는 플랫폼이다. 당근마켓에서 마케팅하는 방법은 유료 입점 후 소식 전하기다. 인스타그램과 마찬가지로 소식을 받는 고객이 늘면, 매일 소소한 콘텐츠로 에피소드를 전할 수 있다. 사람들은 거북한 광고에는 신물이 난다. 하지만 내 팬들에게 소식을 전하고 기대하지 않은 이벤트를 하는 건 부담스럽지 않다. 콘텐츠로 소식을 전하며 스며들 듯 접근해 보자.

그러고 보니 이 빵집을 찾을 때마다 햄치즈 모닝빵이 다 팔려 없곤 했다. 같은 동네 사는 언니도 "햄치즈 모닝빵은 갈 때마다 없어."라는 말을 자주 한다. 스마트스토어를 통해 빵을 미리 결제하고 찾아가는 방식이 있다면 더 자주 빵을 샀을 거다. 그러면 예약 판매로 빵을 구매하는 사람도 늘어날 것이다.

중요한 것은 홍보 목적으로만 인스타그램과 카카오톡채널을 운영하는 것이 아니라는 점이다. 브랜드 스토리를 만들고 콘텐츠로 전달하는 것이 목표다. 이 콘텐츠는 작은 빵집에 찾아오는 충성 고객에게 반가운 소식을 전해주는 역할을 한다. 몇 시에 빵이 나오는지, 오늘은 빵집에 어떤 에피소드가 있었는지를 알릴 수 있다.

단순히 빵집 소식뿐만 아니라 빵에 대한 정보도 나눌 수 있다. 집에서 가볍게 쿠키 만드는 법이나, 우리 아이 간식으로 좋은 빵 추천 리스트나, "특별한 날은 이런 빵 드셔보세요." 등 추천도 가능하다. 예약 판매로 케이크에 특별한 글씨나 원하는 이미지 등을 더해 더 비싸게 판매할 수도 있다.

작은 가게는 마케팅을 해야 한다고 하면 비용 부담을 느낄 수 있다. 하지만 꼭 비용이 드는 마케팅을 할 필요는 없다. 얼마든지 비용을 들이지 않고도 매일 콘텐츠를 쌓으며 마케팅을 할 수 있다. 매일 빵집 일상을 공유하고, 고객에게 빵이나 재료에 관한 좋은 정보를 전해 보자. 특별한 날 특별함을 느낄 수 있는 빵을 알린다면 이 빵집은 더 이상 오다가다 들르는 손님만 받는 동네 빵집이 아닐 거다. 꼭 빵집이 아니어도 좋다. 무슨 일을 하든 이 작은 빵집처럼 일상적인 이야기, 작은 정보로도 얼마든지 콘텐츠를 만들 수 있다.

채널은 어떤 것이든 좋다. 다만 진입장벽이 높아 쉽게 포기할 것 같은 채널보다는 툭툭 가볍게 소식을 전하면서, 회원과 소통할 수 있는 채널을 추천한다. 빵은 보이는 이미지가 있으니 인스타그램을 해도 좋다. 네이버가 편하다면 블로그도 좋다. 주문 건에 대한 소식이나 "오늘 어떤 손님이 다녀갔는데 이런 일이 있었다." 등 재미있는 스토리텔링도 할 수 있다. "우리 가게에 자주 오는 단골 중에 최연소 고객은 5살 꼬마 아이다."같은 에피소드를 풀어낼 수도 있다.

 이렇게 빵집이 아니더라도 운영하는 오프라인 가게가 있다면 얼마든지 비슷한 스토리를 담을 수 있다. 여기까지 읽고도 '나는 팔 것이 없는데.', '나는 온라인에서 판매하는데 무슨 이야기를 하지?'라는 고민이 되는가? 오프라인에 사업장이 없어도, 아예 팔 상품이 없어도 상관없다. 파는 상품이 있든, 혹은 없든, 얼마든지 콘텐츠를 만들고 팔 수 있다. 돈 되는 콘텐츠 소재 찾는 법은 2장에서 다뤄보겠다.

Part 02

돈 되는 콘텐츠
소재 찾는 법

02

돈 되는 콘텐츠
소재 찾는 법

1 불만을 돈 되는 콘텐츠로 바꾸는 법

요즘에는 콘텐츠를 만들며 가치를 전하고, 원하는 삶을 사는 사람을 어렵지 않게 볼 수 있다. 가치를 전하다 보면 사람들이 모이고 관계가 형성된다. 돈은 자연스럽게 따라온다.

돈을 번다는 것은 어떤 의미일까? 상대방에게 가치를 주고 돈과 교환한다는 의미다. 더 많은 돈을 벌고 싶다면 더 많은 가치를 주면 된다. 상품이든, 서비스든, 콘텐츠든 동일하다. 가치의 크기가 클수록, 더 많은 사람에게 전달될수록 돈의 크기는 달라진다.

콘텐츠로 가치를 주라고 하면 '나에게 가치를 줄 만한 콘텐츠가 있나?'라고 생각한다. 대부분 모르는 게 있다. 가치를 준다는 건 상대적이다. 어떤 경험이라도 누군가에게는 도움이 된다. 어떻게 도움 되는 콘텐츠를 찾을 수 있을까?

1) 평소 불만으로 콘텐츠 찾기

콘텐츠를 찾는 방법은 많다. 그중에서도 평소 불만이나 불평, 아쉬움이 있었다면 콘텐츠가 될 수 있다. 평소 입버릇처럼 하는 불만이 있는가? 이를 곰곰이 생각해 보면 뜻밖에 가치 있는 콘텐츠를 찾게 된다.

내 주위에는 평소 불만을 바탕으로 콘텐츠를 만든 사람이 있다. 그중 J 님은 신혼집을 마련할 때 비싼 인테리어 비용이 부담스러웠다. '인테리어를 업체에 맡기면 왜 이렇게 비쌀까? 주변에 알아보니 인테리어로 사기를 당했다는 사람도 많던데, 제대로 된 곳에서 좋은 가격으로 할 수는 없을까? 혼자서 인테리어를 하는 방법은 없을까?'라고 생각했다. 그래서 스스로 인테리어 정보를 찾고, 비교하며 자신에게 꼭 맞는 업체를 선정했다. 직접 할 수 있는 부분은 DIY로 작지만, 꼭 마음에 드는 집을 꾸몄다.

이 경험을 토대로 20평 이내의 작은 집 꾸미기 콘텐츠를 발행하기 시작했다. 블로그와 카페에 작은 집이 좀 더 넓게 보이는 인테리어 방법, 구석구석 수납장을 활용해 효율적으로 작은 집에서 살 수 있는 팁을 콘텐츠로 만들고 올렸다.

만약 J 님이 신혼집을 여유 있는 공간에서 시작했거나, 작은 집 인테리어에 대한 정보가 많았다면 이런 콘텐츠는 나오지 않았을 것이다. 하지만 다른 곳에서 작은 집 인테리어와 관련된 좋은 정보를 얻을 수 없는 게 불만이었다. 이 불만으로 작은 집 인테리어를 원하는 사람들에게 도움이 되는 콘텐츠가 탄생했다.

평소 불만, 불평, 아쉬운 점	① 콘텐츠 예시 : 작은 집 인테리어
작은 집 인테리어 불만 - 왜 인테리어를 업체에 맡기면 이렇게 비쌀까? - 사기 없이 좋은 가격으로 할 수는 없을까? - 혼자서 인테리어를 하는 방법은 없을까?	작은 집 꾸미기 콘텐츠 발행 - 작은 집 넓게 보이는 인테리어 방법 - 작은 집 넓게 쓰는 법 - 구석구석 수납장 활용법

<작은 집 인테리어 관련 불만과 콘텐츠 예시>

나 역시 평소 불만을 콘텐츠로 만든 경험이 있다. 20대에 워킹홀리데이를 다녀왔다. 당시에는 워킹홀리데이에 관한 정보를 얻는 게 쉽지 않았다. 비자 신청하는 방법, 낯선 땅에서 정착하는 방법, 집 구하는 방법, 어학원 알아보는 방법 등 모든 것이 돈을 내야 얻을 수 있는 정보였다.

현지에 도착하니 상황은 더 심각했다. 낮은 임금에 힘들게 일하거나, 영어를 잘하지 못해 피해를 보는 학생들이 있었다. '왜 이렇게 유용한 정보가 없을까?' 불만스러웠다. 좀 더 정확하고 도움이 될 만한 정보가 있다면, 현지에서 피해 보는 학생이 많이 줄었을 것이다. 그래서 워홀러들을 위한 정보를 블로그에 올리기 시작했다.

평소 불만, 불평, 아쉬운 점	② 콘텐츠 예시 : 워킹홀리데이 정보
왜 워킹홀리데이 관련 유용한 정보가 없을까? - 돈 내지 않고 좋은 정보를 얻을 수 없나? - 현지에서 사기당하지 않는 방법은? - 혼자서 비자 신청, 정착, 집 구하기 할 수 없나?	워킹홀리데이 정보 콘텐츠 발행 - 혼자서 비자 신청하는 법 - 현지 도착 후 집 구하는 법 - 일자리 구하는 법 - 현지에서 무료로 영어 공부하는 법

<워킹홀리데이 관련 불만과 콘텐츠 예시>

두 번째는 공인중개사 시험을 준비할 때 일이다. 이 시험은 매년 1회만 진행한다. 나는 5월 말부터 시험을 준비했다. 학원을 알아보고, 공부 방법을 찾았다. 도움이 될 만한 후기를 찾았지만, 온통 광고뿐이었다. 진짜 후기를 찾기 어려웠다.

6개월 만에 운 좋게 합격했다. 그리고 합격 후기를 콘텐츠로 만들었다. 공부하는 동안 방법을 몰라 시행착오를 많이 겪었다. 도움 될 만한 후기가 있었다면 시행착오는 분명 줄었을 거다. 그래서 공부 방법을 콘텐츠로 만들었다. 시험을 준비하는 사람들에게 도움 되는 콘텐츠를 만들어 시행착오를 줄여주고 싶었다. 아쉬움과 불만 덕분에 나온 콘텐츠다.

평소 불만, 불평, 아쉬운 점	③ 콘텐츠 예시 : 공인중개사 시험
공인중개사 시험, 진짜 후기는 없나? - 넘쳐나는 광고로 진짜 후기 찾기 어렵다 - 제대로 된 공부법이 없어 시행착오를 겪었다 - 단기간에 합격하는 방법은 없을까? - 꼭 몇 년씩 공부해야 합격할까?	공인중개사 단기간에 합격한 방법 콘텐츠 발행 - 6개월 만에 합격한 공인중개사 공부법 - 과목별 공부법 - 준비하면서 꼭 알아야 할 정보들 - 시험 직전 마무리 공부법, 반복의 힘

<공인중개사 시험 관련 불만과 콘텐츠 예시>

마지막으로 블로그와 카페 강의도 불만과 아쉬움에서 시작했다. 지금은 돈에 관련된 강의가 많지만 강의를 시작할 당시만 해도 지금처럼 많지 않았다. 출산하고, 다시 일을 시작해야겠다고 마음먹었을 때 무엇을 해야 할지 몰랐다. 아기를 두고 할 수 있는 일이 많지 않았다. 오랫동안 1인 기업으로 블로그와 카페를 운영하며 일을 해 온 나도 상황이 바뀌니 새로운 일을 시도하는 게 쉽지 않았다. 다른 엄마들은 어떨까 싶은 생각이 들었다.

'육아도 하며, 내 시간을 활용해 돈을 벌 방법은 없을까? 왜 시중에는 블로그를 통해 돈 버는 방법을 알려주는 강의가 많지 않을까? 꼭 전문가만 블로그를 해야 할까? 엄마들도 블로그로 돈을 벌 수 있지 않을까? 상품이나 서비스가 없어도 자신의 이야기로 할 수 있는 일이 없을까?' 하는 불만이 생기니, 경력이 단절된 엄마들을 대상으로 한 강의가 떠올랐다. 이렇게 단순한 블로그 강의가 아닌 동기부여, 콘텐츠 만드는 방법, 콘텐츠 파는 방법을 다론 강의를 시작했다.

평소 불만, 불평, 아쉬운 점	④ 콘텐츠 예시 : 블로그로 돈 버는 법
블로그로 돈 버는 방법을 알려주는 강의는 왜없을까? - 아기를 키우며 일을 하는 게 쉽지 않다 - 블로그로 육아와 일 동시에 할 수 없을까? - 꼭 전문가만 블로그를 해야 할까? - 팔 것이 있어야 블로그를 할 수 있을까?	육아와 일 같이 하며 블로그로 돈 버는 법 콘텐츠 발행 - 경단녀도 할 수 있는 블로그로 돈 벌기 - 내 경험, 노하우를 콘텐츠로 만드는 법 - 상품이나 서비스 없어도 나를 파는 법

<블로그 관련 불만과 콘텐츠 예시>

이렇게 나는 아쉬움이나 불만이 있을 때마다 콘텐츠를 만들었다. 워킹홀리데이 정보를 찾다가 정보가 너무 없어서 내가 직접 만들었다. 아무도 현지 이야기를 솔직히 담지 않아서, 콘텐츠를 만들고 준비하는 학생을 도왔다. 많은 블로그 강의가 자신의 이야기가 아닌 상품을 팔거나 홍보하는 글을 다뤘다. 자신의 이야기로 수익을 내는 방법은 왜 없을까? 이것이 불만이 돼 강의를 시작했다. 공인중개사를 공부할 때 후기가 없어서 방향 잡기가 어려웠다. 그래서 합격 후기를 콘텐츠로 만들었다.

만약 어떤 콘텐츠를 만들어야 할지 고민이라면, 평소 아쉬움이나 불만이 있었던 것이 무엇인지 생각해 보자. 평소 해 온 일, 불만이 있어도 하는 일을 들여다보면 어떤 이야기를 해야 할지 찾을 수 있다. 그동안 불만을 가진 것 중 아무도 하지 않은 분야가 있다면 더 좋다. 당신이 느낀 만큼 그 불편함을 다른 사람도 느끼고 있을 테니 말이다. 불만이 있는 그것을 콘텐츠로 만들어보자. 그러면 가치 있는 콘텐츠가 나올 것이다.

평소 불만, 불평, 아쉬운 점	콘텐츠 예시

<작성해 보기>

2 경험에서 콘텐츠 찾는 법

온라인으로 돈 버는 것에 사람들 관심이 높다. 유튜브나 구글만 검색해도 수백, 수천 개의 노하우가 나온다. 그중 나는 콘텐츠에 관한 이야기를 하고 있다. 콘텐츠로 돈을 번다고 해서 꼭 경험과 노하우만 파는 것은 아니다.

어떤 일을 하든, 상품이나 서비스, 심지어 경험까지도 다 콘텐츠로 만들어 팔 수 있다. 그것이 가능한 이유는 콘텐츠로 가치를 전할 수 있기 때문이다. 그럼에도 불구하고 여전히 '도대체 나는 무엇을 팔아야 할지 모르겠어.'라는 생각이 들 수 있다. 이런 당신을 위해 경험으로 가치 있는 콘텐츠를 찾는 법에 대해 이야기해 보겠다.

1) 팔 것이 없을 때 경험, 지식, 노하우로 콘텐츠 찾는 법

경험, 지식, 노하우, 거의 같은 말이 아닌가? 문득 사전적 의미가 궁금해졌다.

- 경험 : 자신이 실제로 해보거나 겪어봄. 거기서 얻은 지식이나 경험

- 지식 : 어떤 대상에 대해 배우거나 실천을 통하여 알게 된 명확한 인식이나 이해

- 노하우 : 어떤 일을 오래 함에 따라 자연스럽게 터득한 방법이나 요령

(출처 : 네이버 지식백과사전)

세 가지의 사전적 의미를 살펴보니 '실제로', '실천', '함에 따라' 등의 단어를 통해 경험이 반영됨을 알았다. 다만 지식은 경험을 하지 않아도 얻을 수 있다. 의미야 어떻든 이 3가지는 누구나 얻을 수 있다.
　우리는 앞으로 각자의 '이것'을 찾고, 거기에 의미를 부여하려고 한다. 그리고 순차적으로 콘텐츠를 만들어 낼 것이다. 최종적으로는 콘텐츠 파는 방법을 통해 더 다양한 기회를 만들고 수익도 내려 한다.
　우선, 각자의 콘텐츠를 찾기 위해 경험의 방을 열어보자. 우리에겐 수많은 경험의 방이 있다. 쉽게 열리는 방도 있고 오랫동안 열지 않아 굳게 닫힌 방도 있다. 하나씩 방을 열어 기억을 꺼내보자. 분명 경험의 방이 하나씩 열리다 보면 이런 생각이 들 거다. '아, 이런 게 있었지!'

① 내 경험의 방 열어보기
　누구나 경험은 있다. 경험을 그 자체로 보기보다 그것을 어떻게 해석하고, 의미를 부여하느냐가 중요하다. 경험은 각자에게 너무나 익숙해서 혼자서는 그 가치를 알기 어렵다. 그래서 질문을 통해서 찾아보려 한다. 나열된 경험 중 '이 정도면 누군가에게 도움이 되겠다.'라는 생각이 드는 것이 있을 것이다. 자신에게는 익숙한 일이지만, 누군가에게는 도움이 될 수 있는 경험이다.
　다음은 경험을 불러오는 질문이다. 불러온 경험을 하나씩 나열하고, 두 가지 이상의 접점을 찾아 연결해 보자. 이 과정은 당신의 콘텐츠에 차별화를 가져올 것이다. 가령 A + B = C 또는 A + B + C = D식이다. 두 가지 이상 경험이 합쳐지면 차별화가 된다.

① 어릴 적 당신은 어떤 아이였나? 기억에 남는 에피소드가 있는가?
② 최근 1년 이상 꾸준히 하는 것이 있는가?
③ 살면서 인생을 변화시킨 선택이 있었는가?
④ 가족과 가장 기억에 남는 에피소드가 있는가?
⑤ 내 삶에서 그동안 이룬 것은 무엇인가?
⑥ 가장 기쁘고 행복했던 순간은 언제였는가?
⑦ 가장 힘든 순간은 언제였는가? 극복하고 배운 점이 있는가?
⑧ 인생에서 후회되는 순간은 언제였는가?
⑨ 사람들이 당신에게 자주 하는 질문은 무엇인가?
⑩ 무엇을 했을 때 가장 뿌듯한 기분이 드는가?
⑪ 스스로 인정하는 잘하는 것은 무엇인가?
⑫ 주변에서 잘한다고 인정하는 것은 무엇인가?
⑬ 지금 하는 일은 무엇인가? 이 일을 시작하게 된 계기가 있는가?
⑭ 내 삶에서 지키고자 노력한 가치는 무엇인가?
⑮ 지금까지 나에겐 어떤 삶의 목표들이 있었는가?
⑯ 삶의 목표들을 세우게 된 동기는 무엇인가?
⑰ 내가 세운 목표 중 이룬 것은 무엇인가?
⑱ 내가 세운 목표 중 이루지 못한 것은 무엇인가?
⑲ 당신의 전공은 무엇인가? 전공 관련 일을 하고 있는가? 하지 않는다면 이유는 무엇인가?
⑳ 살면서 의도적으로 큰 노력을 해서 성과를 만들어본 경험이 있는가?

<경험을 불러오는 질문들>

컨설팅을 할 때 각자의 경험에서 콘텐츠가 될 만한 것을 찾는다. 이때 이런 질문을 한다. 다만 순서대로 하는 것은 아니다. 짧게는 지금 하는 일이 무엇인지, 그동안 어떤 일을 해왔는지, 앞으로 하고 싶은 일은 무엇인지 묻는다. 왜 그 일을 하지 않는지, 무엇이 가로막는지를 묻기도 한다. 그러다 보면 답이 보인다. 몇 가지 질문을 통해서도 답을 찾기 어려우면 위의 질문을 활용한다. 경험 속에서 콘텐츠 거리를 찾는 방법이다. 위의 질문을 토대로 경험을 나열해 보자. 아래 예시처럼 경험 접점이 생긴다.

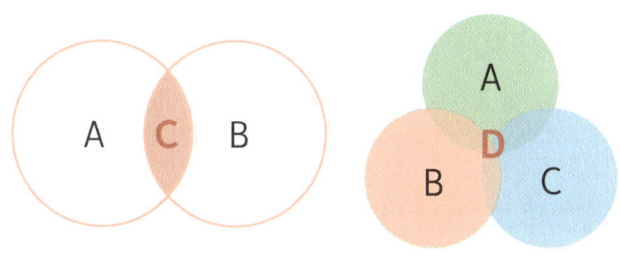

<경험 접점 만들기>

② 경험 묶기로 콘텐츠 만들기

예시 1) 여행 + 가족 + 블로그 = 여행으로 독립적인 아이 키우기 + 블로그 강의 컨설팅에 온 40대 주부 이야기다. 현재는 글 쓰는 것을 배우고 있다. 온라인으로 수익을 내 본 적은 없다. 어떻게 하면 수익을 낼 수 있을까 고민 중이다. 무엇이 하고 싶은지 여쭤보니 강의하는 사람이 되고 싶다고 한다. 강의할 수 있는 콘텐츠를 찾아보니 블로그를 10년 이상 운영한 나름의 노하우가 있다. 다만 특별히 전문적이지는 않다.

다른 경험을 찾다 보니 자녀를 키운 이야기가 남달랐다. 어릴 때부터 내성적이고 말수가 적었던 아이와 함께 엄마는 여행이라는 경험을 통해 삶의 변화를 만들어주고 싶었다. 일반적인 여행이 아닌 전국을 엄마와 배낭여행으로 다녔다. 때로는 아이 혼자 여행을 하기도 했다. 덕분에 아이는 엄마와 여행을 하면서 변했다. 자립심이 늘고, 주도적으로 학습하며, 자신감 넘치는 아이로 자랐다.

이런 스토리가 있다면 어떤 콘텐츠를 만들 수 있을까? 첫째, 엄마는 그동안 여행 경험으로 콘텐츠를 만들 수 있다. 둘째, 현재 하고 있는 여행으로 꾸준한 콘텐츠 발행이 가능하다. 셋째, 그동안 블로그를 키운 노하우를 바탕으로 콘텐츠를 만들면 블로그 강의를 할 수 있다. 다만 그저 노하우만 풀면 다른 블로그 강의와 다를 바가 없어진다. 여기에 경험을 엮어 접점을 만들어보자.

'내성적인 아이가 어떻게 여행을 통해 자신감 넘치는 아이로 바뀌었는지'를 A라는 콘텐츠로 만들 수 있다. '블로그를 10년 동안 운영한 노하우'는 B라는 콘텐츠로 만들 수 있다. 이때 A + B를 하면 남다른 콘텐츠가 된다. 이 이야기는 강의로도, 책으로도 내성적인 아이를 키우는 엄마들에게 도움을 줄 수 있다. 더불어 육아를 하며 블로그를 키우고 싶은 엄마들에게도 도움을 줄 수 있다. 이렇게 하나의 경험을 콘텐츠로 만들 수도 있지만, A + B 식으로 두 개 이상의 경험을 엮어 더 가치 있는 콘텐츠를 만들 수 있다.

예시 2) 공방 창업 + 1인 기업 마케팅 = 공방 마케팅 클래스, 1인 기업 창업 컨설팅

강의를 시작하고 얼마 되지 않아 한 20대가 찾아왔다. 그녀는 케이크 위에 토퍼를 만들어 파는 일을 했다. 회사를 그만두고 1인 기업이 되기 위해 이제 막 첫발을 뗀 상태였다. 평소 향에 관심이 많아 아로마테라피 시험 준비도 하고 있었다. 그녀에게 공부하고 있는 과정을 하나하나 블로그에 담으라고 했다. '짠'하고 자격증을 따는 게 중요한 게 아니다. 자격증이 있다고 블로그에 올리면 그냥 자격증 있는 사람이 된다. 하지만 자격증을 준비하고, 공부하는 동안의 과정을 콘텐츠로 담으면 스토리가 된다.

조언을 들은 그녀는 매일 과정을 콘텐츠로 만들었다. 몇 달 후 자격증도 땄다. 그녀의 과정이 콘텐츠로 쌓이며 이웃이 늘기 시작했다. 그중에는 문화센터 담당자도 있었다. 자연스럽게 강의 제안이 들어왔다. 과정이 콘텐츠로 쌓인 덕분에 아로마테라피 강의를 시작했다.

주변에 그녀처럼 공방 창업을 하는 사람이 많다. 블로그 강의

나 컨설팅을 하며 알게 된 사람들이다. 캔들, 비누, 향수, 케이크, 떡, 바느질 등 종류도 다양하다. 이들은 처음에는 단순히 자신의 공방 홍보를 위해 블로그를 시작한다. 그러다 블로그뿐만 아니라 스마트스토어, 네이버 스마트플레이스, 네이버 카페 등 다양한 플랫폼을 배우고 확장해 나간다. 그러다 보면 어느새 마케팅 전문가가 된다.

이제 막 공방을 운영하는 사람은 블로그에 올라온 공방 창업기나 성장기에 관한 글을 찾아 읽는다. 그들에게 이런 노하우는 너무나 값진 경험이다. 이렇게 쌓인 노하우는 전자책이나 강의, 컨설팅으로도 이어진다. 시험을 준비하며 쌓은 노하우와 공방 창업 이야기, 자신의 일이 잘 되기 위해 시도했던 마케팅 경험이 연결돼 새로운 콘텐츠를 만든다.

2) 가치 있는 경험은 정의하기 나름이다

어린 시절 여유 있는 환경에서 자라지 않았다. 부모님은 딸린 식구가 많았다. 20대에 호주에 갈 때, 여유 있는 친구는 어학연수를 등록해 학생비자를 받았다. 나는 한 달 정도 생활비와 너무 힘들면 그냥 돌아오라며 언니가 챙겨준 왕복 티켓이 전부였다. 지나고 보면 그 덕분에 더 악착같이 버텼다. 힘든 일도 가리지 않고 했다. 편하게 영어 공부만 하고 왔다면 호주에서의 경험은 지금과 다를 것이다. 그게 나를 더 단단하게 했다. 한국에 돌아와서는 내가 가야 할 길의 시작이 됐다.

누군가는 이렇게 말할 수도 있다. "나는 그런 경험도 없고 해외에 나간 적도 없어요."라고 말이다. 학교 다니고, 회사 다니고, 아르바이트를 하며 보냈다고, 혹은 아이만 키우며 보냈다고 말이다. 나는 자신 있게 말할 수 있다. 분명 그 속에서도 값진 경험은 있다. 하다못해 10년 동안 우울증을 겪고 집에만 있었다고 해도, 이를 극복하고 집 밖으로 나왔다면 그건 더없이 소중한 경험이다.

주변에 공무원 준비를 한다고 3년, 5년을 노량진에서만 보낸 친구도 있다. 결과를 만들지 못해 몇 년 동안 한 게 없다고 생각할 수도 있다. 본인이 그렇게 생각한다 해도, 그걸 포기할 때는 용기가 필요하다. 용기를 내 행동한 경험은 무엇이든 의미 있다. 모든 건 바라보기 나름이다.

이렇게 모두에게 각자의 경험이 있다. 어떤 경험이 콘텐츠가 돼 사람들을 도울지는 꺼내봐야 안다. 질문을 통해 경험의 방을 열어보자. 의미 없는 경험은 없다. 스스로 의미를 부여하면 된다. 그동안 당신이 힘든 일을 많이 겪었다면 더없이 좋다. 이제 올라갈 일만 남았으니 말이다. 그동안 제대로 해낸 게 없어도 좋다. 그 과정들이 누군가의 시간과 노력을 아껴줄 수도 있으니 말이다. 삶에서 힘든 시기는 누구에게나 있다. 그 시기가 당신에게 콘텐츠 소재거리가 된다. 힘들수록 더 좋은, 더 깊은 메시지를 전할 수 있다. 그것은 살면서 더 큰 기회를, 더 많은 선물을 가져다줄 것이다. 무엇이든 정의하기 나름이다. 각자의 삶의 가치는 스스로 정하자.

3 일상에서 콘텐츠 찾는 법

콘텐츠는 만들고 싶은데 도대체 어떤 소재를 다뤄야 할지 여전히 고민이 되는가? 이번에는 콘텐츠 소재를 좀 더 쉽게 찾는 방법에 관해 이야기해 보려고 한다. 콘텐츠를 만들기 전 미리 생각할 게 있다. '누가 볼 것인가?'와 '그들에게 도움이 될 만한 것이 무엇일까?'이다. 이 두 가지가 정해지면 어떤 콘텐츠를 만들지 좀 더 명확해진다.

1) 일기는 콘텐츠인가

콘텐츠 만드는 것이 어려워 일기를 쓰는 사람이 있다. 매일 무슨 일을 했는지 기록하고, 자기 생각을 적는다. 하지만 사람들은 그 콘텐츠에 크게 관심을 갖지 않는다. 얻을 것이 없기 때문이다.

일기는 콘텐츠가 될 수 있을까? 내가 생각하는 콘텐츠는 타깃에게 도움이 되고, 문제를 해결하는 것을 의미한다. 자신의 이야기가 담긴 기록이 아닌 도움이 될 만한 정보를 담은 것이다. 단, 각자 생각하는 콘텐츠의 의미는 다를 수 있다. 어떻게 하면 일기를 콘텐츠로 만들 수 있을까? 자신의 경험에 정보를 담으면 된다.

예를 들어, 아기와의 일상을 일기 형식으로 쓴다고 가정해 보자. 예방 접종 후 울고 있는 아기 사진을 일기식으로 기록한다.

이를 콘텐츠로 만든다면 무엇을 추가해야 할까? 시기별 예방접종 정보, 다녀온 소아과 진료시간, 비용, 위치 등 경험에 정보를 더한다. 시기별 예방접종 정보가 필요한 누군가는 이 콘텐츠가 도움이 될 것이다.

아이를 키우는 중이라면 예방 접종뿐만 아니라 아이와 보내는 모든 일상이 다 콘텐츠 소재가 될 수 있다. 우는 아이 달래는 법, 아이 쉽게 재우는 법, 아기 성장발달과정, 이유식 만드는 방법, 열이 났을 때 열 내리는 법 등 아이와 일상이 전부 콘텐츠 소재다.

2) 일상에서 찾은 소재로 콘텐츠 만드는 법

전시회 다녀온 이야기를 콘텐츠로 만들어보자. 보고 온 작품 사진을 찍고 "너무 좋았어요." 같은 의견만 적으면 이건 기록을 담는 일기에 불과하다. 하지만 다녀온 전시회 위치, 가는 방법, 주차요금, 관람 시간, 관람 기간 등이 들어가면 경험과 정보가 더해져 가치 있는 콘텐츠가 된다. 육아일기나 다녀온 곳에 관한 이야기가 아니어도 좋다.

사업을 한다면 일상에서 콘텐츠를 찾을 수 있다. 예를 들어, 스터디 카페 운영자가 콘텐츠를 만든다고 하면 스터디 카페 홍보 관련 글을 쓴다. 하지만 매일 콘텐츠를 발행한다면 반복적인 홍보 글은 오히려 역효과가 난다.

이때는 스터디 카페 일상을 담는다. '스터디 카페 주인장은 오전 시간을 어떻게 보내는지'에 관한 이야기를 콘텐츠로 만든다.

출근 후 소독으로 하루를 시작하는 모습, 구석구석 청소하는 모습, 스터디 카페에 좋은 향이 가득하도록 커피나 차를 내리는 모습, 학생들이 게시판에 남긴 피드백, 열심히 공부하는 학생을 위해 준비한 간식, 새로 들어온 집기류 등 다양한 스터디 카페 소식을 전한다.

스터디 카페에 관한 콘텐츠를 보는 사람은 대게 학생 또는 학부모다. 정기권을 끊어야 하는 부모라면 공들인 콘텐츠를 통해서 이 스터디 카페를 사장님이 얼마나 정성스럽게 운영하는지 짐작할 수 있다. 엄마라면 누구나 꼼꼼하게 관리하는 곳에 자녀를 맡기고 싶다.

3) 무엇에 가장 많은 시간을 보내는가?

여기까지 봐도 '나와는 해당 사항이 없는데.'라고 할 수 있다. '나는 가게를 운영하는 것도 아니고, 아이를 키우는 것도 아니고, 사업을 하는 것도 아닌데.'라고 말이다. 그래서 "무엇을 소재로 써야 할지 모르겠어요."라고 말할 수도 있다.

그렇다면 가장 많은 시간을 보내는 것이 무엇인지 생각해 보자. 그 경험이 누구에게 도움이 될까? 만약 쇼핑하는 것을 좋아한다면 콘텐츠로 만들자. 가격 비교 사이트를 통해 비용 아끼는 방법, 쇼핑할 때 시간 줄이는 방법, 적립금 활용법 등 정보는 얼마든지 찾을 수 있다. 무엇이든 일상 속에서 얻을 수 있는 소재는 많다.

무엇을 쓸까 너무 고민하지 말자. 일상 속의 모든 것이 콘텐츠라고 생각하면 의외로 쉽게 찾을 수 있다. 내가 무엇에 많은 시간을 보내고 있는지, 어떤 것에 관심이 있는지 생각해 보면 좋은 소재를 찾을 수 있다. 그 경험이 누구에게 도움이 될지 생각하고 콘텐츠로 만들어 보자.

4 가치를 전하는 콘텐츠 3요소

　콘텐츠 만들기를 좀 더 쉽게 설명해 보겠다. 요리에 비유해 보자. 누구나 음식을 만든다. 자신을 위해, 가족을 위해, 손님을 위해 만들기도 한다. 음식을 만들어야 하는 상황은 다양하다. 출근 전 빈속을 채우기 위해, 등원 전 아이의 식사를 위해서 일 수도 있다. 온 가족이 모인 저녁 식사일 수도 있고, 오랜만에 가족이나 친지가 모이는 자리에 내놓을 요리를 할 때도 있다. 누구를 위해 음식을 만들지, 어떤 상황에서 음식을 만들지, 어떤 마음으로 음식을 만들지에 따라 음식이 달라진다. 이를 콘텐츠에 적용해 보자.

　돈 되는 콘텐츠를 만들기 위해 다양한 방법으로 소재 찾는 법을 다뤘다. 불만이나 경험, 내 안에 있는 지식, 노하우, 많은 시간을 쓰는 일 등이 콘텐츠 소재가 된다. 음식으로 말하면 재료인 셈이다. 음식을 할 때도 재료를 먼저 확인한다. 그러기 위해서는 냉장고에 무엇이 있는지부터 봐야 한다.

　음식 재료가 파악됐다면, 누구를 위한 음식인지, 언제 먹을 음식인지, 왜 그것을 만들려고 하는지를 정해야 한다. 먹는 사람이 정해져 있지 않으면 음식은 방향을 잃는다.

　매운 음식을 먹지 못하는 아이가 있다. 이른 아침부터 냉장고에 떡볶이 재료가 있다고 그것을 해줄 수는 없다. 냉장고 속 떡볶이 재료는 어른을 위한 주말 간식이다. 대상과 시기가 정해지지 않으면 냉장고를 열어봐도 상황에 맞는 음식을 만들기 어렵다.

상황을 만들어보자. 갑자기 연락 온 친구가 오랜만에 집에 놀러 온다고 한다. 식사를 하지 않아 배고픈 상태다. 간단히 해먹자고 한다. 이때 냉장고를 보니 콩나물이 눈에 띈다. 대상과 상황이 정해졌다. 콩나물밥을 하고 콩나물국을 끓이기로 한다.

재료를 확인하고 상황에 맞는 음식을 정하면 이제는 레시피를 확인할 차례다. 인터넷으로 콩나물밥과 콩나물국을 검색한 후 맛있어 보이는 레시피를 선택한다. 순서대로 따라 만든다. 다 만든 후 적당한 그릇에 보기 좋게 담아 친구에게 선보인다. 오랜만에 만난 친구는 콩나물밥과 콩나물국을 맛있게 먹는다. 여기까지가 음식을 만드는 과정이다. 중요한 것은 이렇다.

- 누가 먹을 것인가? (대상)
- 어떤 상황에 먹을 것인가? (적시성)
- 왜 그 음식을 준비했는가? (가치)

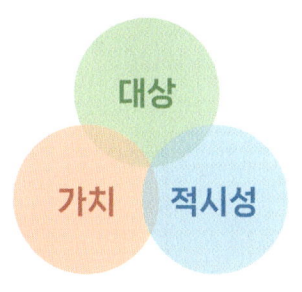

<가치를 전하는 콘텐츠 3요소>

이를 콘텐츠에 적용해 보자. 냉장고에 있는 재료를 확인하듯 내 안에 있는 재료를 꺼내야 한다. 그동안 경험은 무엇인지, 자신만의 노하우가 있는지, 지식이 무엇인지 등 하나씩 써본다. 그 재료로 무슨 콘텐츠를 만들지 생각해 보자. 냉장고 안의 재료를 확인하고 만들 수 있는 음식 종류를 생각하는 것과 같다.

냉장고	콘텐츠
재료	경험, 노하우, 지식
무슨 음식 만들지	무슨 콘텐츠 만들지
누가 먹을지	누가 읽을지

<냉장고 속 재료에 비유한 콘텐츠 소재와 주제, 타깃>

내 안에 있는 재료로 누구를 위한, 어떤 콘텐츠를 만들지 정해졌는가? 예를 들어, 출산 후 몸무게가 급격히 불어났다고 해보자. 다양한 운동을 해봤지만, 몸무게가 줄지 않았다. 하지만 식이요법을 하고, 걷기 운동을 시작하면서 2개월 만에 5kg을 감량했다. 노하우가 생겼다. 이를 콘텐츠로 만든다.

1) 가치를 전하는 콘텐츠 3요소로 콘텐츠 만드는 법

1단계 : 대상
2단계 : 시기
3단계 : 이유, 가치

<콘텐츠 제작 시 단계별 고려 사항>

1단계, 먼저 대상을 정한다. 출산 후 살이 빠지지 않아 고민인 엄마들이 대상이다. 여름을 앞두고 날씬한 몸매를 원하는 20대 혹은 30대 여성도 포함된다. 이렇게 대상을 먼저 정한다.

2단계, 상황에 맞는 노하우를 공유한다. 예를 들어, 식이요법으로 제철 과일을 제안한다. 미역이나 다시마 등 해조류나 쉽게 포만감이 드는 팽이버섯을 추천한다. 걷기 운동 노하우를 전한다. 날이 추운 겨울이라면 걷기 운동보다 홈 트레이닝하는 법을 콘텐츠로 만든다. 이처럼 시기에 맞는 콘텐츠를 제공하는 게 중요하다.

3단계, 이유를 전한다. 이유가 생기면 콘텐츠에 가치를 불어넣을 수 있다. 출산 후 급격히 불어난 몸무게 때문에 스트레스를 받았다는 이유, 수많은 방법을 시도해 봤지만 이전 몸매로 돌아가지 않아 속앓이한 이유, 육아하며 시간을 내기가 충분치 않아 집에서 할 방법을 찾다가 식이요법을 택했다는 이유 등이다. 그러면 공감을 이끌 수 있다. 공감한 사람은 도움을 주기 위해 만들어진 콘텐츠에서 가치를 알아본다.

이처럼 냉장고 재료를 확인하듯 자신의 경험과 노하우, 지식의 재료를 찾아보고, 각각을 섞어보자. 누구를 위한 음식을 만들지 고민하는 것처럼 누구를 위한 콘텐츠를 만들지 생각해 보자.

하나의 재료만 사용할 필요는 없다. 더 맛있는 음식을 위해서는 다양한 재료가 필요하다. 더 좋은 콘텐츠를 위해서 자신의 경험과 지식, 노하우를 섞어서 이야기하자. 음식은 하나만 만들 필요가 없다. 콘텐츠 역시 만들 수 있는 만큼, 정해진 대상을 위해 다양한 콘텐츠를 만든다.

모든 음식이 입에 맞지 않을 수도 있지만, 누군가에게는 인생 최고의 음식이 될 수 있다. 콘텐츠 역시 모두에게 딱 맞지 않을 수 있다. 아무렴 어떤가. 누군가에게는 인생을 바꿀 도움 되는 콘텐츠가 될 수도 있다. 콘텐츠를 만들 때 이 3가지, 대상과 적시성, 가치를 기억해서 각자 콘텐츠를 만들어보자.

5 같은 경험으로 콘텐츠 확장하는 법

    같은 경험이라도 대상이 누구인지, 어떤 상황인지, 어떤 목적인지에 따라 다른 이야기를 할 수 있다. 콘텐츠를 만들어보지 않은 사람은 쓸 거리가 없다고 생각한다. 요리해 보지 않은 사람이 냉장고 재료를 봐도 무엇을 만들어야 할지 모르는 것과 같다. 하지만 우리는 다양한 음식을 먹어봤다. 직접 만든 적이 없어도 먹어 본 경험을 통해 요리할 음식을 정할 수 있다. 조금만 검색해 보면 레시피는 어렵지 않게 찾을 수 있다.

    콘텐츠도 마찬가지다. 우리는 매 순간 콘텐츠를 소비한다. 요리할 때 레시피를 찾는 것부터 여행 갈 때 숙소와 맛집, 주말이면 아이와 놀러 갈 곳, 아이가 아플 때 응급처치 방법까지 모두 콘텐츠를 소비하는 일이다.

    이렇게 다양한 콘텐츠는 누군가의 경험과 노하우에서 나온 것이다. 아무도 콘텐츠를 만들지 않았다면 필요한 순간에 원하는 콘텐츠를 찾을 수 없다. 그만큼 콘텐츠는 사람들에게 도움을 준다.

    그동안 콘텐츠를 소비만 했다면 만드는 것이 부담이 될 수 있다. 하지만 당신은 그동안 검색하면서 콘텐츠를 많이 접했다. 덕분에 콘텐츠를 만드는 게 충분히 가능하다. 경험이 어떻게 콘텐츠가 되는지는 앞서 이야기했다. 하나의 경험을 다른 경험이나 다른 지식과 엮어보자. 콘텐츠가 확장되고 깊어질 것이다.

다시 요리에 비유해 보겠다. 오징어 한 마리로 국, 튀김, 부침개 등 다양한 요리를 할 수 있다. 하나의 경험은 오징어처럼 다양한 콘텐츠를 만들어 낼 수 있다. 30년 동안 대치동에서 학원을 운영한 원장님이 콘텐츠를 만든다고 가정해 보자. 어떤 콘텐츠를 만들 수 있을까?

경험을 콘텐츠로 만들 때 가치 있는 콘텐츠를 만드는 3요소를 먼저 생각해 보자. 우선 '왜 콘텐츠를 만들려고 하는지'와 '누구를 위한 콘텐츠인가'다. 항상 콘텐츠를 만들 때 '왜'를 먼저 고민해 봐야 한다. 오랫동안 학원을 운영하면서 학원 운영과 관리에 대한 질문을 자주 받았다. 답을 콘텐츠를 만들고 강의와 고가의 컨설팅을 진행할 수도 있다. 학원 운영에 어려움을 겪는 초보 원장님을 돕는 콘텐츠다.

두 번째는 아이 학습에 고민인 학부모를 대상으로 콘텐츠를 만든다. 학업과 진로 등 아이 교육에 고민인 학부모가 많다. 이런 학부모를 위해 그동안 아이들을 대하며 얻은 노하우를 전한다.

세 번째는 학습 노하우가 아닌 육아 노하우에 관한 콘텐츠다. 30년간 학원을 운영하며 많은 아이가 자라는 과정을 지켜봤다. 아이 성향에 따라 엄마가 어떻게 아이를 대해야 하는지 등 육아 노하우를 콘텐츠로 만든다. 엄마를 대상으로 한 콘텐츠를 만드는 이유는 아이를 올바르게 성장시키고 싶은 원장님의 마음이다.

같은 경험이라도 다른 콘텐츠를 만들 수 있다. 대상과 목적을 달리하면 얼마든지 가능하다. 자신이 가진 경험이라는 재료로 어떤 콘텐츠를 만들어 낼 수 있는지 생각해 보자. 대상을 나눠보고,

왜 해당 콘텐츠를 만들려고 하는지 들여다보면 방향이 잡힌다.

콘텐츠 확장	이유, 가치	대상	상황
Case 1	초보 원장에게 학원 운영 노하우를 전하고, 시행착오를 줄여주기 위함	학원을 처음 운영하는 초보 원장 - 학원을 운영하지만 관리나 마케팅에 어려움을 겪는 초보 원장	학원을 30년 운영하며 노하우가 쌓임 - 선생님 관리 - 교재 만드는 법 - 학원 홍보, 마케팅 등 운영 노하우
Case 2	진로 고민방향제시 - 입시를 앞둔 학부모와 학생이 올바른 선택을 할 수 있도록 도움	입시를 앞둔 학부모 - 입시를 위한 장기 플랜을 세우고 싶은 학부모	풍부한 입시 상담 경험으로 학부모 진로 상담 - 자녀에게 맞는 학교 선택에 어려움을 겪는 학부모 많음
Case 3	올바른 자녀 교육 - 입시 경쟁이 치열한 지역에서 아이 인성까지 돌보며 바르게 성장시키고 싶음	자녀를 바르게 잘키우고 싶은 학부모	30년 동안 학원을 운영하며, 학생의 태도와 인성을 중시 - 학업뿐만 아니라 학생들을 바르게 성장시킨 노하우

<같은 경험으로 다른 콘텐츠 만들기.
30년 차 학원 원장님이 만들 수 있는 콘텐츠 예시>

6 아이디어를 콘텐츠로 구체화하는 법

특별한 날이면 엄마는 구절판을 해주셨다. 야채와 고기, 버섯, 계란 등이 재료다. 밀전병도 준비한다. 어릴 적 엄마가 해주신 구절판이 생각날 때면 '구절판'을 검색해 레시피를 찾는다. 그중 이미지, 방법, 재료를 확인해 엄마의 맛과 가장 비슷해 보이는 레시피를 선택한다. 재료 손질부터 절차를 확인하며 구절판을 만든다.

이 과정은 콘텐츠를 만드는 것과 같다. 평소 책 읽는 것을 좋아한다고 해보자. 주변에서 종종 어떻게 하면 책을 빨리 읽느냐고 묻는다. 책 빨리 읽는 방법에 대한 콘텐츠를 만들어보자. 머릿속에 자신만의 책 빨리 읽는 방법이 있다. 바로 콘텐츠를 만드는 것도 좋으나 만들다 보면 이내 부족한 느낌이 들 것이다. 이때는 구절판 레시피를 확인한 것처럼 책 읽는 방법에 대해 발행된 콘텐츠를 찾아본다.

다음은 '책 빨리 읽는 노하우'를 검색한 결과다. 관련된 다양한 콘텐츠가 나온다. 이 중에서 상위에 노출된 글을 읽어본다. 글을 보면서 제목을 어떻게 썼는지, 놓치고 있는 노하우가 있는지 확인한다.

<책 빨리 읽는 노하우 검색 결과(출처 : 구글 검색)>

　내용이 잘 정리된 콘텐츠가 있다면 5개 정도를 선택한다. 같은 주제가 아니어도 '이런 방법으로 콘텐츠를 만들고 싶다.'라는 모델이 있다면 모은다. 몇 개의 글을 보면 당신이 가진 책 읽는 노하우와 검색으로 찾은 다른 노하우를 활용해 어떻게 콘텐츠로 만들어야 할지 감이 잡힐 것이다. 단, 검색 결과에 나온 콘텐츠를 베끼라는 의미는 아니다.

　가령 '책 빨리 읽는 방법 5가지'로 만들 수도 있고, '하루 10분 책 읽기로 일주일 1권 끝내는 방법' 같은 콘텐츠를 만들 수도 있다. 같은 방식으로 '회사에서 상사에게 휘둘리지 않는 방법', '화내지 않고 원하는 것 얻는 법', '3분 만에 뚝딱 요리하는 법', '10만 원으로 한 달 생활하는 노하우', '천만 원으로 20평 셀프 인테리어' 등의 노하우도 풀어낼 수 있다.

자신만의 노하우를 풀어낸다고 해서 한 개의 콘텐츠로 끝나는 것은 아니다. 다양한 관련 글을 보며 시리즈로 만들 수 있다. 하나의 주제로 수십, 수백 개의 콘텐츠를 만들어 낼 수 있다. 콘텐츠 만드는 방법에 대해서는 3장과 4장에서 다룬다.

- 요리 : 재료 파악 → 대상 + 음식 정하기 → 레시피 찾기
- 콘텐츠 : 경험, 노하우 파악 → 타깃 + 주제 정하기 → 콘텐츠 사례, 방법 찾기

<요리에 비유한 경험을 콘텐츠로 구체화하는 방법>

7 두려움 없이 콘텐츠 만드는 법

　얼마 전 해외에 살고 있는 언니와 통화했다. 오랫동안 사업을 한 언니는 비즈니스 코치로 활동 중이다. 비즈니스를 시작할 때 필요한 마인드 세팅 등 다양한 경험과 노하우를 전하고 있다.

　콘텐츠 책을 쓴다고 하니, 사람들이 콘텐츠 만드는 것을 어려워한다고 했다. 많은 사람이 블로그나 SNS를 운영한다. 그럼에도 자신의 이야기를 할 때 부담을 느낀다. 부담을 느끼면 시작이 어려워진다. 계획만 세울 뿐 행동으로 이어지지 못한다. 시작은 쉬워야 한다. 일단 시작하고, 꾸준히 콘텐츠를 만들어 나가야 한다. 그 과정에 어려움이 생기는 건 당연하다. 왜 어려울까? 세 가지 이유가 있다.

　첫째는 익숙하지 않기 때문이다. 뭐든 익숙하면 쉽게 한다. 고민할 필요가 없다. 익숙함이 몸에 배었기 때문이다. 하지만 해보지 않은 건 불편하다. 그럴수록 시작이 더 어렵다. 이것을 어떻게 해결해야 할까? 방법은 하나다. 여러 번 해서 익숙하게 만든다.

　7살인 딸은 매일 자기 전 양치를 한다. 다른 건 몰라도 아이에겐 몇 가지 루틴이 있다. 아침밥 먹기와 자기 전 양치다. 나는 음식을 즐겨 하지 않는다. 아침은 누룽지로 간단하게 해결한다. 아침으로 누룽지를 먹던 딸은 4일째 되던 날 내게 물었다. 도대체 언제까지 누룽지를 먹어야 하냐고 말이다. 딸은 4일 만에 질렸다. 하지만 1년이 넘도록 먹은 지금은 아침은 당연히 누룽지라고 여긴다.

자기 전 양치도 마찬가지다. 처음에는 불편하고 어려워했다. 하고 싶지 않아 했다. 할 때마다 울기도 했다. 지금은 아기 때부터 들인 습관 덕에 졸려도 눈 감으면서 양치를 한다.

콘텐츠 만드는 것도 이렇게 시작하면 된다. 매일매일 글쓰기 습관을 들이며 어설프더라도 뭐든 업로드하는 것을 목표로 한다. 그러다 보면 익숙해진다. 처음부터 잘하려고 하면 지친다. 기간을 정하고 일단 양으로 승부를 보는 것도 방법이다.

David Bayles와 Ted Orland 저서 'Art & Fear : Observations On the Perils(and Rewards) of Artmaking'에는 이런 연구 결과가 있다. 도자기 수업 첫날, 교사는 학생을 두 그룹으로 나눴다. A팀은 무조건 많은 도자기를 빚게 하고, 양으로 점수를 매겼다. B팀에게는 하나만 제대로 만들어서 내라고 했다. 둘 중 어느 그룹이 더 좋은 결과를 만들었을까? 더 많은 양을 시도한 A팀 결과가 더 좋았다.

이처럼 퀄리티는 연습량에 비례한다. 아무리 잘하고 싶어도 습관과 연습이 받쳐주지 않으면 매번 새롭고 어색하다. 새로운 것을 시작할 때 어려운 건 당연하다. 익숙해지면 쉬워진다.

둘째는 쓸 거리가 없어서 고민인 경우다. 보통 작가라고 하면 컴퓨터를 켜는 순간 술술 글을 쓸 거라고 생각한다. 하지만 많은 작가가 글 쓰는 어려움에 관해 말한다. 직업이 글 쓰는 작가에게도 흰 바탕에 깜박이는 커서는 두려운 대상이다.

하물며 콘텐츠 만드는 것이 익숙하지 않은 사람에게 흰 배경은 큰 압박이다. 이때는 두 가지 해결 방법이 있다. 평소에 쓸 거리를 담아 둔다. 콘텐츠가 반드시 글일 필요는 없다. 사진을 많이 찍고 그 사진을 중심으로 스토리텔링을 해도 콘텐츠다. 사진은 평소에 많이 찍으면 된다. 찍은 사진은 그냥 저장만 하는 것이 아니라 블로그나 인스타그램에 올린다. 정리해서 올리면 좋지만 당장 정리가 어려울 때는 저장만 해둔다. 그리고 블로그에서 필요한 사진을 정리해 정보를 담거나 스토리를 붙여서 콘텐츠를 만든다.

글도 마찬가지다. 그냥 쓰려고 하면 막막하다. 무슨 이야기부터 써야 할지 시작이 쉽지 않다. 이럴 때는 평소에 핸드폰 메모장을 활용해 생각나는 것을 적어둔다. 본인의 관점이나 생각, 어떤 사물이나 상황, 드라마나 영화를 보더라도 그때의 감정을 놓치지 말고 짧게라도 기록해두자.

나는 수시로 아이디어를 저장해 놓는다. 길 가다가 문득 떠오르거나, 설거지를 하다 생각나는 아이디어가 있으면 짧게라도 기록한다. 메모장이 불편한 경우는 카톡으로 보낸다. 이렇게 평소에 쓸 거리를 모으다 보면 콘텐츠를 만들어야 할 때 요긴하게 꺼내 쓸 수 있다

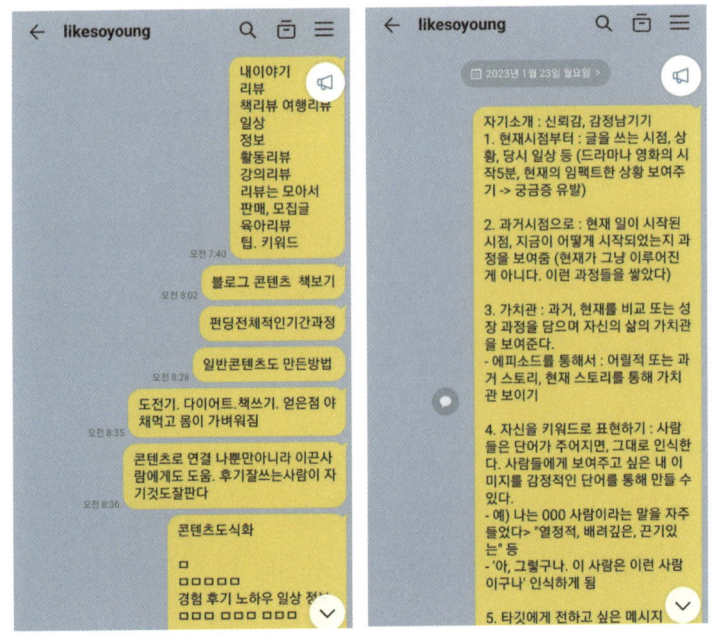

<콘텐츠 책을 쓰며 개인 카톡에 떠오를 때마다
보내 놓은 아이디어들>

셋째는 다른 사람이 자신의 콘텐츠를 베낀다는 두려움이다. 많은 사람이 본인이 가진 노하우를 뺏길까 두려워 콘텐츠를 만들지 못한다. 자신만의 노하우와 지식이 공개되면 팔리지 않을 거라는 두려움이 있다.

그렇게 생각할 필요가 없다. 자신이 가진 노하우나 지식은 이미 다른 사람도 아는 경우가 대부분이다. 물론 본인만의 것일 수도 있다. 하지만 꽁꽁 숨겨두고 사람들에게 그것이 본인에게 있다는 것을 알리지 않는다면 돈으로 바뀌지 않는다.

이미 정보는 넘쳐난다. 유튜브, 구글만 검색해도 내가 가진 노하우를 누군가가 알고 있다. 많은 정보를 잘 모아서 필요한 것만 정리해 주는 것 역시 콘텐츠가 될 수 있다. 거기에 자신만의 관점이 더해지면 더 좋은 콘텐츠가 된다.

책을 통해, 다른 사람의 강의를 통해 방법을 배우고 거기에 경험을 더하면 자신만의 노하우가 된다. 이미 다른 사람의 노하우를 흡수한 상태라는 말이다. 세상에 새로운 것은 없다. 흩어져 있는 것을 자신의 방식대로 연결하고, 거기에 본인만의 가치를 부여해 새로운 것을 만들 뿐이다. 그렇게 얻은 지식에 자신만의 색을 담아 콘텐츠를 만들어 나가자.

8 술술 읽히는 콘텐츠 만드는 법

나는 평소 글을 길게 쓴다. 글이 길어도 잘 읽힌다는 말을 듣는다. 2022년 출간한 네이버 카페 책은 370페이지였다. 그럼에도 술술 읽힌다는 피드백이 많았다. 누군가는 콘텐츠를 만들 때, 짧게 쓰라고 한다. 넘쳐나는 정보 속에 글이 길면 이탈할 확률이 높아진다. 맞는 말이다. 때로는 나도 긴 글에 압박을 느낀다. 그럼에도 여전히 긴 글을 선호한다. 3가지 이유가 있다.

> ① 글이 길어도 원하는 정보가 있고, 문제가 해결되면 읽는다.
> ② 글은 나와 결이 같은 사람을 걸러주는 필터링 역할을 한다.
> ③ 결국 내 글을 읽는 사람은 팬이 되거나 돈을 쓴다.

얼마 전 "새벽 1시 30분에 우연히 글 하나를 봤는데, 연결된 글을 읽다 보니 새벽 3시가 되었어요."라는 댓글이 블로그에 남겨졌다. 이분은 그렇게 늦은 시간에 1시간 반이나 블로그 글을 읽었다. 글마다 하단에 다른 글을 연결해 놨다. 그러다 보니 계속 보게 됐다.

글을 다 보고 마지막에 든 생각과 감정은 무엇이었을까? 아마도 '이 사람을 만나고 싶다.'거나 '어떻게 하면 나도 블로그로 돈을 벌 수 있을까?', '나도 이렇게 되고 싶다.'가 아니었을까.

글이 길고 짧고는 문제가 되지 않는다. 아무리 책을 읽는 사람이 적다해도, 그 필요성을 아는 사람은 책을 본다. 필요한 사람은 어떻게 해서든 블로그에 올려진 글을 찾아서 읽는다. 글이 길어서 읽지 않고, 글이 짧아서 읽는 게 아니다. 목적이 뚜렷하고, 전달하는 내용, 상대방이 원하는 정보가 있으면 글은 읽히기 마련이다. 그런데 여기서 하나 짚고 넘어가자. 글이 '잘 읽힌다'라는 것은 어떤 의미일까?

① 글이 짧아야 잘 읽힌다.
② 글이 길어도 잘 읽힌다.

당신은 어떤가? 글이 짧아야 잘 읽히는가? 아니면 글이 길어도 잘 읽히는가? 짧은 글 중에도 잘 읽히지 않는 글이 있다. 길어도 잘 읽히는 글이 있다.

1) 가독성 좋은 글쓰기 방법

글쓰기 관해서는 정보가 많다. 글쓰기에 관심이 있는 사람이면 아는 내용일 수 있다. 하지만 아는 것과 실행하는 것은 다르다. 콘텐츠를 만들 때 가독성 좋은 글쓰기 방법은 중요하다. 몇 가지 이야기해 보자.

① 문장 길이

문장은 짧게 쓰는 것이 좋다. 많은 사람이 문장을 길게 쓴다. 지금 잠시 멈추고, 각자가 쓴 글을 한번 확인해 보자. 평소 문장 길이가 얼마나 되는가? 한번 시작한 문장이 2~3줄은 기본인가? 혹은 짧게 쓰고 있는가? 이미 짧게 쓴다면 "글 잘 쓴다."라는 말을 들어봤을 것이다. 아래 문장을 보자.

"제 글은 길어도 잘 읽혀요. 문장이 짧아서죠." 지금 이 문장을 쓰기 위해 나는 4번 문장을 수정했다.

> 제 글이 긴 글임에도 불구하고 잘 읽힌다고 하는 이유는 문장이 짧기 때문일 거예요.
> → 제 글이 길어도 잘 읽힌다고 하는 이유는 문장이 짧아서 일 거예요.
> → 제 글이 길어도 잘 읽히는 건 문장이 짧아서죠.
> → 제 글은 길어도 잘 읽혀요. 문장이 짧아서죠.

이렇게 한 문장을 쓰면서도 좀 더 줄일 수 없을까 고민한다. 책 마무리를 할 때도 문장 길이에 집착했다. '문장은 짧을수록 잘 읽힌다'라는 것을 알아도, 행동하지 않으면 바뀌지 않는다. 계속 문장을 줄이는 연습을 해야 한다.

문장을 줄일 때 몇 가지 팁이 있다. 되도록 형용사나 부사 등 수식어를 사용하지 않는다. 습관적으로 수식어를 붙이는 사람이 있다. 빼도 어색하지 않다면 사용하지 않는다. 수식어를 사용하지 않으면 깔끔한 인상이 든다.

둘째는 접속사를 사용하지 않는다. '그리고', '그러나', '하지만' 등 굳이 없어도 문장이 연결된다면 사용하지 않는다.

셋째는 '~데', '~의', '~것', '~경우' 등 불필요한 조사가 붙는 경우다. 자신의 문장에는 얼마나 자주 위의 내용이 쓰이는지 확인해 보자. 이것만 빼도 훨씬 더 깔끔하고 잘 써진 문장이 된다.

② 소제목, 단락 나누기

아래는 '내 이야기가 돈이 되는 방법'이라는 콘텐츠 일부다. 그중 엄마표 영어 사례다. 글은 긴 편이지만, 3개 단락과 소제목으로 나눴다. 이렇게 단락이 나누어져 있으면, 글이 한눈에 들어온다. 한 페이지 가득 찬 글보다 맥락에 따라 2~3줄 정도로 문단을 나누면 글이 잘 읽힌다. 각자 만든 콘텐츠가 있다면 한번 확인해 보자. 평소 문단을 이어서 쓰는지, 나눠서 쓰는지. 이것만 나눠도 훨씬 잘 읽힌다.

단락을 나눴다면 소제목도 달아보자. 모든 단락마다 소제목을 달 필요는 없지만, 전체적으로 글의 양이 많다면 소제목을 달면 흐름을 파악하기 좋다. 이 두 가지만 잘 챙기면 글이 길어도 내용과 흐름 파악이 쉬워진다. 한 번에 연결된 글보다 잘 읽힌다.

#블로그, '엄마' 아닌 '나'의 이야기를 하는 방법

블로그에 무슨 이야기를 쓸까 고민하는 분이 많습니다. 주제와어떤 이야기를 쓸까 소재를 정하는 것은 사실 쉬운 일은 아닙니다. 하지만 이를 쉽게 해결하는 방법이 있습니다. 바로 쉽게 생각하는 거죠. '내가 지금 관심있어 하는 것이 무엇인가? 내가 가장 많은 시간을 투자하고 있는게 무엇인가'를 보면, 그것이 곧 **주제를 정하는 방향이고, 소재를 찾을 수 있는 길**이 될 수 있습니다.

가령 출산한지 얼마 안된 아기엄마라면 하루 종일 아기와 보내는 시간이 대부분일 것입니다. 이런 경우 보통은 집에만 있으니 블로그에 올릴 내용이 없다고 생각합니다. 아기가 어려서 외출도 힘드니 맛집을 포스팅 할 수도 없을 테니 말이죠. 그렇다면 무엇을 써야할까? 내가 시간을 보내는 '그것'에 대해 쓰면 됩니다. 아기와 하루종일 있다보면 먹는 것을 챙겨줘야 하고, 재워야 하고, 놀아줘야 합니다. 그러면 그게 곧 주제이자 소재가 되는거죠. 육아에 관한 주제를 쓰기로 정하고, 아기와 함께 보낸 그 시간들이 곧 하나의 소재가 됩니다. 예를들어 '7개월 아기 이유식 먹이는 방법, 7개월 아기 재우는 방법, 7개월 아기와 놀아주는 방법, 7개월 아기 발달사항'등 말이죠.

#엄마표영어, 사례를 통한 블로그 글쓰기 방법

블로그 강의를 하다보면 강의를 듣는 사람들의 블로그를 자주 둘러보게 됩니다. 주제는 잘 정했는지, 각 소재에 대해 맞는 글을 썼는지, 관심있는 것에 관한 이야기를 하고 있는지, 키워드는 잘 쓰고있는지 말입니다. 강의를 들은 한 분의 사례를 들어볼게요. 이분은 한 아이의 엄마입니다. 블로그 주제는 엄마표 영어이구요. 매일 아이와 엄마표 영어 공부하는 모습을 사진으로 찍고, 공부한 내용을 블로그에 기록합니다. 하지만 고민이 하나 있습니다. 아이와 영어공부를 하는 것은 즐거운데 이것을 블로그에 기록하는 재미가 없다는 것입니다. 심지어 블로그에 공들인 시간만큼 방문객이 늘지도 않았습니다. 그러다 보니 자꾸 블로그에 글는 쓰는것도 싫어집니다.

무엇이 문제일까요? 매일 똑같이 공부 내용을 올리는 것과 단지 공부하고 있는 것을 기록하는 것에 지나지 않은 내용이 문제였습니다. 블로그는 내가 정성을 들인 만큼 방문객이 늘어야 재미를 느낍니다. 하루 몇 시간씩 힘들게 글을 썼는데 읽는 사람이 없다면 굳이 정성들여 글을 쓸 필요가 있을까 하는 고민에 빠지게 되지요. 그렇기 때문에 글을 쓸 때에는 일기를 쓰듯이 그저 기록만을 위한 글쓰기를 하면 안됩니다. 읽는 사람 입장에서 글을 써야 하는거죠. 글을 읽는 사람은 그 사람이 오늘 몇 페이지나 공부를 했는지, 어떤 문장을 공부했는지 관심이 없습니다.

엄마표 영어 글을 읽는 사람들은 보통 자신의 자녀에게도 엄마표 영어를 하고 싶은 사람일것이다. 그렇다면 어떻게 하면 엄마표 영어를 좀 더 효율적으로 할까, 정말 엄마표 영어를 하면 아이 영어 실력도 늘까를 고민할 것입니다. 그리고 그것에 관한 정보를 얻고싶어 할거구요. 그렇다면 그런 컨텐츠를 만들어서 쓰면 됩니다.

<단락을 나누고 소제목을 단 글쓰기 예시>

③ 상대방 언어로 말하기

'지식의 저주'라는 말이 있다. 자신이 알고 있는 지식을 다른 사람도 알 것이라고 생각해 나타나는 인식의 왜곡과 의사소통의 어려움을 가리키는 말이다. 특정 분야 전문가가 자신의 수준에 비추어 상대방도 자신이 알고 있는 것을 안다고 생각할 수 있다. 이 때는 지식의 저주에서 벗어나 상대방 언어로 말해야 한다.

예를 들어, 블로그를 잘 하는 사람이 검색 로직을 설명한다. 상대방의 언어를 고려하지 않으면 C-rank, DIA, 저품질, 최적화 등 블로그 전문용어로 말한다. 처음 듣는 사람은 '이게 무슨 말이지?'라고 당황한다. 이때 상대방의 언어로 말하면 전문용어가 아닌 쉬운 말을 쓴다.

C-rank는 하나의 주제에 대해 이 블로그가 얼마나 꾸준히 글을 써왔는지를 보는 로직이다. C-rank라고 하면 용어가 생소하지만, '얼마나 오랫동안 한 가지 주제로 운영했는지'를 본다고 하

면 '아하'하고 알아듣는다. 이처럼 내 언어가 아닌 상대방 언어로 말한다.

④ 발행 전 수정하기

글을 잘 쓴다는 건 상대방을 고려한 글을 쓴다는 의미다. 문장을 짧게 쓰고, 상대방 언어로 이야기하고, 보기 좋게 단락을 나누는 노력은 읽는 사람을 위한 것이다. 여기에 하나를 더 추가하면 발행 전 글 수정이다. 오타가 있는지, 문맥이 맞는지, 글에 불필요한 내용은 없는지 확인한다.

'아, 이 사람 글 잘 쓴다.'라는 생각이 드는 글을 본 적이 있는가? 그 글은 한 번에 쓴 글일까? 대부분은 그렇지 않다. 여러 번 읽고, 수정한 후에 발행한 글일 거다. 얼마나 많이 수정하느냐에 따라 얼마나 좋은 글이 나오느냐가 결정된다. 물론 콘텐츠 하나에 매번 오랜 시간 공들여야 한다는 의미는 아니다. 적어도 한 번 정도는 읽어보고, 최소한의 수정은 하자.

> **TIP BOX**
>
> ## 그 외 가독성을 높이는 몇 가지 팁
>
> 질문하기 : 질문하기는 산만해진 집중력을 다시 불러오는 효과가 있다. 콘텐츠를 읽는 타깃을 상상하며 질문을 던져보자. 질문에 답을 생각하다 보면 다시 콘텐츠 집중도가 올라간다.
>
> 앞, 뒤에 자신의 의견(주장) 제시 : 콘텐츠를 만들 때 앞과 뒤에 자신의 주장하는 바를 담아 의도를 확실히 전달한다.
>
> 색, 굵기 변경해 강조 내용 포인트 주기 : 콘텐츠가 길어질 때는 문단 나누기, 소제목 달기와 더불어 강조 내용에 색이나 굵기 변화를 주면 내용을 파악하는 데 도움이 된다.
>
> 표, 도식 사용으로 한 번에 정리 : 긴 글보다 표나 이미지를 활용해 한 번에 정리해 보자. 전달하려는 내용이 좀 더 각인된다.
>
> 왼쪽 정렬 : 모바일 환경에 맞춰 중앙 정렬로 글을 쓰는 경우가 있다. 잘 쓴 글은 대게 왼쪽 정렬이다. 기자들이 글을 쓸 때 중앙 정렬하는 것을 본 적이 있는가?
>
> 한 사람에게 말하듯 쓰기 : 콘텐츠 만드는 게 어렵다면, 한 사람에게 말하듯 써보자. 의외로 쓰는 사람도, 읽는 사람도 편하다.

위의 내용을 보고 이미 아는 내용이라고 생각할 수 있다. 아는 내용이라도 적용하지 않으면 의미가 없다. 콘텐츠를 만들 때 활용해 보자. 지금보다 가독성이 높아질 거다.

9 10분 만에 책에서 콘텐츠 소재 뽑아내는 법

경험과 노하우, 지식으로 콘텐츠를 만들 때 종종 불완전함을 느낀다. 머릿속에 있는 생각을 정리하다 보면 뭔가 좀 부족한 듯 보인다. 자신 있게 콘텐츠를 만들어도 몇 개 만들고 나면 더 쓸 거리가 없어져 고민하는 순간이 온다. 자연스러운 일이다. 이때는 콘텐츠 인풋이 필요하다. 콘텐츠 인풋은 어떻게 할까? 강의를 듣거나 영상을 본다. 다른 사람의 글이나 책을 읽는다.

나는 무슨 일이든 하다가 막히면 책을 찾는다. 그러면 어김없이 책 속에 답이 있다. 책에서는 100년 전 지식도 손쉽게 얻는다. 불과 2만 원 정도의 비용으로 이 정도의 가치를 얻을 수 있는 게 얼마나 있을까. 책은 가장 가성비 좋은 투자다.

콘텐츠를 만들 때도 막히는 순간은 책을 본다. 우선 쓰려고 하는 주제의 책을 읽는다. 주제가 같은 분야의 책은 콘텐츠 내용이 유사해질 수 있으니 객관적인 시선을 유지한다. 그럼에도 관련 책을 보는 이유는 혹시 놓치고 있는 것이 있는지 살피기 위해서다. 읽으면서 자신의 경험과 지식에 접목할 것이 있다면 스토리를 입혀서 풀어낸다.

반드시 같은 분야만 읽을 필요는 없다. 오히려 전혀 다른 분야의 책을 읽을 때 더 많은 아이디어가 떠오른다. 네이버 카페 콘텐츠를 연재할 때는 무자본 창업 관련 책을 읽었다. 뇌와 잠재의식에 관한 책, 심지어 경영이나 부동산, 인문학, 심리학, 에세이를 보기도 했다. 어떤 책을 읽더라도 만들려고 하는 주제가 머릿속에 있다면 다 연결된다.

'아, 콘텐츠를 이렇게 풀어내야겠다.', '나도 이렇게 비유해서 설명해 봐야겠는데.'하는 식이다. 심지어 드라마나 영화를 보더라도 대사에서 갑자기 '이렇게 설명해 보면 어떨까?', '이렇게 표현하면 쉽겠는데?'라는 생각이 떠오른다.

머릿속에 있는 생각만으로는 콘텐츠를 꾸준히 발행하는 게 쉽지 않다. 당연한 이야기다. 이것을 받아들이자. 콘텐츠 만드는 삶을 살기로 마음먹었다면 무엇보다 책과 친해져야 한다. 콘텐츠를 만들다 어느 순간 고갈됨을 느낄 때 책만큼 도움 되는 인풋도 없다.

인풋을 위한 책 읽기를 할 때는 반드시 한 권을 다 읽을 필요는 없다. 책 읽는 목적이 뚜렷하면 전체를 빠르게 보면서 필요한 것을 수집하는 것도 가능하다. 다음은 책을 읽으면서 빠르게 원하는 것을 얻는 방법이다. 인풋이 필요할 때 활용한다.

① 질문하기	② 키워드 수집	③ 키워드 선정	④ 하나의 메시지
- 구체적인 질문 - 저자에게 궁금한 점 - 책에서 얻고 싶은 것 - 책을 읽는 목적	- 16칸을 만든다. - 5분 동안 빠르게 책을 보며 질문에 답이 되는 키워드를 뽑는다. - 각 키워드를 16칸에 적는다.	- 질문에 답이 될 3개 키워드를 정한다.	- 질문과 답을 하나의 메시지로 정리한다.

<책에서 원하는 인풋을 얻는 방법>

'1년에 30억 원 버는 방법은?'이란 질문을 던지고 16개 키워드 수집한다. 단어와 문장, 모두 괜찮다.

1	지금 당신의 운전대를 잡아라	9	성공은 아이디어가 아니라 실행에 있다
2	다음 중 무엇이라도 100만 명에게 제공하라	10	시간을 쏟아붓지 않아도 되는 사업을 하라
3	당신의 실행력이 당신의 최고 속도다	11	과거에서 벗어나라
4	성공에 아웃소싱은 없다	12	돈을 기하급수적으로 벌어들일 것이다
5	변화를 결심하다	13	돈을 좇지 말고 필요를 좇아라
6	부의 3요소 : 가족, 신체, 자유	14	사업을 시스템으로 만들어라
7	통제권을 갖고 있어야 큰돈을 만질 수 있다	15	백만장자는 사건이 아니라 과정에 의해 만들어진다
8	오직 자신의 브랜드에만 투자하라	16	사업의 힘은 규모에서 나온다

<1년에 30억 원 버는 방법에 대한 16개 문장>

그리고 7, 10, 16번 키워드를 최종 선정한다.

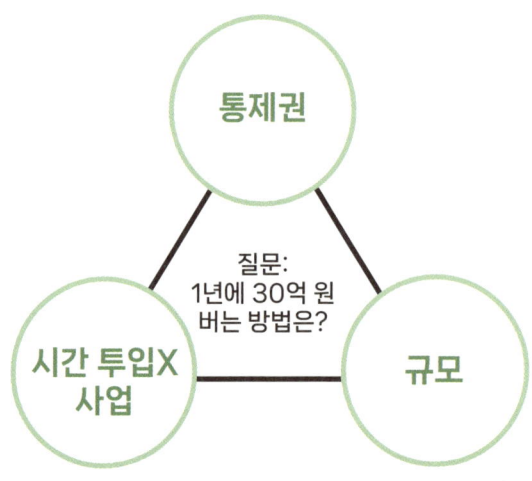

<인풋을 위한 책 정리 예시. 책 '부의 추월차선'을 읽고 질문하기를 통해 핵심 키워드와 메시지 추출했다.>

1) 하나의 메시지 만들기

위의 예시는 책 '부의 추월차선'을 보고 작성한 것이다. 한 권의 책을 읽고 정리하면 좋지만, 부담스럽거나 급하게 정리할 때 활용하는 방법이다. 책을 읽기 전에 읽는 목적과 질문을 정한다. 질문이 구체적이면 더 효과적이다. 가령 '빠르게 부자가 되는 방법은 무엇일까'보다 '1년 안에 30억 원을 버는 방법은 무엇일까'라고 정한다.

질문이 정해졌다면 답이 될 만한 키워드를 찾아본다. 여기서 말하는 키워드는 단순히 단어만을 의미하지는 않는다. 질문에 대한 하나의 문장일 수도 있고, 하나의 단어일 수도 있다. 5분 정도 처음부터 끝까지 책을 빠르게 넘기면서 눈에 띄는 단어나 문장을 찾아보자. 그리고 종이를 하나 준비해 16칸을 만든다. 질문에 대한 답이 될 단어와 문장을 찾았다면, 종이에 적는다. 16개의 키워드에서 다시 질문에 답이 될 최종 3개의 키워드를 선택한다. 내가 질문한 '1년 안에 30억 원을 버는 방법은 무엇일까'에 대해 부의 추월차선에서 찾은 3가지 문장이다.

① 통제권을 갖고 있으면 큰돈을 만질 수 있다.
② 사업의 힘은 규모에서 나온다.
③ 시간을 쏟지 않아도 돈이 되는 사업을 하라.

이제는 이 문장들을 합해 하나의 메시지로 만든다.

'나는 1년에 30억 원을 버는 방법이 궁금해 부의 추월차선에서 답을 찾아봤다. 돈에 대한 통제권을 가져야 한다는 점, 사업의 힘은 규모에서 나온다는 점, 시간을 쏟지 않아도 돈 되는 사업을 해야 한다는 점, 이렇게 3가지 방법을 알게 되었다.'

이렇게 하나의 메시지를 만들었다면 다시 책을 편다. 10분 정도 위의 메시지를 뒷받침할 문장을 찾는다. 그러면 책 한 권을 다 읽지 않아도 질문에 대한 답은 찾을 수 있다. 콘텐츠를 만들 때 목적이 있는 콘텐츠나 질문에 대한 답을 찾을 때 활용한다.

10 콘텐츠 제작 시간 확보하는 5가지 방법

"소영 님은 시간 관리를 어떻게 하세요?" 시간에 관한 질문을 종종 받는다. 질문 뒤에 이어지는 말은 "아이도 키우고, 일도 하고, 책도 쓰고, 그 많은 걸 언제 다하세요?"다. 그럴 때마다 "시간을 관리하는 건 아닌데..."라고 말한다. 얼마 전에도 같은 질문을 받았다. 평소 시간 관리를 하는 건 아니지만, 어떻게 시간을 만드는지에 대해 이야기해 보겠다.

1) 목표와 기한 정하기

시간 관리를 묻는 이유는 어떻게 시간을 쓰는지가 궁금한 게 아니다. 어떻게 하면 육아와 살림, 강의나 컨설팅을 하면서 성과를 만드는지가 궁금한 거다. 우선 두 가지를 정한다. 자신이 원하는 목표와 언제까지 이룰지를 정한다. 목표가 없으면 해야 할 일만 한다. 아무것도 정하지 않아도 매일 할 일은 있다. 하지만 정확한 목표가 있으면 집중한다. 집중하다 보면 목표는 결과로 이어진다. 바쁜 와중에 성과를 만드는 사람은 반드시 원하는 것이 있다. 이때 중요한 것은 언제까지 목표를 이룬다는 기한이다. 막연한 목표는 바쁜 일상에서 뒤로 밀리기 쉽다. 정확한 기한을 정해 실천한다.

책 출간이 목표라면, 언제까지 출간할지 기한을 정한다. 예를 들어, 6월에 12월 출간 목표를 세운다면, 출간 기한을 기준으로 무엇을 할지 정한다. 적어도 10월 말까지는 저자 손에서 작업이 끝나야 한다. 11월 한 달은 교정교열, 디자인 등 출판사에서 마무리 작업을 하면 12월 출간이 가능하다. 그러면 초고는 9월에 마치고, 수정 작업을 10월에 한다. 초고는 매일 한 꼭지씩, 40꼭지를 쓴다고 하면, 1~2달 정도를 잡는다. 아래는 기한에서부터 목표를 이루기 위한 세부 일정이다. 각자 목표를 정하고, 기한을 정해 목표가 이루어지도록 세부 일정을 정하자.

12월 : 출간

11월 : 출판사 편집 및 디자인 등

10월 : 탈고, 퇴고

8~9월 : 초고 쓰기 & 마무리

6~7월 : 기획(목차 잡기 & 자료 수집)

< 책 출간 목표와 기한에 따른 일정 예시 >

① 목표가 있는 사람과 없는 사람의 차이

　주변에 새벽 기상 하는 사람이 많다. 성공한 사람들이 하나같이 새벽 기상을 하니, 무언가를 이루기 위해서는 하루를 일찍 시작해야 할 거 같다. 당신의 하루는 언제, 어떻게 시작되는가? 하루의 시작은 목표가 있는 사람과 없는 사람에 따라 다르다. 목표가 있는 사람의 아침은 어떨까? 하루의 시작이 감사하다. 매일 목표를 향해 나아가고, 성장한다. 해야 할 것이 정해져 있고, 순간순간 아이디어도 떠오른다. 목표가 없는 사람의 아침은 느리다. 성공한 사람들이 새벽에 일어난다고 하니, 일단 새벽에 일어나 볼까 생각한다. 하지만 일어나서 뭘 해야 할지 모른다. 몇 번은 일어나지만 며칠이 지나면, 일찍 일어날 이유가 없어진다.

하고 싶은 것, 원하는 것, 목표가 없다면 이것부터 정하자. 새벽에 일어나는 것 자체가 목표가 아니다. 그건 목표에 다다르기 위한 수단이다. 그 많은 수단 중에 한 가지다. 해야 할 일 뒤에 원하는 게 있으면 어려워도 한다. 그러니 '새벽 기상을 해야지.'가 아니라, 원하는 게 무엇인지부터 정해야 한다. 목표가 정해지면 시간을 쪼개서라도 이뤄 나간다. 아침에 일찍 일어날 이유가 생긴다. 자투리 시간이라도 허투루 쓰지 않는다.

목표가 있는 사람과 없는 사람의 두 번째 차이는 아침 행동 패턴이다. 목표가 없는 사람은 눈뜨자마자 카톡을 보고, 이메일을 확인하고, SNS 댓글을 본다. 혹시라도 어제 놓친 게 있나, 잠자는 사이에 뭔가 쌓인 게 없나 확인한다. 평소에도 핸드폰을 수시로 확인한다. 자신도 모르게 통제권을 기기에 뺏긴다.

목표가 있는 사람의 아침은 루틴이 있다. 눈뜨자마자 SNS의 밀린 글을 놓칠까 봐 시간을 뺏기지 않는다. 시간을 온전히 자신을 위해 쓴다. 정해진 타임블록을 지키고 실행한다. 하루의 시작을 다른 사람의 일이나 이야기에 휘둘리지 않고 온전히 자신을 성장시키는 데 쓴다. 독서, 운동, 콘텐츠 만들기 등 무엇이든 목표를 이루기 위해 움직인다.

2) 타임블록(Time block)

비즈니스인사이더의 기사 'Bill Gates and Elon Musk share a daily scheduling habit that helps them tackle their busy routines'를 보면 빌 게이츠와 일론 머스크의 시간 관리 습관이 나온다. 둘 다 일상의 매 순간을 계획하고, 5분 단위로 나누어 사용한다. 두 사람처럼 5분 단위로 하루를 쪼개 살라는 의미가 아니다. 할 일에 대한 계획과 예정된 타임블록이 있으면 그 일은 이루어질 수밖에 없음을 이야기하는 거다. 타임블록은 무엇인가를 실행할 때 필요한 시간을 확보하는 개념이다.

개인 사업자가 마케팅을 배워야겠다고 결심한다. 강의를 듣거나 책을 읽는다. 하지만 시간이 지날수록 일하느라 바빠 공부는 뒷전이 된다. 마찬가지로 매일 포스팅을 결심해도, 의지는 약해진다. 그러다 보면 해야 할 이유보다 하지 않을 이유가 늘어난다. 특히 '바빠서'와 '시간이 없어서'라는 이유가 많다. '아이와 매일 시간을 보낼 거야.'라고 결심해도, 나중에는 '엄마가 너무 바빠서 다음에 하자.' 같은 핑계가 생긴다. 전부 같은 이유다.

정말 바빠서일까? 정말 시간이 없어서일까? 문제는 바빠서가 아니라 타임블록이 없어서다. 타임블록은 중요한 것을 실행하기 위해 확보해야 하는 시간이다. 하루 중 단 30분 만이라도 원하는 것을 하기 위해 정한 시간이다. 그 시간은 무슨 일이 있어도 중단하거나 방해받지 않아야 한다.

물론 어려운 상황도 있다. "회사 점심시간을 타임블록으로 잡앉는데, 갑자기 일이 생겼어요.", "아이 등원 후 오전에 타임블록을 잡았는데, 갑자기 전화가 와서 시간을 뺏겼어요." 등 여러 변수가 생긴다. 그럴 때는 무엇이 가장 중요한지, 우선순위를 정한다. 아무리 돌발 상황이 생겨도, 스스로 집중할 것이 정해지면 컨트롤할 수 있다. 갑자기 온 전화는 "지금 급한 일이 있으니 이따가 통화하자."라며 시간을 번다. 다른 사람이 뭔가를 부탁해 처리해야 할 일이 생겨도, 당장 해야 할 것이 아니면 양해를 구해서 자신의 시간을 확보한다.

만약 하루 30분 정도도 원하는 것을 이루기 위해 시간을 만들지 못한다면, 그건 그 일이 당장 중요하지 않다는 의미다. 스스로 중요한 일인지 다시 확인해 보자. 마찬가지로 콘텐츠를 만들 때도 처음 의지와는 달리 중간에 포기하고 싶은 때가 온다. 이때 대부분의 핑계는 시간이 없어서다. 시간은 누구나 똑같이 하루 24시간이다. 다만 원하는 것을 이루기 위해 타임블록을 만들고 그 시간을 확보하느냐, 하지 않느냐의 차이다. 확보한 시간 동안 콘텐츠를 만든 사람은 원하는 방향으로 나아간다. 결국 목표를 이룬다. 정말 시간이 없는 건지, 쓸데없이 시간을 낭비하는 건 아닌지 생각해 보자. 이 시간이 확보돼야 콘텐츠를 만든다.

3) 환경 설정

기한이 전체적인 일의 스케줄이라면, 타임블록은 그 스케줄을 실행하는 시간을 확보하는 개념이다. 그런데 시간이 확보돼도 콘텐츠를 만들지 못할 때가 있다.

이때는 두 가지를 확인한다. 첫째, 일을 바로 시작할 수 있는 환경이 설정됐는지다. 나는 몇 달 전부터 새벽 운동을 한다. 아침이면 알람이 울리는 동시에 몸을 일으킨다. 생각할 것도 없이 옷을 입고, 나갈 준비를 한다. 나가기 전 물 한 모금을 마신다. 그리고 나간다.

이렇게 무엇을 시작할 때 방해요소를 없앤다. 생각 없이 바로 행동할 수 있도록 한다. 오늘 뭐 입고 나가지 고민하다 1분, 세수를 할까 말까 고민하다 또 1분, 이렇게 버리는 시간 없이 그냥 몸이 알아서 움직이도록 설정한다.

콘텐츠를 만들 때도 마찬가지다. 책상 위에 노트북이 있고, 언제든 열기만 하면 사용할 수 있게 한다. 책상이 지저분해서 정리를 하거나, 쌓여 있는 게 많아 치우기 시작하면 콘텐츠를 만드는 일은 멀어진다.

둘째, 시간을 관리하는 타이머다. 타이머는 조바심을 일으킨다. 정해진 시간 내에 무엇인가를 해야 한다는 압박이 생긴다. 평소 글을 쓸 때 15분 타이머를 맞춘다. 특히 집중해서 콘텐츠를 만들어야 할 때는 꼭 타이머를 켠다. 그러면 정해진 시간 내에 무엇이든 결과가 나온다. 퀄리티가 걱정되는가? 일단 써 놓고 수정한다.

4) TO DO LIST

연말이나 연초가 되면 많은 사람이 다이어리를 산다. 다이어리를 사면 보통 빼곡히 칸을 채운다. 매일 10개가 넘는 TO DO LIST를 정리하고 해야 할 일을 지운다. 다하고 나면 뿌듯하다. 하지만 목록을 작성하고 아무리 줄을 그어도 매번 같은 삶을 사는 사람이 있다. 무엇이 문제일까?

목적 없이 할 일만 나열하고 있는 건 아닌지 점검해 보자. TO DO LIST를 쓰는 목적이 무엇인가? 매일 할 일을 통제하며, 원하는 것을 이루기 위한 것이 아닐까? 중요한 것은 목록을 만들고, 줄을 긋는 게 아니다. 매일 줄을 그은 그 리스트가 목표를 향한 일인지가 중요하다.

가령 매일 아침 TO DO LIST를 작성하는 A와 B가 있다. 목표는 둘 다 블로그로 월 200만 원 벌기다. A는 아래와 같은 리스트를 만들었다. 그저 할 일을 나열한 리스트다. 그중 블로그 포스팅도 있다. 목표를 달성하기 위한 일이 아닌, 하루하루해야 할 일 기반으로 작성한 리스트다.

- 집 청소
- 재활용 분리수거
- 우체국 다녀오기
- 책 읽기
- 블로그 포스팅하기
- 하원 픽업하기
- 저녁 장보기
- 유튜브 강의 보기

<해야 할 일을 기반으로 한 A의 TO DO LIST>

다음은 B의 TO DO LIST다. 불필요한 할 일은 적지 않고, 성과

를 만들기 위한 리스트만 적었다. 목표를 이루기 위해 매일 해야 할 일이다.

- 블로그 전자책 10권 내 서재 담기
- 블로그 관련 책, 돈 버는 방법 확인하기
- 확인한 내용 10가지 방법으로 목록 만들기
- 유튜브에서 블로그로 돈 버는 방법, 책에서 얻은 정보에 유튜브에서 도움 될 내용 추가로 1페이지 정리
- 블로그로 돈 벌기 단계별 할 일 6가지 만들기
- 블로그 강의 5챕터 듣기

<성과를 기반으로 한 B의 TO DO LIST>

 A와 B가 각각 위와 같은 리스트를 만들어 실행한다고 해보자. 둘 다 매일 할 일을 다하고 지워 나간다. 한 달 뒤 누가 성과를 만들었을까? 해야 할 일을 나열한 A보다는 목표에 집중해 할 일을 정한 B가 성공할 확률이 더 높다.

 A와 B 중 당신은 누구에 해당하는가? 매일 할 일을 체크하면서도 목표를 이루지 못한다면, 하지 않아도 될 일에 집중하고 있는 건 아닌지 살펴보자. 장 보기, 분리수거, 청소 등은 목표와 전혀 상관없는 것들이다. 당신의 TO DO LIST에 목표와 상관없는 항목이 많을수록, 아무리 매일 많은 일을 해낸다 해도 목표와는 멀어질 것이다.

> **TIP BOX**

성과를 기반으로 하는
TO DO LIST 작성 팁

할 일은 결과물이 쌓이도록 수치화한다. 예를 들어, 블로그 1시간 하기가 아닌, 1개 포스팅하기로 한다. 리스트에 줄을 그을 때면 한 개의 결과물이 생긴다. TO DO LIST는 반드시 시간 단위가 아닌 성과가 나오게 한다.

- 블로그 1시간(X) → 포스팅 1개
- 운동 30분(X) → 스쿼트 30개
- 사업 구상 1시간(X) → 사업계획서 작성
- 책 30분 보기(X) → 책 50쪽 보기
- 벤치마킹할 블로그 찾아보기(X) → 벤치마킹 블로그 찾아서 키워드 10개 뽑기

5) 감정 컨트롤

인간은 하루에도 수만 가지 생각이 수시로 든다. 생각은 곧 감정이 되고, 감정은 행동으로 이어진다. 자신의 생각과 감정을 컨트롤할 수 있다면, 원하는 것을 좀 더 쉽게 이룰 수 있다. 당신은 평소 어떤 생각을 하는가? 생각과 감정을 들여다보는가? 아니면 떠오르는 대로 휘둘리는가. 때로는 자신도 모르게 부정적인 생각이 떠오른다. 이때 생각이 5분 이상 머물지 않게 멈춰야 한다. 부정적인 생각을 끊어내지 못하면 행동하지 않는다. 시간만 흘러간다.

콘텐츠를 만들 때도 부정적인 생각이 떠오를 수 있다. '내가 무슨 콘텐츠를 만들어.', '이거 만든다고 돈이 되겠어?', '시간도 없

는데 언제 이걸 만들어.' 같은 부정적인 생각은 꼬리에 꼬리를 물고 떠오른다. 이것을 알아차리고, 스스로 생각을 바꿔야 한다. 콘텐츠는 누구나 만들 수 있다. 지금 중요한 것은 부정적인 생각이 아니라 정해진 타임블럭에서 행동하는 일이다. 그러면 부정적인 감정이 쌓이기 전에 작은 성과를 만들며 앞으로 나아간다.

　이렇게 콘텐츠를 만들기 위해 시간을 확보하는 5가지 방법을 알아봤다. 5가지만 해도 시간이 없어서 콘텐츠를 만들지 못했다는 말은 나오지 않을 거다.

① 목표와 기한 정하기 : 원하는 것이 무엇인지 확실히 정한다. 목표가 있어야 행동할 힘이 생긴다. 목표가 정해지면, 전체적인 스케줄과 마감 일정을 정한다.

② 타임블록 : 반드시 해낼 수 있도록 매일 시간을 따로 확보한다.

③ 환경 설정 : 실행하는데 방해되는 요소를 없앤다.

④ TO DO LIST : 성과를 이루기 위해 해야 할 일을 정한다.

⑤ 감정 컨트롤 : 부정적인 생각이 들어오면 스톱을 외치고 끊어내자. 5분 이상 부정적인 감정이 들지 않게 한다.

<콘텐츠를 만들기 위한 시간을 확보하는 5가지 방법>

Part 03

돈 되는 콘텐츠
만드는 법

03

돈 되는 콘텐츠 만드는 법

1 돈 되는 콘텐츠 3가지 기본 법칙

얼마 전 강연을 할 때 일이다. 50명 정도가 강의실을 꽉 채웠다. 20대부터 60대까지 연령층이 다양했다. 준비한 강연이 시작된 후 얼마 지나지 않아 앞에 계신 분이 팔짱을 끼며 졸았다. 진행하던 PPT를 멈추고, 사람들 앞으로 다가갔다. 그리고 사람들에게 질문을 받았다.

강의할 때 준비된 내용 외에 진행은 무모할 수 있다. 돌발 질문이 나올 수도 있고, 준비된 것을 해야 한다는 강박도 있다. 하지만 내가 무엇을 답할 수 있고, 답할 수 없는지를 알면 얼마든지 이끌어 갈 수 있다. 강연에서 하려던 내용은 '어떻게 하면 좀 더 매출을 높일 수 있을까'였다. 목적은 명확했다. 오신 분들이 매출을 높이는 데 도움 되는 시간이어야 했다.

강연이 끝나고 어느 분이 나가면서 "살면서 들어본 강연 중에서 최고였다. 대부분은 자기 자랑하기 바쁜데 이렇게 진짜 도와주려는 강의 만나기 쉽지 않다."라고 말했다. 이 이야기를 하는 이유는 하나다. 상대방이 필요한 것에 집중하면 어떤 방법으로 전달하든, 어떤 도구를 사용하든 중요하지 않다. 공감하고, 진정성을 갖고, 나부터 설득되면 문제는 해결된다. 콘텐츠도 마찬가지다. 공감과 진정성이 담기면 그 콘텐츠는 사람들의 문제를 해결한다. 문제 해결은 수익으로 이어진다. 좀 더 구체적으로 돈 되는 콘텐츠 3요소를 알아보자.

1) 공감

콘텐츠는 두 가지 타입이 있다. 나 잘난 맛에 쓰는 이기적인 콘텐츠와 상대방을 고려한 이타적인 콘텐츠다. 이기적인 콘텐츠는 자랑하기 바쁘다. 공감보다는 '그래, 너 잘났어.'라는 생각이 든다. 불편하다. 이타적인 콘텐츠는 다른 사람이 원하는 것, 듣고 싶은 이야기, 어떻게 도와줄지에 초점을 맞춘다. 좀 더 집중하게 되고, 고마운 마음이 든다.

예를 들어, 나를 알리는 콘텐츠를 만든다고 하자. 자기소개 하나만 제대로 써도 자연스럽게 나를 알릴 수 있다. 어떻게 살아왔는지, 어떤 가치관을 가졌는지, 어떤 일을 해왔는지, 말하지 않으면 아무도 모른다. 자기소개 콘텐츠는 4장에서 상세히 다룬다.

나를 소개할 때, 나 잘난 맛에 그동안 어떤 성과를 만들었고, 어디에서 일했으며, 잘한 일, 좋은 결과만 나열한다면 매력이 있을까? 대부분은 읽지 않을 것이다. 하지만 콘텐츠 읽는 사람을 고려해 '공감'을 불러일으킬 수 있다면 결과는 달라진다. 스스로 되돌아보게 만들고, 긍정적인 영향을 미칠 수 있다.

그동안 써온 콘텐츠가 있는가? 자신이 만든 콘텐츠에 사람들이 어떤 반응을 보였는가? 그 반응만 봐도 이기적인 콘텐츠인지, 이타적인 콘텐츠인지 알 수 있다. 중요한 것은 자랑이 아닌 공감이다.

<mark>가장 나답게…라는 말이 왜이리 위로가 되는지.</mark> 저도 이제 시작한지 1년도 안되었으면서 자꾸 비교하고 결과가 없어 속상해하고 혼자 조급해하고 있었네요;; 말로는 5년후 10년후라고 하면서…다시 내 페이스대로 차근차근 밟아가야겠어요~^^ 아침부터 좋은 생각을 하게 하는 글에 힘입어 한주 힘차게 시작합니다^^

<공감을 불러일으킨 소영처럼 자기소개 콘텐츠에 달린 댓글>

2) 진정성

워킹홀리데이 콘텐츠를 블로그에 올릴 때, 한밤중 한 학생에게 전화가 왔다. 아침 비행기로 출국해야 하는데 비자가 승인되지 않았다고 했다. 전화를 받고 일어나 이민성에 메일을 쓰기 시작했다. 항공권 티켓을 첨부하고, 급히 메일을 보내니 새벽 2시가 넘었다. 비행기 출발까지 시간이 얼마 남지 않았다. 기적처럼 새벽 5시쯤 이민성에서 승인 메일이 왔다. 덕분에 학생은 비행기를 놓치지 않고 출국할 수 있었다.

20대에 호주에서 새벽 청소를 했다. 청소는 밤 10시에 시작해 아침 7시까지였다. 보통 4~5명 정도가 한 팀이 돼 대형마트를 청소했다. 얼마 지나지 않아 같이 일하는 동생들이 몇 달째 급여를 못 받고 있다는 걸 알았다. 중간에 슈퍼바이저가 급여를 카지노에 날리고 있었다. 함께 일하는 동생들은 이러지도 저러지도 못했다. 며칠 동안 쫓아다니면서 돈을 다 받아냈다. 그 후 일주일에 800달러 정도 받던 일에서 해고당했다.

강의 후기 중에 특히 많이 나오는 단어가 있다. 바로 '진정성'이다. 새벽 1시에 모르는 학생의 비자 승인을 요청한 일, 현지에서 밀린 급여를 다 받아준 일은 굳이 하지 않아도 되는 일이었다. 그럼에도 도움이 필요한 상대를 위해 할 수 있는 걸 했다. 콘텐츠를 만들 때, 강의할 때도 마찬가지다.

진정성은 상대방이 필요한 것에 집중하면 나온다. 형식적으로 '적당히'가 아니라, 진짜 필요한 것 말이다. 콘텐츠 하나를 만들 때도 이 법칙은 그대로 적용된다. 돈 되는 콘텐츠를 만든다는 게 특별한 게 아니다. 상대방이 가진 문제를 진정성 있게 바라보고 해결하면 된다.

대부분의 강의들은 본인의 강의에 집중하는 편인데 김소영 작가님은 중간중간 질문도 많이 받으면서 (거의 컨설팅 수준으로) 진정성 있는 답변을 해주는 모습에 '진정한 전문가구나!' 하고 감탄이.. 절로

<콘텐츠의 진정성을 느낀 강의 후기글>

3) 구체성

콘텐츠를 쌓다 보면 도대체 언제쯤 돈이 될까 궁금해진다. 얼마나 콘텐츠가 쌓여야 할까? 10개? 20개? 100개? 콘텐츠가 언제 돈이 되느냐고 묻는 사람에게 이렇게 대답한다. "질문이 구체적이면 돈으로 바꿀 수 있습니다." 돈이 되는 콘텐츠는 다른 사람의 문제나 고민을 해결한다. 덕분에 시간과 비용을 아낀다.

돈이 되는 콘텐츠는 진정성 있고, 믿을 만하다. 자신의 고민과 문제에 대한 질문이 이어지면 그 내용을 기반으로 유료 판매가 가능하다. 단순히 "잘 봤어요.", "도움 됐어요." 같은 반응은 돈으로 연결되지 않는다. 자신의 고민과 문제, 시간을 아껴줄 구체적인 질문이 들어와야 한다.

다음은 공인중개사 준비 6개월 만에 1, 2차에 합격한 노하우를 담은 콘텐츠다. 이 콘텐츠에 달린 댓글이 상당히 구체적이다. 이럴 때 나는 어떤 방법으로 콘텐츠를 돈으로 바꿀 수 있을까? 공부 방법을 좀 더 구체적으로 정리해 PDF 파일로 팔 수 있다. 유료 단톡방을 개설해 공부 진도를 이끌며 합격을 도울 수도 있다. 학원 홍보나 제휴 마케팅으로 수익을 만들 수도 있다.

공인중개사 시험 후기 6개월, 1-2차 합격

 소영처럼
2016. 11. 13. 11:06

지난 10월 29일 공인중개사 27회 시험을 보았다. 6개월 공부하고 1,2차 다 합격!

공인중개사 시험을 준비한건 지난 5월부터이다. 그동안 하는 일이 있어서 막연하게 경매를 배워야지 하는 생각만 있었지 공인중개사 시험을 봐야겠다는 생각은 없었다.
그러다가 경매를 하더라도 무언가 알고 해야할거 같아서 느닷없이 마음먹고 공인중개사 공부를 시작했다.
늦게 시작한 만큼 이것저것 알아볼 겨를이 없어서 광고를 가장 많이 하는 해커스 인강을 등록했다.

수업듣고 하도 암기가 안되서 따로 포스트잇에 정리했던 내용이다.
시험문제에 그대로 나왔다.

<공인중개사 합격 후기 콘텐츠>

위 콘텐츠에 달린 댓글이다. 이런 질문이 많았다.

 골

안녕하세요~ 내년 시험 준비하려고 강의 알아보던 중에 방문하게 되었어요~ 강의 선택이 막막했는데 잘 정리해주셔서 엄청 도움되었어요 9-10월에 학원에서 하는 강의가 인강으로도 똑같이 올라오던데 인강말고 학원에 가신 이유가 있으신가요? 글구 일일특강은 전과목 말고 세법,중개사법,   민법만 들으신거에요? 학원 홈피가서 보니까 말씀대로 정말 특강도 많고 다 듣고싶어지더라구요 맞춤식으로 강의 선택도 잘 하신것 같아요

┗  Lucy in the sky wi... 블로그주인 🔒

9,10월은 모의고사와 쪽집게 기간이라서 집에서 하게되면 진도를 못맞출거 같더라구요.
보셔서 아시겠지만 워낙 늦게 시작했고 진도 따라가기도 벅찼어요
결론적으로는 2달 학원 나간 덕분에 합격했다해도 과언이 아닙니다. 긴장감이나 분위기 진도 맞추는것 등 집에서 인강으로 했으면 절대 못했을거 같아요
일일특강은 공시법도 듣긴했는데 반복하지는않고 쪽집게로 반복했어요.
특강을 많이 듣는게 중요한게 아니고 알짜강의를 내가 얼마나 이해하고 받아들이는지가 중요합니다
막판에는 특강 많아서 사람들이 엄청 불안하니까 돈들이고 시간들여서 막 듣는 경우가 많은데. 들으면서 다 이해되는거 같아도 문제풀면 잘 안풀리는 경우 많거든요.
본인 지식이아니라 강사님 지식이 본인꺼라고 착각해서 그래용 특강 많이 듣는분은 보통 이런착각을 합니다.
여튼 내년 준비하시면 쌤 선택잘하시고 화이팅입니다 1년남짓이면 충분한 시간입니다~~^^
굿밤요

┗ 골

@Lucy in the sky with 친절히 알려주셔서 정말 감사해요~ 첨에 까페에서 정보 알아보다가 네이버 검색으로 루시님 블로그까지 방문하게 되었는데 까페보다 훨씬 도움이 많이 되었어요 까페에서는 광고쟁이인지 수험생인지도 알 수 없고 의견이 다들 중구난방이라 결정이 어려웠는데 경험담으로 자세히 말씀해주시니 큰 틀이 잡히고 공부에도 흥미가 생기는 것 같아요 공부 시작하면 또 와서 읽으려구요ㅎㅎ 도움주셔서 넘 감사해요 좋은 하루 되세요^^

<공인중개사 후기 콘텐츠에 달린 댓글과 답변.
구체적인 질문은 돈으로 바꿀 수 있다.>

① 공감 - 사람들의 반응을 보면 알 수 있다. "나도 그랬어요.", "아, 맞다. 저도 그런 경험 있어요." 등의 반응을 불러일으킨다.

② 진정성 - 상대방의 고민과 문제 해결에 집중하면 진정성이 전해진다.

③ 구체성 - 자신의 고민과 문제를 콘텐츠를 통해 해결할 수 있다고 믿는다. 혹은 그 이상을 원할 경우 도움을 요청한다.

<돈 되는 콘텐츠 기본 법칙 3가지>

2 과정은 어떻게 콘텐츠가 되나

얼마 전 활동하는 카페에 블로그 책을 추천해 달라는 글이 올라왔다. 블로그를 운영하고 있지만 수익 내는 방법을 몰라 배우고자 했다. 블로그로 돈 버는 방법을 모르는 사람은 많다. 알고 있어도 어떻게 적용해야 할지 모른다. 블로그로 돈을 버는 방법은 다양하다. 나는 그중에서 콘텐츠로 돈 버는 방법을 이야기하고 있다.

콘텐츠로 돈을 번다는 건 어떤 의미일까? 내가 경험한 것, 노하우, 지식 등을 판매하는 것이다. 대단한 것처럼 보일 수도 있지만, 그렇지 않다. 누구나 시작하고, 누구라도 이 방법으로 돈을 벌 수 있다. '난 전문가도 아닌데, 경험도 많지 않은데.'라고 생각하는 사람도 있을 거다. 상관없다. 이 책을 다 읽고 나면 '나도 할 수 있어.'라고 자신감이 생길 거다.

평범한 사람이 어떻게 콘텐츠로 돈을 벌까? 예를 들어보자. 평소 회사 다니며 부수입을 만들기 위해 방법을 찾던 A양이 있다. 오랜만에 친구를 만나 재능마켓에 관한 이야기를 듣는다. 크몽이나 숨고 같은 서비스다. 유튜브 섬네일이나, 상세페이지, 명함, 로고를 만들어주면 돈을 벌 수 있다는 걸 알게 된다. 어떻게 하면 나도 할 수 있을까 고민하다가, 포토샵을 배우기로 한다. 더 쉽게 미리캔버스 같은 사이트를 이용할 수도 있다. 하지만 일단 뭔가 배워야 팔 수 있다고 생각한다. 포토샵 강의를 신청한다.

3개월 정도 코스를 등록하고 하나하나 배운다. 당신이 A양이라면 3개월이 지난 뒤 재능마켓에서 상품을 만들어 수익을 만들 수 있을까? 가능할 수도 있다. 하지만 보통은 그렇지 않다. 다양한 이유가 있지만 가장 큰 장애물은 바로 자기 자신이다. '고작 3개월 배웠는데 이걸로 어떻게 판매를 해?'라는 생각이 도전을 가로막는다. 더 많은 경험이 필요하다는 생각에 다음 스텝을 배운다. 혹은 포기한다.

어디부터 잘못되었을까? 전문가가 아닌 사람이 디자인을 팔려고 결심한 순간부터 잘못인가? 아니면 포토샵을 배운 것부터 잘못일까? 배우고 나서 파는 걸 시도하지 않는 것이 잘못일까? 당신 생각은 어떤가?

이제부터 콘텐츠로 돈 버는 방법을 이야기해 보겠다. 콘텐츠로 돈을 버는 건 누가 할 수 있을까? 경험이나 지식이 많은 전문가만 할 수 있을까? 내가 말하는 콘텐츠로 돈을 버는 사람은 '과정'을 담을 줄 아는 사람이다. 보통은 레벨 10인 전문가가 이제 막 시작하는 레벨 0을 가르치지는 않는다. 레벨 0인 사람 역시 굳이 비싼 비용을 들여서 레벨 10에게 배울 이유가 없다. 레벨 2~3 정도에게 배워도 충분히 원하는 것을 얻을 수 있다. 물론 재능마켓에 로고나 상세페이지를 판매하는 건 레벨이 더 높을수록 쉽다. 그렇다고 모든 사람이 레벨 10인 상품만 사는 건 아니다.

다시 돌아가 보자. 3개월 정도 포토샵을 배운 A양이 어떻게 하면 자신의 콘텐츠를 팔 수 있을까? 과정을 담는다. 어떻게 과정을 담을 수 있을까? 스토리를 전개해 보자.

1. A양은 평소 직장을 다니며 부수입에 대한 고민이 있었다.

2. 오랜만에 친구를 만났다. 크몽이나 숨고 등 재능마켓에 대한 이야기를 듣는다.

3. 로고나 상세페이지, 유튜브 섬네일, 배너 등을 만들어주고 돈을 벌 수 있다는 걸 알게 된다.

4. 디자인으로 부수입 만들 결심을 한다. 포토샵 3개월 강의를 등록한다.

5. 1~4까지의 이야기를 블로그에 포스팅한다. 활동하는 카페가 있다면 카페에도 올린다.

6. 온라인 강의에 나오는 실습 과정을 매일 포스팅한다.

7. 3개월 동안 강의를 들으며 만들어낸 결과물을 블로그에 쌓는다.

8. 처음에는 어설퍼 보이던 결과물이 어느 순간 전문가처럼 보인다.

9. 그 사이 사람들은 블로그에 댓글을 단다. 디자인이 예쁘다고 칭찬한다.

10. 자존감이 올라간다. 팔 수 있겠다는 생각이 든다.

11. 그러던 차에 블로그 댓글을 통해서 제작 의뢰가 들어온다. 블로그에 올려놓은 결과물을 보고 비슷하게 만들어 달라고 한다.

12. 가격을 어떻게 정해야 할지 몰라 일단 무료로 만든다.

13. 받는 사람은 기분이 좋아 후기를 정성스럽게 남긴다.

14. 받은 후기를 블로그에 올린다. 무료로 해줬다는 말은 남기지 않는다.

15. 해당 글을 보고 다른 사람 문의가 이어진다.

16. 의뢰, 제작, 후기 업로드, 다시 의뢰, 제작, 후기 업로드가 무한 반복된다.

17. 점점 시간이 없어진다. 가격을 높인다.

18. 다양한 결과물을 들고 재능마켓에 들어간다. 그동안 쌓인 사례가 많아 상세페이지 제작이 쉽다.

<A양이 자신의 콘텐츠를 판매하는 과정>

혹시 1~18번이 불가능한 이야기라고 생각하는가? 다른 사례를 들어보겠다. 누구나 비슷한 경험을 한다. 블로그를 처음 시작하거나 운영해 봤지만, 수익을 내지 못하는 사람은 거의 같은 패턴을 반복한다. 블로그로 돈 버는 방법으로 대다수는 애드포스트 같은 광고 수익이나 체험단이 쉽다고 생각한다. 조금만 노력하면 조금이라도 수익이 나기 때문이다. 맛집 글을 올리다 보면 여기저기서 맛집 포스팅 의뢰가 들어온다. 육아 관련 글을 올리다 보면 육아 체험단 의뢰가 들어온다. '블로그로 돈 버는 게 어렵지 않구나.'라고 생각한다. 애드포스트도 하루 몇 백 원, 몇 천 원씩 수익이 생긴다. 소소하지만 뿌듯하고 기분이 좋다.

콘텐츠로 돈 버는 방법이 멀게 느껴질 수도 있다. 당장에 체험단처럼 반응이 오는 것도 아니고, 애드포스트처럼 소소하게라도 광고 수익이 나는 것도 아니다. 그럼에도 콘텐츠로 돈 버는 방법을 이야기하고 있다. 왜 그럴까? 스스로 가치를 높일 수 있기 때문이다. 돈을 버는데 상한이 없기 때문이다. 무제한은 아니지만 스스로 가치가 올라가는 만큼, 더 많은 돈을 번다.

체험단, 애드포스트 수익도 하다 보면 커진다. 블로그를 키워나가는 경험도 생긴다. 하지만 저품질 등으로 블로그가 죽어버리면 수입도 자연스럽게 끊긴다.

콘텐츠로 돈을 버는 건 다르다. 그 사이에 많은 기회가 온다. 강의나 컨설팅, 재능마켓 판매 혹은 블로그에서 콘텐츠를 직접 판매할 수 있다. 책 출간 제의도 받기도 한다. 오프라인에서 사업을 한다면 콘텐츠로 계약이 연결되기도 한다.

사례로 돌아가 보자. 보통 블로그를 운영할 때, 방향을 잘 잡지 못한다. 접근하기 쉬운 체험단이나 광고 수익을 생각하고, 어떻게든 방문자 수를 늘리는 데 집중한다. 그러다 보면 주제가 다양해진다. 일상, 맛집, 드라마, 영화, 책, 재테크, 하는 일 등이다. 이렇게 몇 달을 운영하면 블로그로 돈 버는 게 남의 일로만 여겨진다. 대부분 이렇다. 콘텐츠로 돈 버는 게 아닌 블로그로 돈 버는 것만 고민하기 때문이다. 방향의 문제다.

헬스 트레이너 직업을 가진 분도 같은 고민을 했다. 평소 맛집, 데이트, 헬스 관련 이야기를 블로그에 올렸다. 전문 분야에서 일하고 있지만, 블로그 방향이 잘못돼 전문성이 드러나지 않았다. 콘텐츠로 돈 버는 방향을 제시해 줬다. 자신을 브랜딩 하는 방법이었다. 건강에 관한 주제와 관심있는 서브 주제를 다룬다. 이유는 한 가지 주제만 다루면 스스로 콘텐츠를 만드는 게 재미 없어지기 때문이다. 건강 관련한 일을 하고 있지만 평소 재테크에 관심이 있다면 건강 이야기만 하는 게 재미없다. '재테크 하는 헬스 트레이너'라는 포지셔닝을 하고, 콘텐츠 방향을 잡는다.

콘텐츠로 돈 버는 건 막연한 이야기가 아니다. 성장 과정을 담으면 된다. 내가 하고 싶은 이야기가 아니라, 내 이야기가 필요한 사람에게 정보를 제공한다. 그러면 그 과정을 보는 사람은 신뢰가 쌓인다. 자신의 고민이나 문제를 물어보면 대답을 얻을 수 있겠다는 믿음이 생긴다. 그러면 돈은 따라온다.

조금만 더 가보자. 헬스 트레이너가 콘텐츠를 만든다면, 3가지 방향을 잡을 수 있다. 첫째는 건강이다. 건강 콘텐츠는 사람들에게 필요한 내용을 제공할 수 있다. 집에서 자세 교정하는 방법, 출산 후 뱃살 빼는 방법, 하루 5분 근력 키우는 방법 등 본인에겐 쉬운 이야기지만, 사람들이 궁금할 만한 것이 분명 있다. 이런 이야기를 헬스 트레이너 입장에서 하나씩 알려주는 콘텐츠를 만든다.

둘째, 건강식품 정보를 제공한다. 마늘 효능이나, 오디가 몸에 좋은 5가지 이유 등 평소 알고 있지만, 정확하지 않아 필요할 때 찾아볼 만한 정보가 콘텐츠다.

셋째, 집에서 하는 바벨이나 벤치프레스 등 상품을 고르는 방법에 관한 이야기도 다룰 수 있다. 이런 이야기가 콘텐츠로 담기면 뭐가 좋을까?

정보를 통한 잠재 고객이 생긴다. 글을 구독하는 사람이 늘어난다. 운동이나 건강에 관해서는 '이사람에게 물어봐야겠다.'라고 생각하는 사람도 생긴다. 헬스 트레이너를 찾는 사람이 같은 지역에 산다면, 블로그를 통해서 PT를 신청할 수도 있다. 또, 온라인 마켓으로 운동 기구를 팔 수도 있다. 이 콘텐츠를 유튜브에 올릴 수도 있다. 유튜브로 다양한 수익구조를 연결할 수 있다. 쿠팡으로 연결해 제휴 마케팅 수익이 바로 나게 할 수도 있다. 방법은 다양하다.

콘텐츠로 돈 벌기에서 가장 중요한 것은 과정을 담은 콘텐츠를 쌓아 나가는 것이다. 이를 돈으로 바꾸는 방법은 무궁무진하다.

헬스 트레이너	건강	음식	상품
	운동	효능	사용법

<헬스 트레이너 분야별 콘텐츠 예시>

아래와 같이 5가지 항목을 통해 콘텐츠 방향을 잡는다. 타깃과 문제, 해결 방법, 기대감, 결론이다. 각자 아이디어를 아래 5가지 항목으로 구체화시키자.

타깃	문제, 고민	해결 방법	기대	결론
20-30대 건강, 바른 자세, 예쁜 몸매를 원하는 사람	혼자서는 운동을 지속하기 어렵다. 작심삼일	PT 식단 조절	6개월 뒤 10kg 감량, 바른 자세, 건강함	작심삼일이 아닌, 올바르고 지속적인 트레이닝을 통해 좋은 몸매, 건강함을 유지할 수 있다.

<아이디어를 구체화시키는 방법>

3 나만의 콘셉트 잡는 법

'콘셉트'의 정의를 찾아봤다. '어떤 작품이나 제품, 공연, 행사 따위에서 드러내려고 하는 주된 생각'이라고 되어 있다.

빌 비숍의 '핑크 펭귄'이라는 책이 있다. 수많은 펭귄 무리에 눈에 띄는 핑크 펭귄이 있다. 핑크 펭귄은 사람들에게 자신의 이야기를 들으라고 외치지 않는다. 알아서 사람들이 찾아오게 만든다. 우리는 상품과 서비스가 넘쳐나는 시대에 산다. 무엇이 진짜인지 구분조차 힘들다. 이때 유독 눈에 띄는 것이 있다면 어떨까? 사람들은 쉽게 그것에 관심을 보일 것이다. 내가 생각하는 콘셉트는 이런 것이다. 사람들 눈에 들어오게 하는 것, 사람들 머릿속에 각인되는 것, 한 번에 떠오르게 만드는 것 말이다.

'역행자'의 저자이자, 단 20개의 영상으로 10만 구독자를 모은 유튜버 '자청'이 있다. 자청은 '자수성가한 청년'이라는 의미다. 첫 번째 영상에서 자신의 오타쿠 같던 과거와 현재 모습을 대조시켰다. 어떻게 이런 20대 청년이 지금은 10억 원을 버는 사람이 됐는지 영상에 담았다. 반응은 폭발적이었다. 자청의 콘셉트는 명확했다. '사람들이 무시하던 못생긴 아이가 자수성가한 훈남이 되었다.'라는 것이었다. 유튜브만 보더라도 콘셉트가 명확한 사람은 단기간에 빠르게 성장한다. 기억하기 쉽고, 한번 보면 '아, 이 사람은 이거야.'가 명확하기 때문이다.

나는 1990년대에 학창 시절을 보냈다. 당시 유명 연예인이 등장하는 광고가 쏟아져 나왔다. 인형 같은 미모로 인기를 끌던 김희선, 섹시한 외모로 기억에 남던 김혜수, 청순한 외모를 자랑하던 이영애가 대표적이다. 이들이 찍은 광고 중 기억나는 게 있는가?

이 시대 사람이라면 한 번쯤 '산소 같은 여자'를 들어봤을 거다. 맑고 투명한 이미지의 산소 같은 여자는 이영애가 찍은 광고 콘셉트였다. 그 광고 덕분에 그녀는 여전히 투명한 이미지가 있다. 다른 연예인은 어떤가? 떠오르는 콘셉트가 있나? 이영애는 다르다. 이것이 바로 콘셉트의 힘이다.

그 외에도 콘셉트를 잘 잡아 사람들에게 단번에 기억나게 한 사례가 있다. 치킨을 예로 들어보자. "오늘은 무슨 치킨을 먹을까? 간장치킨 어때?"라고 물으면, 떠오르는 치킨이 있는가? 나는 교촌치킨이 떠오른다. "오븐에 구운 치킨 먹을까?"라고 하면 굽네치킨이 생각난다. 만약 간장치킨이나 오븐에 구운 치킨 콘셉트가 없었다면 우리는 많은 치킨 중에서 이 브랜드를 기억하지 못했을 거다. 그저 그런 치킨들과 가격 경쟁을 하며 폐업을 하거나 버티거나 둘 중 하나였을 거다. 콘셉트가 있었기에 사람들에게 각인된 치킨 브랜드가 됐다.

블로그 강의를 시작할 때, 시장에는 경력이 오래된 강사들이 많았다. 그렇다고 해서 초보 강사가 진입하지 못하는 것은 아니었다. 누구나 시작은 있다. 그 시작이 이어지는 사람이 있고, 시작하자마자 사라지는 사람이 있다.

나는 시작한 지 얼마 안 돼 빠르게 자리를 잡았다. 바로 블로그와 수익을 연결한 콘셉트 덕분이다. 사람들은 경험한 것, 알고 있는 지식, 자신만의 노하우가 있다. 그것을 어떻게 콘텐츠로 만들고 수익으로 이어지게 하는지가 수익형 블로그 강의 콘셉트였다. 더불어 네이버 카페 강의와 프로젝트를 진행하며 콘셉트를 만들었다. 바로 카페를 건물에 연상시키는 '온라인 건물주' 콘셉트였다. 네이버 카페는 부동산처럼 월세를 받을 수 있다. 제한된 카페라는 공간의 특성과 사람들이 모여 활동하는 점이 '온라인 건물주'라는 콘셉트를 만들었다.

이처럼 어떠한 분야든 콘셉트를 정하는 것이 중요하다. 아무리 좋은 상품, 좋은 서비스가 있어도 고객은 그것을 구분하지 못한다. 아이폰이 사람들 마음을 사로잡은 이유는 고객 중심의 사고에서 비롯된 '심플과 다름'이라는 콘셉트 덕분이다. 콘셉트는 한마디로 그것 하면 떠오르는 것이어야 한다. 말은 쉽지만, 절대 쉽지 않다. 하지만 명확한 콘셉트는 그만한 가치를 낳는다.

4 4W로 보는 콘텐츠 차별화

강의나 컨설팅을 하다 보면 "콘텐츠 만드는 것이 어렵다."라는 이야기를 듣는다. 무엇이 어려운지 물으면 대부분 "무엇을 다루어야 할지 모르겠다."라고 한다. 무엇이 '콘텐츠 거리'가 될 수 있을까? 콘텐츠 거리를 찾았다 해도, 차별화가 없다면 수많은 콘텐츠 속에서 묻히기 쉽다. 어떻게 콘텐츠 거리를 찾고 차별화된 콘텐츠를 만들 수 있을까?

1) 의심을 콘텐츠로 만들어라

콘텐츠를 만들기로 결심했다면 콘텐츠 거리가 눈에 띄도록 관심을 갖자. 365일, 24시간 어디에서나 콘텐츠 거리를 찾을 수 있다. 특히 타깃이 정해졌다면, 이들이 의심을 가질 만한 모든 요소가 콘텐츠 거리다. 가령 강의나 컨설팅을 결제하기 전, 타깃은 어떤 의심을 하게 될까? '과연 이 강의를 듣는 것이 도움이 될까?', '지불한 금액만큼 가치가 있을까?', '듣고 나면 실력이 늘까?', '강사는 준비가 돼있을까?', '강의를 듣고 변화된 사람이 있을까?' 등 강의 하나를 신청할 때도 많은 의심이 든다.

이럴 때 타깃의 의심을 없앨 만한 요소를 하나씩 콘텐츠로 만든다. 강의를 들으면 어떤 점이 도움이 될지, 듣는 사람은 어떤 것이 개선될지, 다양한 후기를 통해 변화된 사람의 사례를 보여준다. 강의를 준비하며 책을 읽거나, 자료를 수집하는 모습을 콘텐츠로 만든다.

다른 예로 이유식을 판다면 어떨까? 엄마라면 여러 가지 의심을 한다. '믿을 만한 재료를 사용할까?', '우리 아이 입맛에는 맞을까?', '처리 과정은 깨끗할까?' 등 다양한 의심이 생긴다. 이 역시 콘텐츠로 만들어 의심을 없애 준다.

상품, 서비스	타깃	의심 요소
강의, 컨설팅	자영업자, 1인 기업, 온라인 셀러	강의가 도움이 될까? 강사는 실력이 있을까? 성공사례가 있나? 돈만 날리는 거 아니야? 내 상황에 적합한가? 수강 후 매출이 올라갈까? 마케팅을 직접 할 수 있을까?
이유식	생후 6개월~1년 이내 아기를 둔 엄마	바른 먹거리를 사용하는가? 만드는 과정은 깨끗한가? 시기에 맞는 이유식인가? 아기 입맛에 잘 맞는가?

<상품 및 서비스 판매를 위한 타깃과 의심 요소 정리 예시>

다음에 상품과 서비스, 타깃을 정해 의심 요소를 작성해 보자. 콘텐츠 거리가 수집된다.

상품, 서비스	타깃	의심요소

<작성해 보기>

2) 콘텐츠 차별화

당신이 판매하는 제품이나 서비스는 당신만 유일하게 파는 것이 아니다. 그렇기에 무엇을 팔든 '차별화'가 중요하다. 콘텐츠 역시 '차별화'가 중요하다. 차별화는 무엇일까? 단순히 다르게 만든다고 해서 차별화일까? 4W(What, Where, Why, Who)를 기준으로 이야기해 보자.

① WHAT : 무엇을 다룰까?

마케팅을 주제로 콘텐츠를 만든다고 가정해 보자. 차별화는 '타깃의 필요(Needs)'와 '타깃의 이익(Benefit)', 이 두 가지를 포함해야 의미가 있다. 콘텐츠에서 이 두 가지를 어떻게 포함할 수 있을까? 3가지 예를 들어보자.

① 심리학 용어 + 마케팅 사례
② 기업 마케팅 사례 + 소식
③ 직접 경험한 마케팅 사례

첫째, 심리학 용어와 마케팅 사례를 엮어 콘텐츠를 다루는 방법이다. 마케팅에 심리를 활용한 사례는 어렵지 않게 찾아볼 수 있다. 예를 들어, 심리학 용어 중에 '에펠탑 효과'가 있다. 에펠탑 효과는 처음에는 무관심하거나 싫어했지만, 대상에 반복적으로 노출될수록 호감도가 증가하는 현상을 일컫는다. 이러한 심리 연구 결과가 실제 마케팅에 어떻게 적용되는지를 콘텐츠로 다룰 수 있다. 전문적인 지식과 입증할 만한 근거를 포함하면 신뢰할 만한 콘텐츠가 된다.

둘째, 기업 마케팅 사례와 소식을 다룬다. 가령 배달의민족은 어떤 방법으로 마케팅을 해왔는지, 어떻게 독보적인 배달 앱으로 입지를 굳혔는지 사례를 찾는다. 성공한 크고 작은 기업의 마케팅 사례는 넘쳐난다. 이전에 KB에서 그동안 나온 출연자를 모아 하나의 광고를 만든 적이 있다. 덕분에 큰 이슈가 됐다. 이런 소식은 찾아보지 않으면 놓치기 쉽다. 관련 주제의 시장 이슈를 정리하면 타깃의 필요를 채워줄 수 있다. 자신의 시선까지 담긴다면 좋은 콘텐츠가 된다.

셋째, 경험담을 다룬 마케팅 콘텐츠를 만든다. 회사에서 마케팅 경험이 있거나, 작은 가게를 운영하면서 직접 부딪혀본 경험, 스마트스토어를 운영하며 마주한 온라인 경험 등 다양한 채널에서 시도하고, 성장한 마케팅 과정을 콘텐츠로 만든다. 직접 경험한 만큼 시행착오나 노하우가 있을 것이다. 그 어떤 것보다 과정이 담긴 콘텐츠는 타깃이 부딪힐 일들을 미리 경험할 수 있기에, 타깃의 필요를 충족시킨다. 성장 과정을 통해 타깃이 시간과 노력을 아낄 수 있는 이득도 얻게 된다.

'무엇을 다룰까'에서는 마케팅 주제를 예로 들어봤다. 위의 3가지 방법은 모든 주제에 적용 가능하다. 전문 지식이 포함된 연구 결과, 관련 뉴스나 기사, 자신만의 경험담, 노하우 등 어느 분야든 콘텐츠를 통해 타깃의 필요와 이익을 보여줄 수 있다.

마케팅 심리학, 자주 볼수록 빠져드는 에펠탑효과

소영처럼
2021. 5. 14. 14:09

에펠탑 효과라고 들어보셨나요?
마케팅을 조금 아시는 분이라면 잘 아실 내용이지요.

사실 이 용어를 모른다 하더라도, 일상속에서 우리는 '에펠탑 효과'에 익숙하답니다.
바로 영화속에서, 드라마에서 나오는 제품 광고(PPL)이 이에 해당하지요.

그 외에도 '카메라 마사지' 라고, 방송에 자주 나오면 익숙해져서 점점 이뻐 보인다는 말도 있습니다. 이것 역시 에펠탑 효과이고요.

에펠탑 효과, 직접 적용 어떻게 하나?

"에펠탑 효과도 알겠고, PPL도 알겠어. 그런데 그게 나랑 무슨 상관이야?" 하시는 분 계신가요?
"내가 팔아야 되는 상품이나 서비스를 도대체 어떻게 해야 더 많이 팔 수 있는데?" 라고 하신다면 에펠탑 효과를 어떻게 적용해야 하는지 알려드리겠습니다.

에펠탑 효과의 요지는 '단순 반복 노출이라도, 사람들이 많이 보면 호감도가 올라간다'입니다.
말 그대로 판매하는 상품이 있다면 무조건 많이, 자주 노출을 해야 한다는거죠.

소비자 입장에서 내가 파는 상품을 자꾸 보게 하려면 어떻게 해야할까요?
그야말로 소비자가 찾는 그 '고객 동선'안에 내 상

<'콘텐츠 무엇을 다룰까' 예시.
심리학 용어와 실제 사례로 만든 콘텐츠>

② WHERE : 어디에 올릴까?

콘텐츠 차별화를 위한 두 번째 기준은 '어디에 올릴까'다. 블로그, 유튜브, 인스타그램, 페이스북, 오디오클립, 팟캐스트 등 다양한 플랫폼이 있다. 자신만의 차별화된 콘텐츠를 어떤 플랫폼에 올리고 싶은가? 하나의 플랫폼만 운영해도 좋고, 다양한 플랫폼을 운영해도 좋다. 플랫폼 선택 시 고려할 점이 있다.

- 나에게 맞는 콘텐츠 유형은? 글, 영상, 사진 등

- 내 콘텐츠를 가장 잘 표현할 수 있는 채널은? 블로그, 유튜브, 인스타그램, 카페, 브런치, 페이스북 등

- 내 타깃은 어디에서 활동하는가? 연령대별 자주 사용하는 플랫폼 확인

<플랫폼 선택 시 고려 사항>

디지털 광고 전문업체 '인크로스'에서 2022년 10월 미디어 이용자 행태를 조사했다. 남성은 유튜브와 구글, 여성은 네이버 블로그와 인스타그램 사용 빈도가 높다. 연령대별로는 30대는 인스타그램(89%), 네이버 블로그(52%), 페이스북(39%) 순으로 사용한다. 40대는 인스타그램(74%), 블로그(60%), 페이스북(47%) 순이다. 연령대별로 어떤 플랫폼을 이용하는지 파악하면 선택의 폭을 좁힐 수 있다.

③ WHY : 왜 만드나?

'나는 왜 이 콘텐츠를 만들려고 하는가?'는 가장 중요한 질문이다. 얼마 전 2대째 싱크대 공장을 운영하며 주방 사업을 하는 대표님과 컨설팅을 했다. 주방 관련 콘텐츠를 만들려는 이유를 여쭤봤다. 사업 확장 이유도 있지만, 또 다른 이유를 들었다. 주방 일하는 분들에게 어떻게 하면 좀 더 효율적으로 일할 수 있는지 알려주고 싶어 하셨다. 가령 주방의 싱크대 높이나 동선만 바꾸어도 일의 효율은 몇 배로 올라간다. 효율적으로 일하면 그만큼 매출이 달라진다. 많은 가게 사장님이 이 점을 간과한다. 주방 후

드 높이는 주방장의 건강과도 직결된다. 이 역시 말하지 않으면 크게 신경 쓰지 않는다.

　대표님은 자신만의 영업 노하우도 있었다. 평소 밖에서 자주 식사를 한다. 그때마다 식당 사장님과 이야기를 나누며 친분을 쌓는다. 싱크대를 팔려는 목적보다 도움을 주고 싶은 마음에서 시작된 일이다. 주방에서 일할 때 불편함이나 어려움이 있는지 묻는다. 그러면 싱크대의 높이나 동선 등 문제를 겪고 있는 경우가 많다. 그런 부분을 해결해 주면 당장 거래처가 되지 않더라도 좋은 관계가 유지된다. 이후 계약으로 이어지는 경우도 적지 않다. 이렇게 주방에서 가장 필요한 싱크대를 만들고 설치하면서 얻은 노하우, 싱크대 위치에 따른 일의 효율성, 사람과의 관계를 통해 매출을 높이는 법 등을 담은 콘텐츠를 만들어 요식업에 종사하는 분들을 돕기 원했다.

　이처럼 콘텐츠를 만드는 이유는 타깃의 문제 해결과 연결돼 있다. 도와주려는 마음이 콘텐츠를 만드는 원동력이다. 물론 모든 콘텐츠가 문제 해결에만 초점을 맞추지 않는다. 다만, 돈 되는 콘텐츠는 다른 사람에게 도움을 주는 콘텐츠일 때 가장 빨리 수익과 연결된다.

④ WHO : 누구를 위한 콘텐츠인가?

　차별화된 콘텐츠는 타깃이 뾰족할수록 더 깊고, 좁게 들어간다. 내가 만든 콘텐츠가 더 많은 사람에게 읽히기를 바라는 마음은 누구나 있다. 그래서 두루뭉술한 타깃을 정하고 얕은 콘텐츠를 만든다. 그럼 더 많이 읽힐까? 오히려 누구에게도 도움이 되지 않는 일반적인 콘텐츠가 된다.

나는 워킹홀리데이를 준비하는 사람을 타깃으로 잡았다. 유학, 영주권, 이민을 준비하는 사람까지 타깃으로 정할 수도 있었다. 하지만 좁혔다. 타깃이 넓으면 호주 생활, 호주 환율, 호주 교통, 호주에서 잘 사는 법 등 포괄적인 콘텐츠가 나온다. 타깃이 명확해야 더 깊이 있는 콘텐츠를 만든다. 예를 들어, 워홀러들이 집 구할 때 주의할 사항은 유학생이나 이민자와는 전혀 다르다. 같은 주제라도 타깃에 따라 다른 콘텐츠가 만들어진다.

자신이 판매하는 상품, 서비스를 타깃 입장에서 바라보자. '나라면 과연 이것에 돈을 지불할 가치가 있을까?' 하고 말이다. 이런 의심이 들 때, 콘텐츠를 통해 해소해 줘야 한다. 콘텐츠는 타깃의 문제를 해결하고, 도움을 줘야 수익으로 이어진다. 그 콘텐츠에는 타깃의 필요와 이익이 있어야 한다.

5 나에게 맞는 콘텐츠 플랫폼 선택법

'콘텐츠 차별화를 만드는 4W'에서 플랫폼에 대해 다뤘다. 이번에는 좀 더 구체적으로 자신에게 맞는 플랫폼을 찾는 방법을 이야기해 보자. 플랫폼은 콘텐츠 타입별로 분류했다. 다양한 플랫폼이 있지만 대표적인 서비스의 특징을 글, 영상, 사진으로 나눴다.

글	네이버 블로그, 티스토리, 카페, 브런치
영상	유튜브, 숏폼(숏츠, 틱톡, 릴스)
사진	인스타그램

<콘텐츠 타입별 대표 플랫폼>

글 기반 플랫폼은 네이버 블로그와 티스토리, 카페, 브런치 등이 있다. 그중 네이버 블로그는 가장 쉽게 시작할 수 있다. 통계에 따르면 전 국민 5천만 명 중 네이버를 사용하는 사람은 약 4,013만 명이라고 한다. 그만큼 네이버는 접근이 쉽다.

티스토리는 네이버 블로그에 비해서 시작이 조금 까다롭다. 브랜딩보다는 광고 수익을 목적으로 운영하는 사람이 많다. 브런치는 블로그에 비해 좀 더 전문성이 드러난다. 글을 업로드하기 위해서는 작가 신청을 해야 한다. 진입이 까다로운 만큼 많은 출판사가 눈여겨보고 있는 플랫폼이다. 브런치에서도 좋은 작가와 작품을 발굴하기 위해 다양한 프로젝트가 진행된다.

　글 기반의 플랫폼은 영상과 비교하면 쉽게 시작할 수 있다. 다만 각 플랫폼별로 목적이나 접근은 다르다. 만약 콘텐츠를 한 번도 만들어본 적이 없다면 네이버 블로그를 추천한다. 가장 쉽게 시작할 수 있기 때문이다. 많은 사람이 네이버 블로그를 사용하는 만큼 직접 만든 콘텐츠를 더 많은 사람에게 전달할 수 있다. 이웃추가 기능을 사용해 자신의 콘텐츠를 사람들에게 직접 알릴 수도 있다.

　다음은 동영상 플랫폼이다. 동영상은 유튜브 사용자가 가장 많다. 유튜브는 기존 TV와는 다른 서비스를 제공한다. 기존 영상 미디어는 방송 편성을 주도적으로 해왔다. 그러다 보니 수동적으로 시청했다. 하지만 유튜브는 언제든 원하면 능동적인 시청이 가능하다. 유튜브를 보는 사람들은 소비자이자 생산자로 활동한다.

　또, 동영상은 숏폼이 빠른 속도로 성장하고 있다. 유튜브 숏츠, 인스타그램 릴스, 틱톡이 해당된다. 같은 숏폼 플랫폼이지만 각각 다른 점이 있다.

　유튜브 숏츠와 인스타그램 릴스는 모(母) 플랫폼 서비스를 기반으로 한다. 유튜브 숏츠는 기존 유튜브 구독자에게 같이 노출된다. 기존 영상보다 유튜브 추천 알고리즘에 의한 노출이 더 쉽다. 이런 이유로 많은 사람이 숏츠를 한다. 사람들은 필요에 따라 긴 영상을 선호한다. 반면 임팩트 있는 메시지나 순간의 재미를 위해 짧은 영상을 보기도 한다. 이런 점에서 숏츠는 빠르게 성장하고 있다.

　인스타그램 릴스는 틱톡, 숏츠와 마찬가지로 짧은 영상을 기반으로 한다. 인스타그램은 사진 위주 플랫폼이었다. 틱톡의 인기 이후로 릴스 역시 많은 사람에게 인기를 얻고 있다. 인스타그램 추천 피드에 릴스 영상이 함께 노출된다. 인스타그램만의 감성과 재미가 담긴 영상은 많은 이들에게 공유되고 '좋아요'를 부른다.

　틱톡은 10~20대 위주 사용자가 많다. 하지만 점차 다양한 연령대가 유입되고 있다. 이전에는 단순히 재미로 틱톡을 하는 사람이 많았다. 현재는 비즈니스나 브랜딩을 위해 틱톡을 활용한다.

　아래는 인크로스의 2022년 미디어 이용자 형태 설문조사 중 숏폼 플랫폼별 사용자 인식에 대한 결과다. 숏츠는 보기 편리하고, 릴스는 접근성이 좋으며, 틱톡은 유행을 선도한다는 인식을 갖고 있는 것으로 조사됐다.

유튜브 숏츠	인스타그램 릴스	틱톡
보기 편리한(40.3%)	접근성이 좋은(31.6%)	유행을 선도하는(22.2%)
접근성이 좋은(38.6%)	보기 편리한(30.4%)	볼거리가 많은(25.9%)
부담 없는(37.2%)	볼거리가 많은(29.9%)	자극적인(25.4)
볼거리가 많은(33.8%)	부담 없는(28.8%)	중독성이 있는(25.3%)
호기심이 드는(28.2%)	유행을 선도하는(26.7%)	챌린지 콘텐츠가 많은(23.8%)
중독성이 있는(27.0%)	호기심이 드는(25.3%)	접근성이 좋은(23.4%)

<숏폼 플랫폼별 인식(출처 : 인크로스 2022 미디어 이용자 형태 설문조사 리포트)>

마지막으로 사진 기반 플랫폼인 인스타그램이 있다. 초창기 인스타그램은 감성이 가득 담긴 이미지 한 장과 자기 생각이나 느낌을 몇 줄로 표현하는 게시물이 많았다. 요즘은 반드시 감성 이미지와 짧은 글만이 인스타그램을 대변하지 않는다. 긴 글을 쓰는 사람도 점점 늘고 있고, 라이브 방송을 통해 다수와 소통하는 사람도 많다. 감성 이미지가 아닌 투박한 이미지나 손글씨를 이미지로 만들어 피드에 올리기도 한다. 이를 통해 사람들과 자신의 경험과 생각을 공유한다. 사람들은 이에 열광한다.

많은 플랫폼 중 어떤 것을 해야 하나 고민될 것이다. 어떤 플랫폼을 사용해도 문제는 없다. 다만 자신이 즐길 수 있고, 꾸준히 할 수 있는 플랫폼을 선택하는 것이 중요하다. 고민조차 번거롭다면 블로그를 추천한다. 여러 번 강조하지만 가장 쉽게 시작할 수 있다. 네이버가 이전보다는 점유율이 많이 낮아졌다고 하지만 여전히 대한민국에서는 1위다. 그만큼 사용자도 많다.

하지만 글 쓰는 것이 부담스럽고, 좀 더 다양한 플랫폼을 시도해 보고 싶다면 기한을 정하고 꾸준히 업로드하면서 본인에게 맞는 플랫폼을 찾는 것도 방법이다. 기대하지 않은 콘텐츠가 터지면서 사람들이 반응하는 때도 있다. 시도해 봐야 알 수 있다. 단, 플랫폼을 선택하기 위해 너무 많은 시간을 들이지는 말자. "어디에 올려야 할지 모르겠어요."라면서 쓸데없이 시간을 낭비할 필요는 없다. 어차피 고민해도 답은 안 나온다. 모르겠으면 그냥 블로그를 시작하자.

6 구매자를 유혹하는 콘텐츠 만드는 법

당장 팔아야 할 상품이나 서비스가 있다면 어디서, 어떻게, 누구에게 팔지 고민이다. 그러다 보면 블로그나 SNS 체험단을 통해 홍보하거나 파워링크로 광고한다. 팔기 위해 수많은 광고 문구를 떠올리며 홍보용 콘텐츠를 만든다. 이런 광고를 보면 사람들은 과연 지갑을 열고 싶을까? 팔아야 할 상품이 있을 때 어떻게 콘텐츠를 만들어야 할까?

며칠 전 캠핑 용품을 판매하는 대표님과 컨설팅을 했다. 스마트스토어로 상품을 판매하고, 블로그와 인스타그램을 운영하고 있다. 카페 회원을 모으기 위해 블로그 콘텐츠를 올린다. 블로그 콘텐츠 대부분은 캠핑 장소 정보와 제품 홍보, 하단에 카페 링크였다. 과연 얼마나 많은 사람이 이 콘텐츠를 보고 카페에 가입할까. 캠핑을 좋아하고, 캠핑 용품을 살 잠재 고객을 모으기 위한 콘텐츠는 어떻게 만들어야 할까?

구매자를 유혹하는 콘텐츠는 팔려는 마음부터 버려야 한다. 줄 수 있는 것이 무엇인가를 먼저 생각하면 콘텐츠 방향이 나온다. 캠핑을 찾는 사람들은 어떤 것이 궁금할까? 초보라면 캠핑 갈 때 반드시 챙겨야 할 리스트나 캠핑 용품 가격이 궁금할 것이다. 캠핑하기 좋은 장소나 캠핑에서 먹기 좋은 음식, 유용한 아이템이 궁금할 수도 있다. 무엇이든 캠핑 초보에게 도움 되는 정보라면 좋은 콘텐츠다. 검색으로 들어온 사람은 한두 개 콘텐츠를 보고 도움이 되면 계속해서 여러 개의 콘텐츠를 본다. 해당 콘텐츠로 도움을 받았는데, 운영자가 카페도 운영한다면 가입하지 않을 이유가 없다. 상품도 마찬가지다. 콘텐츠를 통해 도움을 받았다면 구입할 확률이 올라간다.

여기에 추가로 판매자의 일상을 담은 콘텐츠를 공유하는 것도 좋다. 단순히 하루 일과를 나열하는 것이 아니다. 캠핑이라는 주제와 관련된 일상이다. 가족이나 친구들과 캠핑 간 이야기나 판매하는 상품 리뷰도 좋다. 캠핑이나 판매 상품에 대한 자신만의 이야기나 가치관을 담아도 좋다. 운영자의 스토리는 구매자를 유혹하는 좋은 콘텐츠다.

	일상, 과정	도움 되는 정보	수익화
캠핑 콘텐츠	- 가족이나 친구와 함께한 캠핑 이야기 - 캠핑 상품 주문, 택배 발송 이야기 - 캠핑 상품에 대한 가치관, 사업 이야기	- 캠핑 초보를 위한 용어 정리 - 캠핑 추천 장소(가족, 연인, 친구 등 타깃에 따라) - 지역별 캠핑 핫플레이스 - 캠핑에서 꼭 먹어야 할 음식 - 캠핑 초보 필수템 - 캠핑 장비 비교 - 캠핑할 때 유용한 팁	- 판매하는 캠핑 용품 리뷰 - 사용방법 - 다양한 후기 모음 콘텐츠

			제품 판매,
효과	친근감, 신뢰감	유입, 신뢰감	카페 유입 & 활성화를 통한 카페 수익화 (제휴, 공동구매 등)

<캠핑 콘텐츠에 담아야 하는 내용과 기대 효과>

 다른 예로 제주에서 귤 농장을 한다면 어떻게 콘텐츠를 만들까? 그저 박스에 잘 담긴 귤을 올려서 다른 사이트보다 좀 더 저렴한 가격에 판매할까? 가격이 저렴하면 알아서 팔릴까? 이때는 콘텐츠를 쌓아서 알아서 사게끔 만들어야 한다.

 우선 귤은 나만 파는 상품이 아니라는 것을 인지한다. 귤을 사려는 타깃 입장에서는 귤은 그저 '귤'이다. 하나도 특별할 것이 없다. 귤을 사는 사람은 누군가에게 추천을 받거나 검색해서 주문하는 게 대부분이다.

 이럴 때 내가 판매하는 귤이 구매자에게 특별해지려면 어떻게 해야 할까? 귤에 대한 콘텐츠를 쌓는다. 콘텐츠는 두 가지로 만들 수 있다. 일상과 정보다. 이것이 쌓이면 선주문이 가능하다.

 가령 귤 농사를 짓고 있는 일상을 담는다. 비가 오는 날, 귤 농장은 어떤지, 귤을 수확하기 전에 손질해야 한다면 어떻게 하고 있는지, 유기농이라면 어떻게 관리를 하는지, 귤을 재배하는 일련의 과정들을 하나하나 포스팅으로 보여준다. 이렇게 귤이 커가는 과정을 담는다면 구매자에게도 정성을 담은 귤은 특별하게 다가온다.

 농장에 관한 소식이 아니더라도 타깃에게 도움 될 정보성 콘텐츠를 만든다. 귤청 만드는 방법이나 귤이 어디에 좋은지, 누구에게 선물하면 좋을지, 감기에 귤이 얼마나 도움이 되는지 등 다양한 콘텐츠를 만들 수 있다.

판매 시기가 되면 수확 전부터 선주문을 받는다. 주문을 받고 수확하는 모습, 박스에 담는 모습, 택배 송장 모습, 택배 보내기 전 쌓아 놓은 박스, 귤 체험을 한다면 체험하는 모습을 콘텐츠로 담는다. 모든 것이 다 타깃의 마음을 움직이는 콘텐츠가 된다. 추가로 선주문 공유 이벤트와 구매 후기 이벤트를 통해서 콘텐츠를 확산시킨다.

	일상, 과정	도움 되는 정보	수익화
귤 콘텐츠	비 오는 날 귤 농장 수확하기 전 손질 모습 유기농 재배 재배하는 과정	건강에 좋은 이유 선물용 귤 고르는 방법 감기에 도움이 되는지	재배 과정, 포장 과정, 상자 쌓은 모습, 주문 현황 공유로 주문 수 늘릴 수 있음
효과	친근감, 신뢰감	유입, 신뢰감	상품 판매, 확장 효과

<귤 콘텐츠에 담아야 하는 내용과 기대 효과>

상품 말고 서비스를 파는 콘텐츠는 어떻게 만들 수 있을까? 예를 들어, 공인중개업을 한다고 가정해 보자. 콘텐츠를 만들 때 '내가 타깃이라면, 어떤 고민이 있을까?'를 먼저 생각한다. 다음은 공인중개사 관련 콘텐츠를 만들 때 다룰 수 있는 내용이다.

- 매물에 대한 정보, 실제 거래로 이어질 물건

- 부동산 정책이나 이슈, 세금 관련 정보

- 부동산 계약 관련, 계약 시 주의사항(전세, 월세, 매매 등), 꼼꼼히 확인해야 할 점, 대출이나 관련 준비 서류 등

- 신혼, 무주택자 등 타깃 유형별로 도움 될 정보

- 주변 임장 등 실제 다녀온 사례

- 공인중개사를 준비하는 이들을 위한 조언 혹은 시험공부 팁, 용어 정리 등

- 공인중개사 일상을 담은 콘텐츠(단, 무조건 일상이 아닌 타깃에게 도움 될 만한 일상. 가령 자주 가는 카페를 콘텐츠로 담고자 한다면 카페를 부동산 시선으로 담아 콘텐츠 만들기, 상권 분석 등)

	일상, 과정	도움 되는 정보	수익화
공인중개사 콘텐츠	고객상담 일지, 고객에게 도움 될 만한 임장 과정, 고객 계약	부동산 지역, 위치, 인테리어, 세금, 정책, 이슈 등	매물 정보, 거래 정보
효과	신뢰감	전문성	계약, 확장

<공인중개사 콘텐츠에 담아야 하는 내용과 기대 효과>

공인중개사 관련 콘텐츠를 만들 때, 보통 매물 정보만 올리기 쉽다. 매물 정보는 필요한 사람에게 빠른 계약을 유도한다. 그만큼 수익으로도 직접 연결된다. 하지만 이런 경우는 어떨까? 만약

여러 곳에서 신규 분양하는 상품을 동시에 콘텐츠로 만든다면, 상위 노출 경쟁만 심해진다. 같은 상품이라면 굳이 아래에 있는 글까지 보면서 연락할 이유가 없다.

하지만 도움 될 정보를 꾸준히 콘텐츠로 만들었다면 이야기가 달라진다. 반드시 상위 노출이 안 돼도 내 콘텐츠를 믿고 따르는 사람이 생긴다. 다른 업체와 동시에 진행하는 매물이라도 내 콘텐츠를 보고 연락 올 확률이 높다. 이때도 중요한 것이 있다. 같은 분양 물건이라 해도 어떻게 하면 다른 콘텐츠를 만들 수 있을까 고민한다.

예를 들어, 분양 광고는 카탈로그만 찍어서 올리는 광고성 콘텐츠가 대부분이다. 그렇다면 직접 공사 현장을 방문한다. 현장 사진을 찍어서 올리면 차별화가 된다. 아무것도 없는 현장일 수도 있다. 그럼에도 차별화는 된다. '지하철 5분 거리'라는 문구가 카탈로그에 있다면 직접 실제 5분이 맞는지 확인한다. 걸어가면서 동영상을 찍어서 차별화를 만든다.

당신이 구매자라면 어떤 콘텐츠를 보고 지갑을 열고 싶을까? 판매하는 상품이나 서비스 퀄리티 차이가 크지 않다면 나에게 도움이 되는 정보를 더 많이 준 사람에게 돈을 쓰고 싶을 것이다. 콘텐츠를 만드는 것이 어렵게 느껴지는가? 사는 사람 입장에서 생각하면 쉽게 접근할 수 있다.

Part

04

따라만 해도 돈 되는
4가지 콘텐츠 원칙

04

따라만 해도 돈 되는
4가지 콘텐츠 원칙

• 돈 되는 콘텐츠 원칙 <1> 신뢰성

 이번 장에서는 따라만 해도 돈 되는 4가지 콘텐츠 원칙을 이야기하려 한다. 이 원칙은 신뢰성, 전문성, 관계성, 성장성이다. 4가지 원칙이 어떻게 콘텐츠에 적용되는지, 실제 사례를 통해 살펴보자. 콘텐츠 만드는 것이 어렵다면 하나씩 따라 해봐도 좋다.

1 지갑을 열기 전 신뢰가 먼저다

콘텐츠 수익화를 원한다면 무엇보다 먼저 할 일이 있다. 나를 알리는 자기소개다. 자기소개가 왜 필요할까? 자기소개야말로 신뢰감을 주는 가장 빠른 방법이기 때문이다. 사람들은 지불한 비용 이상의 가치를 얻는다는 확신이 들어야 지갑을 연다. 자기소개는 그 확신을 빠르게 만든다.

잘 쓴 자기소개는 사람들에게 긍정적인 이미지를 전한다. 온라인에서는 내가 나를 알리기 전에는 누구도 나를 알지 못한다. 그동안 어떻게 살아왔는지, 무슨 일을 했는지, 어떤 가치관으로 살아가고 있는지 알 길이 없다. 왜 지금의 일을 하고, 어떤 계기로 시작했으며, 그동안 어떤 성과를 만들었는지, 앞으로 어떤 삶을 살고 싶은지도 알 수 없다. 단순히 자기소개라고 해서 이력서에 쓰는 그런 소개가 아니다.

내 삶의 과정을 보여주는 콘텐츠다. 이 콘텐츠는 오래 걸릴 수 있다. 나는 5시간 정도 걸렸다. 다 쓰고 나면 지난 삶을 돌아볼 수 있다. 자기소개 콘텐츠를 만들어보자. 이렇게 열심히 살았구나 하며 뿌듯해질 거다.

1) 자기소개 콘텐츠를 만드는 이유

내 이야기로 콘텐츠를 만들다 보면, 콘텐츠를 파는 순간이 온다. 이 콘텐츠는 단순히 지식이나 노하우뿐만 아니라 상품이나 서비스도 포함된다. 이렇게 무엇인가를 팔 때, 사람들이 당신의 자기소개를 보면 어떨까? 자기소개 글은 단순히 나를 알리는 것에 그치지 않는다. 콘텐츠를 본 사람은 감정이 남는다. 사람들은 스스로를 이성적이라 생각한다. 실제 지갑을 열 때도 그럴까? 이성보다 감정이 먼저 움직인다. 이미 감정이 움직였다면 판매로 이어지는 건 어렵지 않다. 아래는 블로그 자기소개 글에 달린 댓글이다.

 유
어떠한 경로로 이웃이된지는모르겠어요~~항상제목만 읽고넘기다. 소개글을 정독하게되었어요~.순간. 아.내가하고싶어하는일을 이미하고 여기까지오셨구나. 마음만먹던일을 실천하고계시는구나.대단하다.배우고싶다. 라는생각이들었어요.
조만간뵐수있는 시간이 오길바래요~^^

<소영처럼 블로그 자기소개 글에 남겨진 후기>

'이 사람은 정말 열정적이구나.', '이 사람은 자신만의 가치관이 있구나.', '이 사람은 정말 많은 사람을 돕는구나!', '이 사람이라면 내가 가진 문제를 해결해 줄 수 있겠다.', '이 사람에게 배우고 싶다.', '이 사람을 만나고 싶다.', '이 사람처럼 되고 싶다.' 등등.
글을 읽는 사람에게 다양한 감정이 일어난다. 그렇게 감정이

일어나도록 나의 이야기를 콘텐츠로 만들어야 한다. 이점을 명심하자. 자기소개라고 해서 단순히 '나는 이런 일을 해왔어요.' 같은 경력을 나열하는 게 아니다.

글마다 목적이 있다. 자신의 삶을 통해 사람들에게 전하고 싶은 메시지는 무엇일까? 어떤 이미지와 감정을 남기고 싶은가? 나는 열정적이고, 끈기 있게 도전하고, 사람들에게 도움을 주는 사람이라는 이미지를 심었다. 자기소개 글을 다 읽은 사람은 '닮고 싶다.', '만나고 싶다.', '같이하고 싶다.'라는 감정이 남는다.

 레

이글을 읽으면서 많은 생각을 하게됩니다
지나온시간들 스쳐지나가던일들 괜찮다고 생각했던 일들 ~이건안돼 저것도안되 저것은 내가해왔던일아냐 하던거해야지~ ㅎ 하기도전에 먼저생각을 막아왔던게 떠오르네요 지금이라도 소영처럼님의 글을 읽고 의미를 찾아간다는게 다행이고 감사합니다^^ 아 그리고 글에 도와주시려고하는 마음이 넘쳐서 따뜻하게 보고 있습니다 감사드립니다

 엄

소설 같은 자기 소개 글에 푹 빠져서 정독 했어요. :) 제 삶도 돌아보았고요. 누구나 다 자기 이야기가 있다는 말에 위로와 용기를 받고 갑니다. 저도 저만의 이야기를 열심히 써보려고 하는 참입니다. 글 두개 읽었을 뿐인데 한번 뵙고 싶어졌어요. 매력이 넘치세요. :)

<소영처럼 블로그 자기소개 글에 남겨진 후기>

2) 자기소개 콘텐츠 만드는 법

아래는 블로그에 올려진 자기소개 콘텐츠다. 자기소개를 할 때 반드시 따라야 할 형식이 있는 건 아니다. 나는 이 방법으로 콘텐츠를 만들어 사람들에게 감정을 남겼다. 시작이 어렵다면 따라 해 보자.

① 현재 시점을 이야기한다

누군가 당신의 자기소개 콘텐츠를 본다면 이유는 궁금해서다. 상품을 구매하기 전 믿을 만한지, 돈을 써도 되는지 가치를 판단하기 위해서다. 단순히 호기심으로 볼 수도 있다.

콘텐츠 첫 부분은 현재 나의 이야기로 시작한다. 당시 나는 '오백성' 모임을 이끌고 있었다. '오늘부터 백만장자 성공습관'이라는 장기 프로젝트 모임이었다. 새벽 기상 미션이 있었고, 그날은 새벽 4시에 일어났다. 당시 아기는 한 살이었다. 아기를 키우는 엄마가 새벽 4시에 일어나서 자기소개를 한다. '왜?' 사람들은 다음 이야기가 궁금하다. 스크롤을 내릴 확률이 높아진다.

[공지] 내소개, 소영처럼을 소개합니다

소영처럼 2018. 11. 25. 12:47

2018.11.25 4시 새벽기상

매일 핸드폰에서 새벽 4시에 알람이 울립니다.
오백성(오늘부터 백만장자 성공습관) 새벽기상 시작한지 25일째 되는 아침입니다.

<오백성 프로젝트를 시작하며 쓴 자기소개 글>

현재 시점을 이야기할 때, 사람들의 다음 이야기가 궁금하다. 이때 기대 심리를 깨보자. 예를 들어, "새벽 5시, 고속버스에 몸을 실었다. 나는 10년 차 직장인이다. 주중에는 서울로 출근하고, 주말은 전국으로 출근한다."라고 하자. '왜 10년 차 직장인이 주말에 전국으로 출근할까?' 궁금하다. 부동산 고수의 자기소개 콘텐츠다. 주말마다 전국을 누비며 임장을 한 이야기가 이어진다. 사람들은 이 자기소개를 보면 어떤 감정이 생길까? '그동안 쌓은 노력이 이 사람을 만들었구나.', '정말 열심히 사는구나.', '이 사람 노하우 배우고 싶다.'라는 감정과 생각이 든다.

② 과거 시점으로 돌아간다

과거 시점은 현재의 내 모습이 시작된 그 지점이다. 어떤 계기를 통해 지금의 내가 되었는지, 갑자기 삶이 변화된 이유와 시기가 있다면 그 이야기를 한다.

마지막 수업

Lucy in the sky
2010. 6. 28. 9:59

+ 이웃추가

수업을 마치고 돌아오는 길에 여러가지 생각들
이 밀려왔어.
다 못한 얘기들이 미련이 남아서 날카롭게 내 머릿
속을 파고들더라.

첫 날, 첫 시간에
그들에게 꿈을 전하고 싶었어.
그래서 매 강의시간마다 한권의 책을 소개해줬고
꿈을 꿀수있도록 이끌어주려고 노력했어.

첫날, 기억나?
한비야 선생님의 책을 들고
52세인 이분도 하시는데,
20살인 너희들도 심장이 뛰는 일을 찾아야하지 않
겠냐고 했었지.

요즘들어 시간이 참 빠르다는 생각이 들어.
하고싶은것을 위해서 하던일도 그만두고
내 욕심만 차리고 여기까지 왔는데
옳은 길이 아닐지 모른다는 의심은 없지만
어느 순간 무너져 내리는 기분이 들때가 있어

다 잘될거고 다 괜찮다고,
스스로에게 용기를 북돋아줘야지.
내가 우리반 아이들에게 했던 수 많은 말들이,
사실은 나 자신에게 하고 싶었던 말들이었을지도
몰라.

수업을 마치고 돌아오는길에
백지연의 '뜨거운 침묵'을 전하지 못한게 너무 아
쉬웠어.

세상을 살아갈때
상대방에게 실망을 하게 되는 것은

<소영처럼 자기소개 글에 담긴 과거 스토리>

나는 강의와 컨설팅을 한다. 이 이야기는 10년 전, 강의를 처음 했던 순간으로 올라간다. 일주일에 한 번씩 대학에서 강의를 했다. 매주 수업이 끝날 때 한 권의 책을 소개했다. 첫 수업에 한비야 님의 '바람의 딸, 걸어서 지구 세 바퀴'를 소개했다. "52세인 이분도 하는데 20살인 너희도 가슴 뛰는 일을 해야 하지 않겠니?"라고 말했다. 매주 한 권의 책을 통해 학생들이 꿈을 찾고, 이뤄 나가길 바랐다. 한 학기가 끝나는 날, 메시지를 담아 작은 엽서를 선물했다. 지금도 대상만 바뀌었지 각자가 원하는 삶을

살 수 있도록 돕는다.

과거부터 현재까지, 지금의 모습이 만들어진 스토리를 담아보자. 사람들은 자기소개 콘텐츠를 통해 당신을 좀 더 알게 된다. 과거 시점이 기억나지 않는다면 몇 가지 예를 들어보겠다. 현재 부동산 고수라면, 10년 전 부모님 사업이 어려워졌거나 결혼 후 아이가 생겨 삶이 변했을 수 있다. 몸이 아팠거나, 사고를 당한 경험도 있다. 인사이트를 얻은 만남이 계기일 수도 있다. 무엇이든 지금 상황을 만들었던 그 시점, 인생의 전환점이 되었던 그때의 이야기를 시작한다.

그동안 경험했던 일, 어려울 때 어떻게 극복하고 일어섰는지, 살면서 성공했던 이야기, 자신만의 노하우로 누군가를 도와줬던 경험 등을 사례로 담자. 그런 이야기는 누구도 할 수 없는 자신만의 콘텐츠가 된다.

③ 가치관을 보여준다

현재 내 모습과 그 시작점을 찾아 콘텐츠로 담았다. 다음은 과거와 현재 삶의 공통점을 찾는다. 이 이야기는 가치관과 연결된다. 30대에 나는, 20대에게 꿈을 심어주고 싶었다. 해외 경험을 성공적으로 하고 온 학생들이 자신의 경험을 나누도록 했다. 이를 통해 준비하는 학생들도 잘 해내길 바랐다.

40대에 나는, 나와 비슷한 엄마들에게 온라인 세상을 알려주고 싶었다. 이곳에서 각자 꿈을 이루게 하고 싶었다. 이미 성과를 만든 사람을 내세워 각자의 이야기를 나누게 했다. 누구나 가능하다는 것을 보여주고 싶었다.

대상도, 상황도 바뀌었지만, 내 일의 본질은 같다. 누군가를 돕고 싶은 마음, 각자의 경험을 소중히 생각하는 마음이다. 자신의 이야기를 통해 누구나 선한 영향력을 펼칠 수 있다. 10년 전에도, 지금도 나는 같은 일을 하고 있다. 누구라도 이런 경험은 있다. 삶의 중심에서 자신을 잡아주는 가치관 말이다. 그 이야기를 전해보자.

<2010년 호주 워킹 경험담 공유 모임(왼쪽)과 2018년 블로그 운영 경험담 공유 모임>

④ **키워드로 나를 표현하자**

사람의 뇌는 긍정어와 부정어를 구분하지 못한다. "빨간 코끼리를 떠올리지 마라."라고 하면 바로 빨간 코끼리가 떠오른다. "레몬을 떠올리지 마라."라고 하면 입에 침이 고인다. 이 말은 의도적으로 사람의 뇌에 이미지를 심어줄 수 있다는 의미다. 숫자 5를 상대방 모르게 계속 노출시킨다고 가정해 보자. 상대방은 숫자를 골라야 하는 상황에서 자연스럽게 5를 떠올린다. 마치 숫자 5를 그날의 행운의 여신처럼 여긴다.

나는 이 방법을 자기소개 콘텐츠에도 적용했다. 단순히 나를 소개하는 것에 그치지 않고, 나에 대한 이미지를 단어로 각인시켰다. 결혼 후 오랫동안 아기를 기다렸다. 힘든 시간이었다. 집중할 다른 것이 필요했다. 공인중개사 공부를 시작했고, 불과 6개월 만에 1, 2차에 합격했다. 당시 노력을 콘텐츠로 담았다. 출산 후 조리원에서 주식과 부동산 공부를 했다. 몸조리를 하며, 강의를 듣고, 경제 공부를 했다. 이런 모습만 봐도 얼마나 열정적인지가 느껴진다.

사람들은 자기소개 콘텐츠를 보면 감정이 생긴다. 거기에 "나는 이런 말을 많이 들어요."라고 키워드를 나열했다. '열정', '도전', '노력', '긍정' 이런 단어들을 보는 순간 '아, 맞아 이 사람은 이런 사람이야.'라는 인식을 갖게 된다. 그리고 감정이 남는다.

주식과 부동산

공인중개사 후 시작한 주식공부, 조리원에서도 주식공부

공인중개사 자격증을 따니 경제에 관심이 생겼어요.
경제에 관심을 갖고보니 주식과 부동산 투자를 시작할 수 있게 되었구요.

소영처럼, 끈기있는 열정, 가장 나답게, 원하는 것을 이루는 삶

"
열정, 도전, 노력, 긍정, 배려, 감사, 공감, 책, 꿈, 믿음, 부, 풍요, 사랑
"

<블로그 자기소개 글 중에서 출산과 공부, 소영처럼을 표현한 단어들>

⑤ 메시지를 전하다

자기소개 콘텐츠를 끝까지 읽었다면, 공감한다는 의미다. 경험을 통해 얻은 것, 깨달은 것을 메시지로 전하자. 메시지는 감동으로 이어지고, 사람들은 당신을 더 가깝게 느낀다.

무엇인가를 시작 할 때 항상 비교를 하게되죠.
'나 답게 하자'하면서도 비교가 되는건 어쩔 수 없어요. 그럴때는 재빨리 마음을 고쳐먹어요.

각자의 시간을 인정하는거에요.
분명 나보다 훨씬 더 잘하는 사람은 있어요.
저만치 저보다 더 높은 사람하고 비교하기 시작하면 주눅들어서 아무것도 할 수 없어요.

<소영처럼 자기소개 글 마지막에 담은
'가장 나답게 살자'라는 메시지>

뷰

소영님~축복합니다.사랑합니다.감사합니다~
너무 열심히 살아주어서 사랑스럽고 고맙네요이 글을 읽고있자니 제가 더 감사하네요
너무 열심히 살아 주어서 고맙네요^^
할머니도 힘이나네요^^만나고 싶어지네요~^^

<소영처럼 자기소개 댓글에 담긴 응원>

5단계로 자기소개 콘텐츠 만드는 순서를 알아봤다. 아래는 위의 방법으로 만든 자기소개 콘텐츠다.

가르칠 때는 스스로 그 이치를 깨달을 수 있도록 학문하는 방법만 가르치고, 함부로 다 가르치지 않음.
즉, **방향을 제시해 줄 수 있어야 한다.**
인이불발의 정신으로,
마음으로 다가가는 멘토,
홍경아입니다.

*키워드별 간단히 소개하자면

호모루덴스,
시간과 장소에 구애 받지않는 디지털노마드
주식 전업투자자

<블로거 흥경아·흑장미 님 자기소개 콘텐츠>

내가 파는 상품은 나만 파는 게 아니다. 비슷한 가격, 구성, 내용은 넘쳐난다. 상품으로 차별화가 어려우면, 파는 사람이 다르면 된다. 나에게 돈을 써야 하는 이유를 주자. 나는 자기소개 콘텐츠로 전했다.

각자의 스토리로 자기소개 콘텐츠를 만들어보자. 5단계를 따라 하다 보면 사람들은 당신 이야기에 공감하게 되고, 감정이 남는다. 나를 표현한 키워드를 통해 신뢰감을 높이자. 자기소개 콘텐츠 하나만 제대로 만들어도, 콘텐츠로 돈 벌기가 좀 더 쉬워진다.

자신의 이야기로 콘텐츠를 만드는 게 어렵게 느껴지는가? 그래도 한 발 한 발 나아가다 보면 시작하길 잘했다는 순간이 올 거다. 누구나 각자의 이야기가 있다. 누구나 과정을 만들어 간다. 심지어 우리가 활동하고 공부하고, 성장하는 것도 다 콘텐츠다. 생각보다 콘텐츠로 돈 버는 일, 자신의 경험과 노하우를 파는 건 쉽다. 그리고 재미있다.

2 돈 되는 콘텐츠는 상대방 언어로 말한다

상대방 언어로 말하는 건 신뢰를 높이는 콘텐츠를 만드는 두 번째 방법이다. 상대방 언어는 쓰는 사람이 아닌 읽는 사람 눈높이에 맞는 콘텐츠다. 콘텐츠로 정보나 노하우를 주다 보면 전문가 위치에 서기 쉽다. 상대방을 배려하지 않는 콘텐츠는 지식만 자랑하기 바쁘다. 전문용어가 많으면, 읽는 사람은 공감하기 어렵다. 공감되지 않으면 읽지 않는다. 읽는 사람 눈높이에 맞는 콘텐츠를 쓰자.

1) 타깃 선정과 상황 설정

타깃은 아무리 강조해도 지나치지 않다. 눈높이에 맞는 콘텐츠를 만들 때 타깃 설정은 특히 중요하다. 누구에게 이야기하고 싶은지, 누구에게 도움이 되는지를 정해야 한다. 모두를 위한 콘텐츠는 누구를 위한 콘텐츠도 될 수 없다.

처음 콘텐츠를 만들 때, 어학연수, 대학, 영주권, 이민 등 다룰 수 있는 게 많았다. 그중 워킹홀리데이라는 좁은 타깃을 택했다. 타깃을 고려하지 않은 콘텐츠는 형식적이고 일반적이다. 타깃을 좁히면 정확한 콘텐츠가 나온다. 대학생이 집을 구하는 것과 4인 가족이 집을 구하는 것은 다르다. 마찬가지로 집 구하는 방법 하나만 콘텐츠로 만들어도, 타깃에 따라 내용과 깊이가 달라진다.

타깃을 정하는 게 어렵다면 페르소나를 설정해 보자. 마케팅에서의 페르소나는 기업이 표적 고객에게 전달하고 싶은 이미지를 설정하고 그에 맞는 홍보 전략을 세우는 것을 의미한다. 우선 캐릭터 한 명을 정한다. 마치 그에게 설명하듯 콘텐츠를 만든다. 나는 20대 타깃을 정했다. 콘텐츠를 만들기 전 타깃을 분석해 보자. 워킹홀리데이를 알아보는 20대는 돈이 많지 않다. 1~2달 정도의 생활비가 있다. 이후에는 현지에서 일하면서 생활비를 마련한다. 워킹홀리데이에 관한 정보도 거의 없다. 이렇게 페르소나를 설정하면 어떤 콘텐츠를 만들어야 할지 보인다.

타깃 연령대	20대
타깃 상황	돈 없음, 이제 막 정보를 알아보기 시작함 300만 원 이내 적은 비용으로 워킹홀리데이 준비 정보 레벨 0, 1년 호주 체류 예정
타깃이 원하는 것	호주에서 영어, 일, 여행 등의 경험을 쌓고 성공적으로 워킹홀리데이를 마치는 것
타깃이 해결하고 싶은 것	호주 워킹홀리데이 정보, 비용, 비자 신청, 일자리, 집, 영어 공부 등
타깃이 풀어야 할 문제	현지에서 생활비 벌어야 함. 영어 부족, 해외 경험 부족
콘텐츠로 판매할 상품	워킹홀리데이 준비물, 보험, 화상 영어 등

<워킹홀리데이 페르소나 설정 예시>

타깃을 정해졌다면 어떻게 콘텐츠를 만들까? 중요한 것은 타깃의 레벨이다. 타깃의 상황을 들여다보며 콘텐츠를 어떻게 만들어야 할지 정한다.

2) 타깃 상황

① 관련 지식이 없다 → 변수가 생기면 대처가 어렵다 → 비자 신청 중 당황하지 않도록 처음부터 필요한 정보를 미리 인지시킨다.

② 영어를 못한다 → 이민성 홈페이지는 100% 영어다 → 한글로 번역해서 콘텐츠를 제공한다.

③ 말로만 설명하면 어렵다 → 화면을 전부 캡처한다 → 초등학생도 이해할 정도로 설명한다.

<타깃 상황에 따른 콘텐츠 구성 예시>

다음은 워킹홀리데이 비자 신청 방법이다. 위의 3가지 타깃의 상황을 고려해 하나씩 콘텐츠에 적용했다. 콘텐츠를 따라가며 당황하지 않도록 알아야 할 것들에 대해 안내했다. 관련된 콘텐츠는 미리 만들어 본문에 링크로 연결했다.

비자를 신청하다 보면 타깃 상황에 따라 변수가 생긴다. 나이 제한에 걸리는데 모르고 신청한다. 집 주소를 영문으로 바꾸지 못하는 상황도 생긴다. 비자를 따라 신청하다가 마주할 수도 있는 예상 가능한 문제를 미리 보여주고, 해결 방안을 제시한다. 비자를 신청할 때 온전히 따라오기만 하면 되도록 방해물을 모두 제거한다. 이렇게 미리 변수를 알려주면 초보도 당황하지 않고 비자를 신청할 수 있다. 예시는 워킹홀리데이 콘텐츠로 설명하지만, 각자 타깃을 정하고 상황을 만들어보자.

호주워킹홀리데이 -워킹홀리데이 비자 신청전 알아둬야 할 점

비자 신청 전 알아둬야 할 점에 대해서 몇가지 말씀드리겠습니다.
호주워킹홀리데이 비자는 온라인으로만 신청이 가능하며, 신청 후 신체검사를 받아야 비자가 승인됩니다.

비자 신청 후 승인까지 걸리는 시간은 빠르면 1-2일이지만, 보통 일주일 정도, 늦으면 한달정도 걸리는 경우도 있습니다.
비자 승인 후 1년 이내 출국하셔야 하며, 유효기간은 호주 도착 후부터 1년동안 체류 가능한 비자입니다.

아래 신청 하다보면, 신체검사 관련하여 5만원 짜리와 15만원짜리를 선택하는 [어학연수 기간]에 관한 질문이 나옵니다.
아래 페이지는 보편적으로 많이 하는 5만원짜리 신체검사 관련된 페이지를 캡쳐하였으며,
만약 호주에서 워킹홀리데이 비자로 체류하는 동안 어학연수를 13주 이상 하실 계획이라면 15만원짜리 신체검사를 받으셔야 합니다.

신청 중 페이지가 달라지더라도 당황하지 마시고, 15만원짜리 신체검사를 받을 계획인 분들은 아래 페이지를 누르셔서 방법 확인하신 후 이어서 진행하시면 됩니다.

1. 워킹홀리데이 비자 신청시 주의사항
2. 15만원짜리 신체검사 관련 비자 신청방법
3. 영문 주소 변경 방법
4. 호주워킹홀리데이 비자 무료 대행 신청 방법
5. 워킹홀리데이 지원 가능한 나이

<워킹홀리데이 비자 신청방법.
시작 전 알아야 할 것들을 미리 제시한다.>

대부분 학생들은 영어를 잘 못한다. 영어를 모르더라도 누구라도 따라 할 수 있도록 한글로 번역했다.

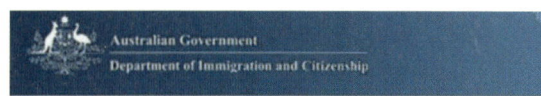

<호주 워킹홀리데이 비자 신청방법 콘텐츠.
화면 캡처 후 모두 번역했다.>

당시에 비자 신청하는 방법을 100% 담은 콘텐츠가 거의 없었다. 대부분 앞부분만 예시로 작성 후 유료로 대행을 받았다. 위 콘텐츠는 10시간 이상 만든 콘텐츠다. 이민성 페이지를 전부 캡처하며, 눈높이에 맞는 방법을 제시했다. 누구라도 직접 신청할 수 있게 만들었다. 당시 비자 대행료는 10만~20만 원 정도였다. 한두 달 생활비를 들고 해외에 가는 학생에게 10만 원도 아껴주고 싶었다. 그렇게 비자 신청 콘텐츠가 나왔다.

3) 상대방 언어로 말하기

다음은 셰어하우스 구하는 방법을 담은 콘텐츠다. 워홀러들이 지낼 수 있는 집은 3종류다. 그중에서도 셰어하우스가 가장 많다. 지금은 셰어하우스라고 하면 다 안다. 당시에는 이 용어도 생소했다.

워홀러 대부분은 해외 경험이 처음이다. 셰어하우스뿐만 아니라 여행자 숙소, 홈스테이를 비교했다. 전체를 보여주고, 선택할 수 있도록 콘텐츠를 만들었다. 3가지 집 형태에 대한 설명과 용어도 정리했다.

*<호주 셰어하우스 구하는 법 콘텐츠.
하나의 주제에 대해 설명하기 전에 전체를 먼저 보여준다.>*

쉐어하우스 (우리나라로 보면 자취)

쉐어는 가장 많은 학생들이 선택하는 거주형태입니다. 우리나라와 비교하면 자취개념인데 다른점은 한방에서 여러명이 께 지내다는 것입니다. 호주는 집값이 비싼만큼 한방에 한명씩 들어가는 것은 정말 호화로운 생활을 하는 것이고, 보통은 2-4명 정도 같이 지냅니다.

예를들어, 아파트 35평정도의 규모. 방이 3개정도 있고 화장실이 2개있는 아파트에서 쉐어학생을 구한다고 하면. 이 집은 몇명이나 살까요?

보통은 7-8명정도입니다. 우선 한방에 2-4명정도는 기본이니 적게는 6명이 살게되구요. 많게는 10명까지도 삽니다.
호주에서 쉐어를 구하는 광고를 보시게 되면 몇가지 눈에 띄는 용어들이 있는데, 처음 가시면 무슨 말인지 쉽게 와닿지 않을거에요. 그래서 잠시 설명드리겠습니다.

<신뢰성 높이는 콘텐츠 예시.
전체를 보여주고, 필요한 것을 정확히 알려준다.>

 용어를 알려주면 학생들은 직접 광고를 보고 집을 구할 수 있다. 집 구하는 방법을 보고도 직접 구하지 못한다면, 이는 문제가 해결된 게 아니다. 필요한 부분을 정확히 파악하고, 실제 도움이 되는 콘텐츠를 만들어야 한다.

* **마스터룸 (Master Room)** : 우리나라로 치면 안방입니다. 화장실이 딸려있기때문에 다른 방에 비해서 좀 더 비싼편입니다. 적게는 2명 많게는 4명까지 들어갑니다.

* **세컨룸 (Second Room)** : 우리나라 작은방, 보통 2-3명정도가 기본이구요.

* **리빙룸 (Living Room)** : 거실입니다. 거실에 파티션을 치고 생활하는 학생이 있습니다. 모든 집이 다 그렇지는 않구요. 쉐어 주인이 돈을 많이 벌고 싶은 경우 리빙룸까지 학생을 받는답니다.

* **썬룸 (Sun Room)** : 베란다입니다. 여기까지 말씀드리면 호주에 대해서 잘 모르시는 분들은 허걱. 합니다. 베란다에도 사람이 살아?? 네. 삽니다. 더구나 썬룸이라 하여 '독방'인 샘으로 더 비쌉니다. 호주에서는 혼자만의 공간을 갖는게 쉽지 않거든요.

* **본드비 (Bond fee)** : 디파짓을 의미합니다. 우리나라 월세보증금 같은 개념인데 호주는 주당 방비를 내다보니 처음 들어갈 때 4주정도 본드비를 내게 됩니다. 집을 나올때 돌려받습니다.

아래 이해돕기 위해 현재 호주나라에 올라 온 매물을 보면서 설명드리겠습니다.

<정보를 직접 활용할 수 있도록 기본 용어 설명을 한 콘텐츠>

용어뿐만 아니라 매물 정보가 담긴 화면도 공유했다. 다음 매물 설명은 집 구하는 사이트에 올라온 내용이다. 예시를 통해 위의 정보가 실제로 어떻게 활용되는지를 보여준다.

☐매물설명

시티 도보 10분 아파트 즉입가능!!!
세컨룸 독방쓰실분이나 or 남남 여여 2인1실 쉐어생 구합니다.
친구둘이 들어오셔도 되구요 따로따로 한분씩 들어오셔도 됩니다. 2인 1실로 들어올경우 침대 하나 더 놓아드립니다.
- 독방 주당 $280/PP, 2인 쉐어 주당 $140/PP
- 시티 도보 10분, 한국마트 1분, 콜스 5분
- 인터넷/쌀제공/모든빌포함

<호주나라 사이트에 올려진 셰어하우스 매물 정보>

　　다음은 같은 방법으로 만들어진 콘텐츠다. '전문가가 알려주는 인테리어 용어'라는 콘텐츠의 일부다. 고객이 어려워하는 인테리어 용어를 쉽게 설명해 전문성과 신뢰도를 높였다. 용어뿐만 아니라 현장 작업 사진도 첨부했다.

타일에서 기본적으로 쓰는 용어들은 아래와 같습니다

덧방 : 기존 타일위에 새로운 타일을 시공하는 것을 이야기 합니다

떠발이 : 화장실 벽 타일 모두 철거 후 타일을 시공하는 것을 이야기합니다 떠발이 시공이 더 비쌉니다

코너비드 : 타일과 타일 경계선이나 타일이 끝나는 곳에 붙이는 마감재를 이야기 합니다

젠다이 : 화장실 세면대쪽에 벽돌을 쌓아서 시공하는 것으로 이것을 설치함으로써 디자인적인 부분과 실용적인 부분 모두 잡을 수 있습니다 물론 젠다이 시공시 추가비용이 있습니다

벽수전 : 오래된 집을 세면대를 보시면 배수라인이 보통 바닥으로 되어 있는데 그것을 벽쪽으로 되어 있는것을 이야기 합니다

단 높임 : 세탁기 쪽이나 앞베란다 창고쪽에 주로 시공하는 것으로 물을 사용하는 공간에 바닥 높이를 높이는 작업을 이야기 합니다

단높임

덧방작업

<블로그 '디자인봄애' 콘텐츠 중
전문가가 쉽게 알려주는 인테리어 용어>

콘텐츠는 타깃이 가진 문제를 해결해야 한다. 아무리 방법을 알려줘도 용어를 모른다면 문제를 해결하기 어렵다. 방을 구할 때 벽에 부딪힌다. 타깃이 가진 문제를 해결해 줄 때 전문용어가 아닌 상대방 언어로 말하자. 그래야 타깃이 실전에 활용할 수 있다.

① 타깃을 정한다.
② 타깃 상황을 고려해서 콘텐츠를 만든다.
③ 전체를 보여주고 눈높이에 맞는 언어를 사용한다

<상대방 언어로 말하는 콘텐츠 3단계>

3 제3자의 입으로 확신을 줘라

상품을 구매할 때 보통 후기를 확인한다. 지불할 가치가 있는 지를 확인하기 위해서다. 누구나 손해에 대한 두려움이 있다. 심리학 용어로 '손실 회피 심리'라고 한다. 한국소비자연맹이 2021년 12월, 최근 3개월 내 온라인 쇼핑 경험이 있는 만 20세 이상 남녀 500명을 대상으로 설문조사를 했다. 이용 후기를 확인하는 이유와 비율, 후기에 대한 신뢰도를 조사한 결과다.

구매 후 불만족을 줄이기 위해 **82.3%**
다른 사람의 평가가 궁금해서 **78.%**
가능한 많은 정보를 얻기 위해서 **70.4%**
객관적인 정보를 얻기 위해서 **64.8%**
사업자가 제공하는 정보가 부족해서 **21.0%**
그냥 확인하는 것이 습관이어서 **16.7%**

<소비자가 이용 후기를 보는 이유
(출처 : 한국소비자연맹 2021년 12월 설문조사)>

당신은 제품을 살 때 후기를 보는가? 다음 설문조사 결과를 보면, 제품 구매 전 후기를 보는 사람 비율이 97% 이상이다. 후기에 대한 신뢰도는 70% 이상이다. 이렇게 많은 사람이 후기에 영향을 받는다. 이건 일반적인 상품에만 해당하는 게 아니다. 강의나 컨설팅, PDF 등 눈에 보이지 않는 지식 콘텐츠도 구매 전 후기를 본다.

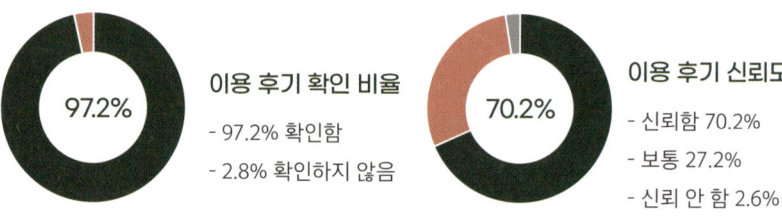

<후기 확인 비율과 후기 신뢰도(출처 : 한국소비자연맹 2021년 12월 설문조사)>

이런 후기를 어떻게 모으고 관리할까? 상품과 서비스를 팔면서 후기는 신경 쓰지 않고 있는가? 콘텐츠를 팔 때도 후기는 중요하다. 후기를 어떻게 모으고 활용하는지 이야기해 보자.

다음은 '소영처럼 블로그'와 책 '나는 네이버 카페로 월급 대신 월세 받는다'를 검색한 결과다. 이미 많은 후기가 검색 결과에 나온다. 강의나 컨설팅, 책 후기가 궁금하면 검색을 통해 확인한다. 비용 대비 가치가 있는지 판단할 수 있는 기준이다.

나는 이런 후기 덕분에 10년 전부터 무엇을 팔든 어렵지 않게 팔았다. 블로그와 카페를 통해 워킹홀리데이 준비물을 팔고, 고가의 어학연수나 학교 등록도 진행했다. 심지어 만나지 않고도 모든 처리가 가능했다. 이유는 충분히 신뢰할 만한 후기가 쌓여 있었기 때문이다.

<소영처럼 강의(위)와 책 후기 검색 화면(출처 : 네이버 검색)>

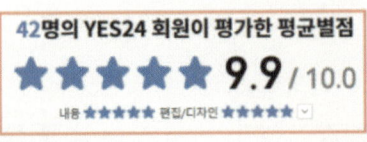

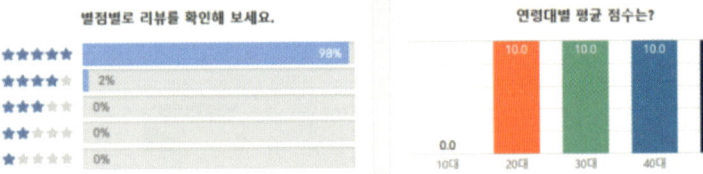

<책 '나는 네이버 카페로 월급 대신 월세 받는다'의
예스24 후기 평점(출처 : 예스24)>

1) 어떻게 후기를 받을까?

후기는 구매와 직결된다. 그만큼 중요하다. 어떻게 후기를 받을까? 고객이 알아서 후기를 남겨줄까? 상품이나 서비스를 구입하고 후기를 남기는 비율은 얼마나 될까? 아마도 거의 남기지 않을 거다.

"후기를 받는 게 어렵다."라는 이야기를 종종 듣는다. 왜 어려울까? 사람들은 굳이 무엇을 구매했다고 해서 후기를 남기지 않는다. 번거롭기 때문이다. 하지만 파는 사람은 후기가 중요하다. 이 둘의 간극을 해결해야 한다. 어떻게 하면 후기나 리뷰를 잘 받을 수 있는지 이야기해 보자.

<'나는 네이버 카페로 월급 대신 월세 받는다' 예스24 포토리뷰 후기(출처 : 예스24)>

① 얻는 게 있으면 움직인다

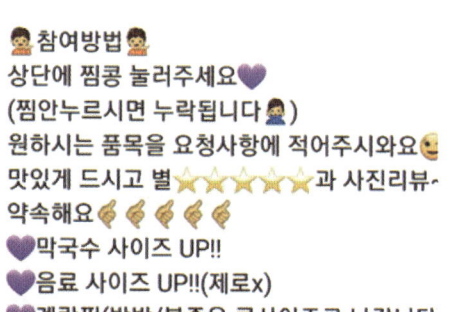

<배달의민족 후기 이벤트 안내 글(왼쪽)과 구매자 후기

(출처 : 배달의민족)>

상품을 살 때, 종종 네이버페이로 구매한다. 대부분 구매 후기를 남긴다. 큰 불만이 아니면 평점 5점에 5점을 준다. 왜 후기를 남길까? 네이버페이 포인트를 받기 때문이다. 심지어 유료 회원이면 두 배로 포인트를 받는다. 이렇게 얻는 게 있으면 사람들은 움직인다. 온라인에서 후기를 받기 위해 포인트를 주는 이유다.

배달의민족도 우수 업체는 리뷰 이벤트를 한다. 콜라 한 병을 더 주거나, 보쌈을 시키면 작은 막국수를 준다. 사람들은 이벤트 혜택을 얻기 위해 리뷰를 쓴다. 혜택을 받았다고 후기를 좋지 않게 쓸까? 받은 게 있으면 웬만해서는 나쁜 말을 쓰지 않는다. 정말 상품이나 서비스가 못마땅하지 않으면 좋게 말한다. 당신은 어떤가? 후기를 받고 싶은가? 안 받아도 상관없는가? 사는 사람에게 아무것도 주지 않으면서 후기만 바라고 있는가? 사람들은 그렇게 한가하지 않다. 얻는 게 있을 때 움직인다.

② 접근이 쉬워야 한다

두 번째는 쉬운 접근이다. 후기나 리뷰를 써서 얻는 게 있으면 사람들은 움직인다. 하지만 리뷰를 쓸 때 절차가 어렵다면, 혜택을 포기한다. 귀찮은 탓이다. 물론 접근이 쉬워도 후기를 쓰는 게 어려운 사람도 있다. 이때는 구매자의 연령이나 플랫폼 환경을 고려해서 접근한다.

예를 들어, 가장 쉬운 접근은 모바일에서 바로 올리는 방법이다. 배달의민족은 주문 후 카톡으로 알람이 온다. 식사 후 리뷰를 쓸 수 있게 링크도 전달한다. 클릭 한 번으로 후기를 쓸 수 있다.

접근이 쉽다. 만약 배달의민족에서 식당마다 회원 가입을 한 후 해당 사이트에 가서 리뷰를 쓰라고 하면 어떨까? 대부분 리뷰 작성을 포기할 것이다.

타깃에 따라서 온라인 활동이 서툴 수 있다. 이때는 타깃 입장에서 편하게 후기를 쓸 수 있는 환경을 고민해야 한다. 온라인이 서툴면 카톡이나 문자로 후기를 받는다. 오프라인이면 포스트잇이나 메모지를 준비해 후기를 받는다. 방법이 무엇이든 후기를 쓰는 사람이 쉽고 편해야 한다.

2) 더 좋은 후기 받는 2가지 방법

<'나는 네이버 카페로 월급 대신 월세 받는다' 펀딩에서 이벤트 리워드로 제공한 '네이버 카페 벤치마킹 시크릿 노트' PDF 파일>

후기를 쓰는 사람에게 혜택을 주고, 접근도 쉽게 했다. 방법을 바꿨더니 후기가 점점 쌓인다. 이렇게 쌓인 모든 후기가 다 도움이 될까? 후기는 많을수록 좋을까?

후기 중에는 내 상품을 더 잘 팔리게 하는 후기가 있다. 반대로 그렇지 않은 후기도 있다. 예를 들어, 리뷰에 사진이 포함되는 건 중요하다. 그런데 판매를 방해할 정도로 무성의하게 찍은 사진이라면 어떨까? 오히려 후기가 없는 것보다 못한 효과를 가져온다. 후기의 양은 중요하다. 하지만 단 한 개의 후기라도 다른 사람의 마음을 움직이는 후기가 더 중요하다.

어떻게 하면 효과적인 후기를 받을 수 있을까? 두 가지로 이야기해 보자. 첫째는 가이드라인을 제시한다. 좋은 후기를 쓰고 싶어도 어떤 후기가 좋은지 모른다. 이때는 예시를 통해 방향을 알려준다. 사진 수나 사진을 찍는 방법, 들어갈 문구, 키워드, 최소 몇 줄 정도를 써야 하는지 알려준다. 간단히 언급만 해도 평균 이상의 퀄리티 있는 후기가 나온다.

둘째는 후기 중 더 좋은 후기를 뽑아 추가 혜택을 준다. 옷을 판매하는 사이트에서 하는 방법이다. 일반 리뷰와 우수 리뷰를 구분한다. 후기는 받되 더 좋은 후기를 쓰는 사람에게 더 좋은 혜택을 준다. 추가 혜택을 원하는 사람은 질 좋은 후기를 남기기 위해 신경 쓴다. 필요한 경우 활용하면 좋다. 후기를 쓰는 사람에게 주는 혜택 외에 더 잘 쓴 사람을 위한 추가 혜택을 준다. 그러면 더 좋은 혜택을 얻기 위해서 더 좋은 후기를 쓰는 사람이 생긴다. 서로에게 이득이다.

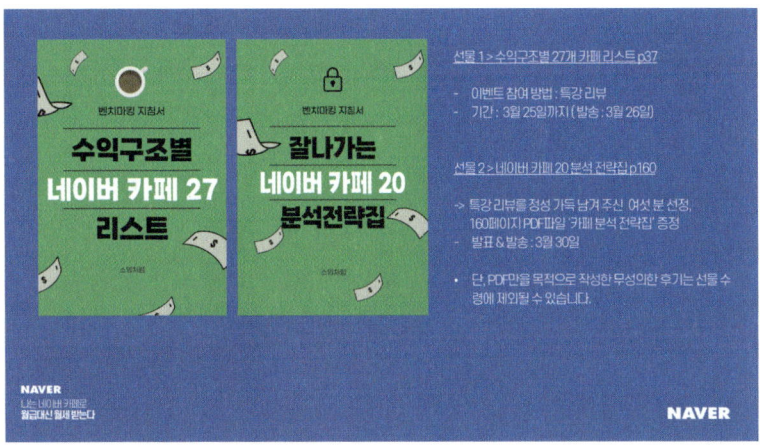

<'나는 네이버 카페로 월급 대신 월세 받는다' 저자 특강 후기 기획 이벤트. 1차 이벤트 PDF 파일 증정, 2차 이벤트 전략집 증정>

3) 받은 후기 활용법

① 후기 한곳에 모으기

받은 후기는 어떻게 활용할까. 의외로 많은 사람이 후기를 받고도 제대로 활용하지 못한다. 혼자만 보면 기분은 좋지만 구매로는 연결되지 않는다. 후기는 받고 끝나는 게 아니다. 받은 것을 활용할 줄 알아야 한다.

나는 온라인 서점에 쌓인 후기를 모아 블로그에 올렸다. 제품을 구매하기 전 사람들은 직접 후기를 찾는 번거로움을 감수한다. 하지만 모든 사람이 후기를 일일이 찾지 않는다. 이때 좋은 후기를 모아서 보여준다. 잠재 고객이 볼 수 있는 곳이라면 판매에 도움이 된다.

다양한 채널에서 상품이 팔리면 후기도 퍼져 있다. 요즘은 개인이 인스타그램, 블로그, 유튜브 등 다양한 채널을 운영하는 시대다. 그러다 보니 어디에 후기가 노출되는지 알 수 없다. 이때 자신의 키워드로 검색해서 좋은 후기를 모으자.

<인스타그램과 단톡방에 올려진 네이버 카페 책 후기들>

이렇게 여기저기 흩어진 후기를 한곳에 모아 콘텐츠로 만든다. 관심이 없던 사람도 정리된 후기를 보면 사고 싶어진다.

② 후기 활용 : 상세페이지, 모집 글

> 소영처럼님 강의를 들으면서 가장 강하게 든 생각은, 뭘 해도 잘 하실 분이라는 것.
>
> 누군가는 그저 스쳐 지나가는 일이라 할지라도 소영처럼님의 레이다망에 걸리면 샅샅이 낱낱이 파헤쳐지고 분석되어 이 정보가 필요한 사람에게 100프로 그 이상의 만족을 시켜줄 수 밖에 없는 알짜배기 솔루션이 된다는 것. 철저히 소비자의 눈높이와 입장에서 생각하는 소영처럼님의 능력이 부럽다.

<소영처럼 돈 되는 브랜딩 블로그 강의 후기 중>

받은 후기를 활용하는 두 번째 방법이다. 강의 모집 글과 상세페이지에 담는다. 상세페이지에서 사람들이 원하는 정보는 이 상품이 돈을 지불한 만한 가치가 있는가다. 자신이 갖고 있는 문제를 해결하고, 지불한 비용보다 더 많은 것을 얻을 수 있는지 궁금하다. 후기를 통해 보여준다. 후기를 보면 사람들은 기대감이 생긴다.

4) 후기를 활용한 콘텐츠 예시

소영처럼 블로그 강의 뒷이야기

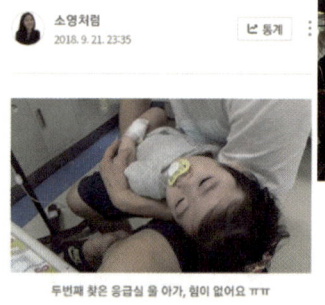

두번째 찾은 응급실 온 아기, 힘이 없어요 ㅠㅠ

아빠 품에서 넋걸맞는 온 아기

소영처럼 도장과 족자

블로그 중급 강의 후 정말 뜻하지 않은 귀한 선물을 받았어요. 소영처럼이 새겨진 도장하고 족자에요. 너무 이쁘죠? 아, 태어나서 이런 선물 처음이었어요.

제가 항상 강의를 준비하면서 생각하는게 있어요. 오시는 분은 비용을 지불하지만, 저는 비용 뿐만 아니라 그분들의 시간도 사는거에요.
한번을 와서 뭅더라도 시간도 비용도 아깝게 해드리면 안된다는 생각이 있구요. 그렇기에 원하는 것을 어떻게 하면 드릴 수 있을까를 항상 고민해요.

<소영처럼 블로그 강의 뒷이야기 콘텐츠>

강의를 시작할 당시 아기는 돌이 막 지났다. 병원 가는 일이 잦았다. 블로그 강의 뒷이야기라는 제목의 콘텐츠를 만들어, 링거를 맞고 있는 아기와 수강생에게 받은 선물을 공유했다. 타깃은 엄마들이었다. 아기가 어려도 당당하게 활동하는 모습을 보여줬다. 아기를 키우는 엄마는 비슷한 경험을 한다. 아기는 종종 아프다. 엄마는 시간적 여유가 없다. 그럼에도 할 수 있다는 걸 보여주고 싶었다. 강의에서 받은 선물도 공유했다. 강의를 준비할 때의 자세, 사람들을 대하는 태도가 콘텐츠로 전해졌다.

다음은 수익형 블로그 강의 후기 콘텐츠다. 19명이 참여한 강의에 18명이 단 하루 만에 후기를 남겼다. 임팩트 있는 후기 내용을 모아 하나의 콘텐츠로 만들었다. 가끔 사람들은 자신의 후기를 모아서 보여주는 게 민망하다고 한다. 사람들의 시간을 아껴준다고 생각하면 어떨까? 내가 파는 상품이 좋으면 자신 있게 추천할 수 있어야 한다. 이 콘텐츠를 통해 도움 되는 강의를 소개하고, 시간과 돈을 아껴줄 수도 있다. 직접 말하지 않으면 사람들은 찾아가며 확인하지 않는다.

<소영처럼 수익형 블로그 강의 후기 모음 콘텐츠>

169

유튜브, 인스타그램, 카톡, 블로그 등에 '나는 네이버 카페로 월급 대신 월세 받는다' 책 후기가 제법 쌓였다. 반복하지만 사람들은 일일이 찾아보지 않는다. 좋은 후기를 직접 모아 콘텐츠로 만들자. 이렇게 직접 만든 후기 모음 콘텐츠는 스스로의 가치를 더 높여 준다.

마지막으로 후기 콘텐츠를 만들 때 이 점은 주의하자. 내 상품과 서비스, 나를 언급하는 좋은 콘텐츠를 다 담고 싶은 욕심이 난다. 하지만 장황한 후기보다 임팩트 있는 짧은 문장 하나가 낫다. 구구절절한 긴 후기는 안 본다. 혹하게 만드는 부분만 콘텐츠로 만들자. 판매로 이어지는 지름길이다.

한 가지 더 명심하자. 후기도 좋지만 기본은 상품이 좋아야 한다. 아무리 후기를 원해도 상품이 좋지 않으면 후기는 안 좋게 나온다. 이 기본이 지켜졌을 때, 후기가 쌓인다. 쌓인 후기로 다음 구매가 이어진다.

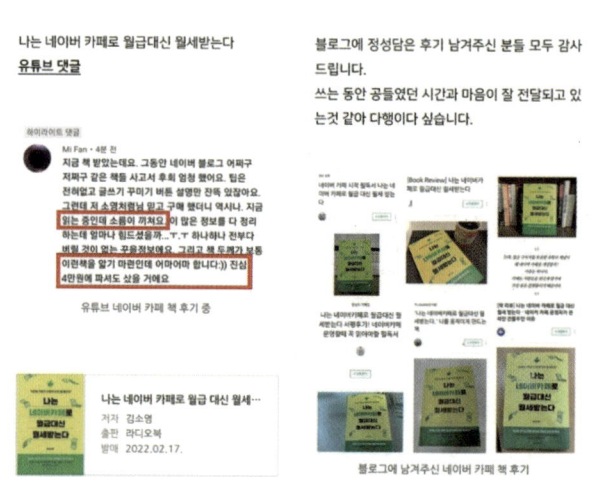

<'나는 네이버 카페로 월급 대신 월세 받는다' 책 후기 모음 콘텐츠>

· 돈 되는 콘텐츠 원칙 <2> 전문성

1 전문성이 돋보이는 콘텐츠 연재법

평소 설거지를 할 때 유튜브를 듣는다. 재생 버튼을 누르면, 연결된 영상이 자동 재생된다. 영상은 같은 주제로 묶여 있다. 유튜브를 시작할 때 유튜브 잘하는 방법이 궁금했다. 책을 읽고, 영상에서 방법을 찾았다. 공통적으로 하나의 주제를 다루라고 했다. 주제가 다양하면 구독자가 잘 늘지 않는다는 이유다. 나도 영상 주제가 하나인 채널을 구독한다. 해당 채널에서 전혀 다른 주제 영상이 나오면 구독을 취소한다.

블로그도 마찬가지다. 필요한 정보를 검색한다. 정보가 일관되면 이웃추가를 한다. 여행, 맛집, 드라마, 영화, 책, 주식, 부동산 등 다양한 주제를 다루면 이웃추가 없이 필요한 글만 본다. 일관성은 중요하다.

블로그에 다양한 주제를 올리는 사람도 있다. 다양한 키워드가 노출되면 좀 더 많은 조회 수를 기대할 수 있다. 하지만 한 가지 주제를 다루는 블로그에 비해 전문성이 떨어져 보인다.

돈으로 연결되는 콘텐츠는 전문성이 중요하다. 전문성은 콘텐츠 연재로 보여줄 수 있다. 어떤 콘텐츠를 연재할까? 필요한 사람에게 정보를 준다. 문제를 가진 사람의 문제를 해결한다. 이 두 가지가 콘텐츠에 담기면 사람들은 모인다.

콘텐츠를 같은 주제로 연재하면 무엇이 좋을까? 콘텐츠 생산을 넘어 한 분야의 전문가가 된다. 예를 들어, 전국 맛집을 포스팅하는 사람과 돈가스 맛집만 포스팅하는 사람이 있다. 둘 다 하루 방문자가 1만 명이다. 당신은 돈가스 가게를 운영하고 홍보가 필요하다. 누구에게 포스팅을 맡기고 싶은가?

주제가 좁을수록 전문가다워 보인다. 모든 건강 콘텐츠를 다룬 사람과 통증만 다룬 사람이 있다. 누가 더 통증 전문가로 보일까. 하나의 콘텐츠 주제를 깊이 있게 다룬 사람이 더 전문가다워 보인다. 이처럼 콘텐츠 연재는 사람들에게 신뢰감을 준다. 각자 정한 주제의 연재 콘텐츠를 만들어보자. 아래는 콘텐츠를 연재할 때 소재 찾는 법이다.

1) 콘텐츠 연재 주제 찾는 법

① 키워드 검색

10년 동안 부업으로 주식을 한 주부가 있다. 미국 회계사 공부까지 한 그녀는 주식 고수다. 또, 엄마표 영어, 해외 생활 등 다양한 경험이 있다. 이중 어떤 주제로 콘텐츠를 만들까 고민하다가 재무제표에 관한 이야기가 나왔다. 그녀에게 재무제표를 보는 건 쉬운 일이다. 하지만 주식 초보에게는 어렵다. 초보도 쉽게 재무제표 보는 법, 주식 시작하는 법 등 주식 콘텐츠를 만들기로 했다.

연재 소재를 찾기 위해 '주식하는 법'을 검색했다. 기본부터 실전, 미국 주식하는 법, 어떻게 시작할까, 어디서 배워야 하나 등 기존에 만들어진 콘텐츠가 보인다. 검색만 해도 쉽게 소재를 찾는다.

<'주식하는 법'으로 검색했을 때 노출되는 콘텐츠들
(출처 : 네이버 검색)>

② 지식인 질문

마찬가지로 '주식하는 법'을 네이버 지식인에서 검색했다. 다양한 질문이 있다. 미성년자 주식하는 법, 미국 주식하는 법 등 관련 질문이 있다. 연재 콘텐츠의 주제로 삼는다.

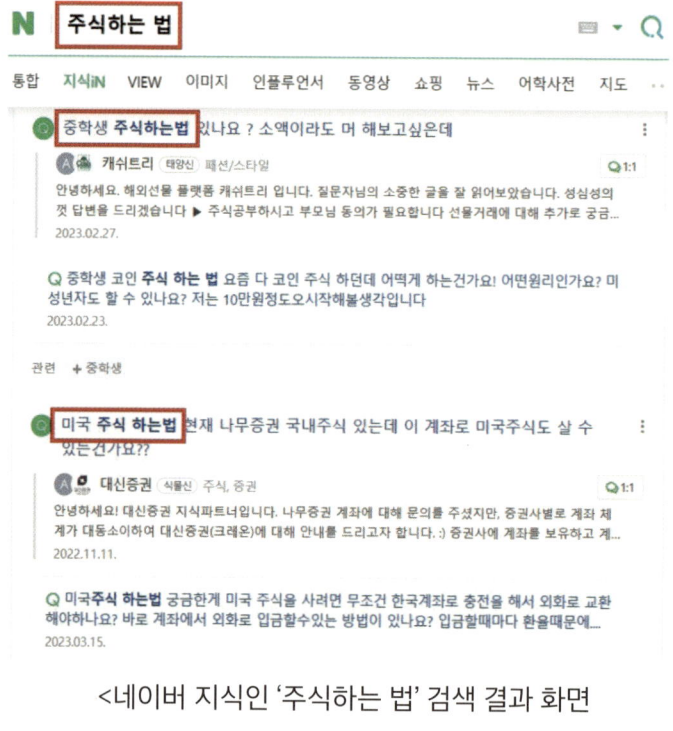

<네이버 지식인 '주식하는 법' 검색 결과 화면

(출처 : 네이버 지식인)>

③ 커뮤니티 질문

네이버 카페 영역에 들어간다. 상단에 키워드를 넣고 검색한다. 카페명이 아닌 전체 글 결과를 확인한다. 카페에 올라온 질문에서 연재 소재를 찾는다.

<네이버 카페에 올라온 주식 질문들
(출처 : 네이버 카페 전체 글 보기 검색 결과)>

그 외에 관련 주제 단톡방에 들어가서 질문을 보거나 주변에 묻는 방법이 있다. 관련된 책의 목차에서도 연재 콘텐츠 소재를 찾는다.

① 검색창에 키워드 검색 : 포스팅 제목에서 쓸 거리 찾기

② 지식인 질문 보기 : 질문에서 소재 찾기

③ 커뮤니티 질문 보기 : 카페명이 아닌 전체 글 영역에 올라온 회원 질문

④ 직접 타깃에게 묻기, 공개 질문 or 단톡방 등 활용 : 실제 타깃이 궁금한 점 확인

⑤ 관련 책 목차에서 소재 찾기 : 책 목차를 통한 소재 파악

<콘텐츠 연재 소재 찾는 5가지 방법>

호주워킹홀리데이 - 환율우대쿠폰 2012년 😊 [25]	Lucy
호주워킹홀리데이 - 항공기 수하물 허용기준 😊 [12]	Lucy
호주워킹홀리데이 - 일자리 사이트 호주편 😊 [5]	Lucy
호주워킹홀리데이 - 호주 통신사별 APN 설정 방법 [18]	Lucy
호주워킹홀리데이 - 호주 쉐어 구할 때 주의할 점 😊 [51]	Lucy
호주워킹홀리데이 - 호주 농장 컨택에 필요한 간단한 영어질문 😊 [17]	Lucy
호주워킹홀리데이 - 각 지역별 대표 한인사이트 😊 [9]	Lucy
호주워킹홀리데이 - 호주에서 한국으로 택배 보내는 방법 😊 [8]	Lucy
호주워킹홀리데이 - 각 지역별 이동 소요시간 😊 [2]	Lucy
호주워킹홀리데이 - 캐러반파크 Caravans 😊 [4]	Lucy
호주워킹홀리데이 - 호주워킹홀리데이 농장 정보 모음 😊 [7]	Lucy
호주워킹홀리데이 - 호주 초기 정착금 😊 [12]	Lucy
호주워킹홀리데이 - 호주워킹홀리데이 호주 병원 위치 확인 방법 😊 [3]	Lucy
호주워킹홀리데이 - 영문 이력서 resume 작성하고 일자리 구하기 😊 [34]	Lucy
호주워킹홀리데이 - 호주워킹홀리데이 무료 영어 클래스 듣기 😊 [20]	Lucy

<호주 워킹홀리데이 시리즈 콘텐츠 예시>

네이버 카페 수익화, 무엇이 중요할까요? 상위노출? 객단가? 유입율? (7)

네이버 카페 운영 팁, 공지글 하단에 추천글 나오게 하는 방법 (15)

네이버 카페 수익화 하려면 어떻게 시작해야 할까요? (4)

네이버 카페 시작할 때 이건 꼭 하고 시작하세요! (14)

네이버 카페 글쓰기 블로그 글 복사해도 되나요? (16)

네이버 카페 꾸미기 스킨설정 구분선 두껍게, 메뉴 아이콘 넣기 (12)

네이버 카페 쪽지차단 방법 알고나면 쉬워요 (4)

네이버 카페 탈퇴방법 모바일 pc 간단히 해결! (6)

네이버 카페 수익, 저는 이 방법으로 사고싶어 안달나게 했어요 (3)

네이버 카페 소모임 온라인 건물주 프로젝트, 73명 곧 시작 (28)

<네이버 카페 운영 시리즈 콘텐츠 예시>

2 시간을 절약해 주는 단 하나의 콘텐츠

콘텐츠를 만들다 보면 종종 같은 질문을 받는다. 어떤 분야든 초보는 있다. 어떻게 시작해야 할지, 무엇부터 해야 할지 궁금하다. 일일이 질문에 답하다 보면 시간이 걸린다.

워홀러들의 반복되는 질문에 답을 모은 콘텐츠를 만들었다. '워킹홀리데이 처음부터 알려주세요'라는 제목이다. 출국 전 절차, 현지 도착 후 할 일, 일 구하는 법, 공부하는 법 등을 모았다. 누군가 "이제 막 워킹홀리데이를 알아보는데요."라고 하면 이 콘텐츠를 전달했다.

이제 막 워킹홀리데이를 알았다면, 이것부터 시작하세요.
워킹홀리데이 처음부터 알려주세요

안녕하세요. Lucy입니다.
호주 워킹홀리데이를 결심하고 처음 뭐부터 알아봐야할지 막막한분들 많으시죠.
그래서 이번에는 한번에 전체 가이드라인을 잡아드리겠습니다

최소한 이 포스팅 한개만 보시더라도, "아, 호주 워킹홀리데이는 이렇게 준비해야하는구나" 라고 알게되실 거에요.

정보수집, 호주 워킹홀리데이가 뭔지, 비자는 어떻게 받는지, 무엇부터 준비해야 되는지 등등.
한번에 설명드리겠습니다.

* 크게는 여권 만들고 -> 비자 신청하고 -> 신체검사받고 -> 승인되면 -> 항공권 끊고 -> 준비물챙기고 -> 출국하면 됩니다 ^^

1. 호주워킹홀리데비 비자란?

- 만 18세 이상 31세 미만의 대한민국 국민이면 누구나 신청 가능합니다. (단, 결핵이나 감염이 있는 경우 결격 사유가 될 수 있습니다.)
- 2012년 현재 1981년생 생일 지나지 않으면 가능합니다.
- 호주에서 여행, 어학연수, 일을 목적으로 받을 수 있는 비자입니다.
- 비자 기간은 1년이며, 호주에서 농장 공장등 3개월 이상 일 할 경우 세컨비자로 1년 더 연장 가능합니다.

-> 호주워킹홀리데이 비자 세부 사항 http://cafe.naver.com/bigbigenglish/12488

<'워킹홀리데이 처음부터 알려주세요' 콘텐츠>

받는 사람의 기분은 어떨까. 질문했는데 링크를 받아 기분이 나쁠까? 아니다. 오히려 고맙다. 잘 정리된 정보가 담긴 링크다. 하나씩 읽다 보면 질문이 해결된다. 그 이상을 얻는다.

워킹홀리데이를 결심했다면 무엇부터 준비해야 할까요?
워킹홀리데이 준비절차

기본적인 호주워킹홀리데이 비자 신청을 마쳤다면 이제부터 본격적으로 준비를 합니다. 우선은 가장 중요한 의식주를 해결하기 위한 방법부터 정리해드리겠습니다.

1. 호주 가서 살집 마련 어떻게 해야 할지?

- 호주 쉐어 구하는 방법? http://cafe.naver.com/bigbigenglish/1369
- 호주 쉐어 구할 때 알아야할 점 http://cafe.naver.com/bigbigenglish/17154
- 쉐어 구할 때 주의사항 http://cafe.naver.com/bigbigenglish/39366

2. 호주에서 일은 어떻게 구하지?

- 호주 워킹홀리데이 일 구하는 방법 http://cafe.naver.com/bigbigenglish/13273
- 호주 농장일 구하는 방법 http://cafe.naver.com/bigbigenglish/1841
- 호주 텍스잡과 캐쉬잡이 무엇인지 알기 http://cafe.naver.com/bigbigenglish/18416
- 2012년 호주 농장 가이드 http://cafe.naver.com/bigbigenglish/47808
- 호주 시티잡 구하는 방법 http://cafe.naver.com/bigbigenglish/1656
- 영문 이력서 샘플보기 http://cafe.naver.com/bigbigenglish/9334

<50개 이상의 콘텐츠가 담겨있는 '워킹홀리데이 처음부터 알려주세요' 시리즈>

1) 답변을 모은 콘텐츠는 왜 만들까?

우선 시간을 아껴준다. 보통 첫 질문은 돈과 연결되지 않는다.

이제 막 해당 주제에 관심이 생긴 사람은 궁금한 게 많다. 질문 레벨이 높지 않다. 찾아보면 얼마든지 정보를 얻을 수 있다. 그럼에도 질문하는 사람이 있다. 처음에는 답을 했다. 비효율적이었다. 이대로 계속하면 안 되겠다 싶어 자주 묻는 질문과 답변을 하나의 콘텐츠로 정리했다.

하나로 정리된 콘텐츠를 본 사람은 전체적인 흐름을 안다. 처음보다 해당 주제에 관한 지식도 쌓인다. 질문의 난이도가 바뀐다. 신뢰감이 쌓인다. 궁금한 것이 한 번에 해결된다.

그다음은 정보만으로 끝나지 않고 수익으로 연결된다. 답변을 모은 콘텐츠가 콘텐츠로만 끝나면 '아, 이렇게 하면 되는구나.' 하고 정보만 얻는다. 하지만 수익과 연결될 상품이나 서비스를 담으면 이야기가 달라진다. 질문 내용을 잘 정리한 글이 나를 대신해 영업한다.

'워킹홀리데이 처음부터 알려주세요' 콘텐츠는 75%가 정보다. 타깃에게 꼭 필요한 정보를 한 번에 모았다. 어디에도 이렇게 상세하게 알려주는 곳이 없을 정도다. 이 콘텐츠로 전체적인 워킹홀리데이에 관해 알게 되고, 막막함이 사라진다. 마지막 25%는 수익과 연결한다. 해외 보험 신청 방법, 영어 레벨 테스트와 신청 방법, 항공권 예약, 심카드 신청 방법이 해당된다.

출국 전 한국에서 무엇을 챙겨야 할지 알려주세요~
워킹홀리데이 준비물

이전에는 호주 워킹홀리데이를 가면, 현지 도착 후 해야할 것들이 많았습니다.
은행계좌 개설하기, 휴대폰 신청하기, 쉐어구하기, 일자리 구하기 등등.. 하지만 요즘에는 왠만한거는 한국에서 미리 준비가 가능합니다.

1. 저렴한 항공권 예약하기
http://cafe.naver.com/MemoList.nhn?search.clubid=20590427&search.menuid=266

2. 안전한 호주워킹홀리데이를 위해 보험 준비하기
http://cafe.naver.com/bigbigenglish/4515

3. 호주 은행 개설 미리하기 - NAB 계좌유지비 없는 은행
http://cafe.naver.com/bigbigenglish/150423

4. 휴대폰 심팩 구입하기 - 스마트폰을 사용한다면 한국에서 미리 심카드 구입해서 가면 편합니다.
http://cafe.naver.com/bigbigenglish/131197

5. 호주 텍스파일 신청하기
http://cafe.naver.com/bigbigenglish/129162

6. 나의 영어 실력은? 무료 영어 레벨테스트 하기
http://cafe.naver.com/bigbigenglish/144216

7. 워킹홀리데이 전 영어 완벽 준비 1:1 화상영어 최저가
http://cafe.naver.com/bigbigenglish/123673

<수익과 연결한 '워킹홀리데이 준비물' 콘텐츠>

50개 이상의 콘텐츠를 고마운 마음으로 읽은 타깃은 수익과 연결되는 링크를 무시하지 않는다. 이미 신뢰감이 쌓였기 때문이다.

"워킹홀리데이니까 가능하지요."라고 누군가는 말한다. 아니다. 어떤 주제든 가능하다. 그게 무엇이든 누군가는 처음이고, 궁금하다. 인테리어 대표님도, 학원 원장님도, 1인 기업도, 자영업자도, 어떤 분야 전문가도 적용할 수 있다.

질문이 반복되거나, 범위가 넓거나, 깊이가 얕거나, 답이 길어

진다면 시간을 절약해 주는 단 하나의 콘텐츠를 만든다. 하단에 수익으로 이어지는 장치까지 있다면 더 좋다.

2) 워킹홀리데이 준비물 콘텐츠로 어떻게 수익을 만들었나

타깃에게 꼭 필요한 정보를 모아서 줬다면, 정보에서 끝나면 안 된다. 하단에는 수익으로 이어질 수 있게 콘텐츠를 연결해야 한다. 어떻게 콘텐츠를 통해 수익을 냈는지, 그 이야기를 해보겠다. 책 전반에 걸쳐 나는 블로그와 카페에 콘텐츠를 쌓은 이야기를 했다. 블로그에 타깃에게 도움이 될 정보가 쌓이니 자연스럽게 내 콘텐츠가 여기저기 노출됐다. 하나둘 보는 사람들이 많아지고, 네이버 메인에도 종종 실렸다. 유입 수가 늘어나 카페로 타깃을 모았다. 블로그와 카페의 차이는 블로그는 일방향 정보 전달이라면, 카페는 운영자와 회원들의 콘텐츠가 같이 쌓인다는 점이다. 게시글과 댓글을 통한 소통도 더해진다. 잘 돌아가는 카페는 시간이 지날수록 더 많은 콘텐츠가 쌓인다. 이렇게 카페가 활발해지면 자연스럽게 업체에서 연락이 온다. 타깃이 한 공간에 모여 있다면 어떤 업체든 그곳에서 상품을 팔고 싶을 거다. 그렇게 제휴업체 문의가 오면 운영자는 업체와 조율해서 회원에게 도움이 될 만한 상품을 판매한다.

나는 콘텐츠를 꾸준히 누적하며 타깃과 신뢰를 쌓았다. 이후 해외 출국에 필요한 것들을 하나하나 상품으로 만들어 수익으로 연결했다. 중요한 것은 직접 판매가 아닌 콘텐츠를 통해 자연스럽게 수익으로 이어지게 하는 것이다.

① 항공권

현재는 온라인 항공 예약 사이트가 많다. 하지만 해외 항공권을 콘텐츠로 판매할 당시는 여행사에서 예약하는 경우가 많았다. 항공권 예약은 비공개 게시판을 사용했다. 예약이 필요한 회원은 게시판에 목적지와 예상 출국일을 기재해 가격 문의를 남긴다. 여행사에 가격 조회 후, 예약하는 방식이다. 수수료는 건당 2만~4만 원 정도였다.

Lucy | 삭제

[항공권 문의]

항공권 문의란은 비공개로 진행됩니다.
예약전 가격 먼저 안내해 드리며 항공료 확인 후 예약 원하시면 카톡으로 말씀해주시면 됩니다.

카톡 lucysky

가격 문의시 아래 정보를 비공개 [스탭만 보기]로 남겨주세요.
한글이름 / 영문이름 / 연락처 / 이메일주소 / 목적지 / 출국일 / 요청사항 / 왕복인지 편도인지

목적지와 예상 출국일은 꼭 적어주셔야 항공료 조회됩니다

한국 출발만 가능하며 해외 출발은 해외 여행사 또는 온라인이 더 저렴하니 참고하세요

<워킹홀리데이 카페 항공권 예약 화면>

② 해외 보험

콘텐츠로 해외 보험을 판매할 때, 가장 중요하게 생각한 부분

은 일일이 대응하지 않아도 팔리게 만드는 시스템이었다. 일반적으로 보험을 신청할 때는 설명이 필요하다. 상품이 다양하면 설명할 부분이 많아진다. 상품을 선택할 때도 헷갈린다. 상품은 좋은 것을 선별해 최소화하고, 신청자가 각자 신청할 수 있도록 시스템을 만들었다. 아래는 보험 신청 시 직접 조회할 수 있는 보험료 표다. 생년월일만 넣으면 조회된다. 보험료 예시를 통해 이해하기 쉽게 콘텐츠를 만들었다.

* 보험료 확인하기

1) 이곳을 눌러주세요.

2) 아래와 같이 왼쪽 상단의 플랜중에 [유학생/교환/조기 보험 원화플랜] 을 선택해주세요.

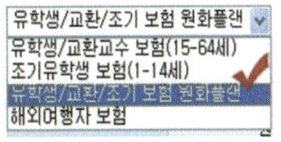

3) 아래와 같이 생년월일을 입력 후 계산 버튼을 눌러주세요.

4) 정산된 보험료를 확인하시면 됩니다.

| 보험료 표로 보기

아래는 보험의 1981년생과 1989년생의 보험료 표입니다. 아래 보시는데로 연령대별고 보험료 다르니 반드시 이곳을 눌러서 확인하셔야 합니다.

1) 1981년 남학생 기준으로 1년 보험료는 193,200원입니다.

<신청 절차를 자동화, 간편화한 해외 보험 신청 콘텐츠>

신청자 입장에서 가장 궁금한 것은 보상이다. "그래서 얼마나 보상되는데? 어떤 게 보상되는데?"다. 궁금한 것에 대해서는 실제 사례로 보여준다.

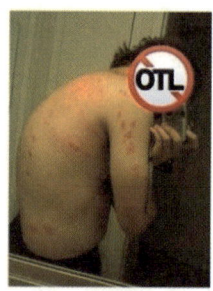 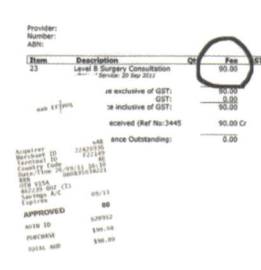

<실제 보상 사례를 담은 해외 보험 콘텐츠>

콘텐츠를 통해 필요한 정보를 얻어 신뢰감을 높이고, 가입 절차를 최소화해 누구라도 쉽게 가입하게 했다. 카페에 가입 현황을 공유해 가입 분위기를 만들었다. 가장 중요한 건 이 모든 게 콘텐츠를 통해서만 진행됐다는 점이다.

'처음부터 시작하기' 콘텐츠 보기 → 보험 콘텐츠 보기 → 쉬운 설명, 쉬운 가격 조회, 간편한 가입 절차, 사례를 통해 가치 전달 → 가입자 현황 공유로 분위기 형성 → 보험 가입

<고객이 콘텐츠를 통해 보험에 가입하는 과정>

③ 그 외 준비물 - 심카드 · 해외 계좌 · 화상영어

정보를 모은 콘텐츠 하단에 항공권이나 보험 외에도 다양한 상품을 넣었다. 심카드와 해외 계좌, 화상영어도 있었다. 세 상품의 공통점 역시 제휴업체에서 먼저 판매 문의를 했다는 점이다. 콘텐츠가 쌓이면 자연스러운 일이다. 타깃은 도움 되는 콘텐츠를 통해 모인다. 타깃이 모인 곳에는 팔 상품이 있는 사람도 모이게 돼 있다. 운영자는 좋은 상품을 선별해 회원들에게 판매한다.

심카드는 제휴업체에서 매달 진행하는 프로모션이 있었다. 현지 요금제를 사용할 수 있고, 요금제에 따른 혜택이 있다. 한국에서 미리 개통하고 나갈 수 있다는 장점이 있어 출국 전 신청자가 많았다. 심카드 하나 개통할 때마다 요금제에 따라 1만~2만 원 정도의 수수료를 받았다.

3. 호주　　　선불 요금제 신청 방법

- 호주　　　선불 요금제 비공개　　심카드)에 남겨주세요.
1. 이름
2. 연락처
3. 주민등록번호
4. 주소
5. 이메일주소
6. 출국일 / 출국국가
7. 요청사항

<정보 제시 후 하단에 연결한 심카드 판매 콘텐츠>

　해외 계좌 만들기도 심카드와 마찬가지로 현지에 도착하면 반드시 해야 할 일 중에 하나다. 출국 전 한국에서 미리 준비하면 학생들은 편하다. 타깃들이 카페에 모여 있다 보니 업체에서 먼저 제휴 문의가 왔다. 학생들은 무료로 신청하고, 나는 신청 수에 따라 수수료를 받았다. 인당 1만 5,000원 정도였다.

호주은행 한국에서 신청하고 싶은데 어떤 은행을 해야 할까요?   nab 호주은행 쉽고 간편히 신청하는 방법 알려주세요~

Nab 한국에서 신청해야 하는 이유! 호주 Nab 계좌 신청방법

첫째, 한국에서 nab를 미리 신청하고 가면 좋은 점!

* 호주 Nab 은행 신청방법 -> 이곳을 눌러주세요.

바로 도착 후 카드 수령이 가능하다는 점입니다. 호주에서 은행을 신청하게 되면 카드 수령시 약 1-2주정도 소요가
되는데, 만약 도착 후 지역이동을 하거나 쉐어를 구하기 위해 백팩에서 머무는 동안 신청을 해야 한다면 추후 카드
수령시 분실의 위험이 있습니다.

하지만 한국에서 미리 신청하고 간다면 도착 후 바로 해당 지점에 가서 간단히 카드만 수령하고 오심 됩니다 ^^

<해외 은행 계좌 신청 콘텐츠>

화상영어도 제휴업체에서 먼저 문의를 해왔다. 문의한 업체 중 가격과 만족도가 높은 곳을 선별해 카페에서 영어 수업을 판매했다. 처음에는 무료 테스트를 통해 학생들에게 기회를 제공했다.

호주 워킹홀리데이 전 자신의 영어 실력이 궁금하다면?
빅빅잉 무료 레벨테스트 받으세요!

호주 워킹홀리데이 가기전에 영어 공부 어떻게 해야 좋을까요?
Skype 화상영어 출국 전 영어 준비

-> 화상영어 신청 전 무료 영어 레벨테스트는 http://cafe.naver.com/bigbigenglish/144216

글을 확인해주세요 ^_^

* 화상영어 신청 안하셔도 영어 레벨테스트는 무료로 진행됩니다~!

* Skype 화상영어 최저가 워킹홀리데이 전 영어 준비하세요!

안녕하세요 Lucy입니다.
오늘은 빅빅잉 가족분들께 호주 워킹홀리데이 전 영어 준비에 도움이 될 수 있도록 Skype 화상 영어를 소개해드리려 합니다.

호주 워킹홀리데이 가기전에 영어 공부 어떻게 해야할지 많이 고민되셨죠?

영어 회화 학원을 다니기에는 비용도 부담스럽고 시간내기도 쉽지 않은 분들께 빅빅잉에서 준비한 스카이프 화상 영어를 추천합니다.

<무료로 진행된 화상영어 레벨 테스트>

 이렇게 정보가 모인 콘텐츠를 하나 만들면 그 안에 다양한 수익화 콘텐츠를 담을 수 있다. 이미 콘텐츠를 통해 신뢰가 쌓인 타깃은 준비물로 추천된 상품들을 신청할 확률이 높다. 나는 콘텐츠를 통해 통화나 상담 없이 쉽게 팔 수 있었다.

3 기대감 높이는 콘텐츠 만드는 법

콘텐츠마다 각기 다른 목적이 있다. 어떤 것은 사람을 모으기 위한 콘텐츠고, 어떤 것은 정보를 주기 위한 콘텐츠다. 브랜딩을 위한 콘텐츠도 있고, 판매를 위한 콘텐츠도 있다. 목적은 다양하다. 그중에서 기대감을 주는 콘텐츠를 이야기해 보겠다.

콘텐츠로 어떻게 기대감을 줄 수 있을까? "지금은 이 정도지만, 이 콘텐츠를 통해 이렇게 될 거야."를 보여준다. 그러면 기대감이 생긴다. 시작과 끝을 보여줌으로써 과정을 예상하고 마지막을 상상한다. 사람들은 시작할 때 두려움이 있다. 하지만 끝을 알고 시작하면 도전할 용기를 얻는다. 콘텐츠 신뢰감도 상승한다. 결과를 예상할 수 있기 때문이다. 콘텐츠에 어떻게 적용할 수 있을까?

워킹홀리데이 콘텐츠로 예를 들어보자. 정보를 찾는 사람들은 다양한 고민과 문제점을 안고 있다. 비용에 대한 부담, 영어에 대한 부담, 현재 상황에 대한 고민, 귀국 후 취업 등 미래에 대한 불안감 등이다.

이럴 때 시작부터 끝까지 문제 해결 과정을 보여준다. 단계별로 시작과 끝을 보여줘도 좋다. 출국 전 준비 절차를 한눈에 들어오도록 한 예시다.

> 비자 조건 확인 → 비자 신청, 승인(승인까지 약 1달 소요) → 항공권, 현지 숙소 등 준비 → 보험 신청 → 출국(여유 있게 2~3달 정도)

항목별 소요 시간이나 진행 방법, 신청 사이트 등 세부 내용을 담는다. 중요한 것은 한눈에 보이게 하는 것이다. 시작과 끝이 보이는 게 중요하다. 전체를 보면 '아, 기간이 얼마나 걸리겠구나. 비용은 얼마나 되겠구나.'가 한눈에 보인다. 전체적인 과정에 수익과 연결되는 모델이 있으면 넣는다. 단, 불필요한 것은 포함하지 않는다.

다음은 '영어학원 등록' 콘텐츠다. 같은 방법으로 시작과 끝, 기대감을 담는다.

> 지역 정하기 → 원하는 코스 선택 → 학원별 추천 이유 → 학원 선택 → 레벨 테스트 → 수강 → 3개월 후 기대 실력(회화 가능 등)

이런 방법으로 타깃이 거칠 여정의 시작과 끝을 기대감과 함께 보여준다. 예상되는 결과를 상상할 수 있다면 가치판단이 쉬워진다.

다음은 인테리어 콘텐츠 중 일부다. 인테리어를 맡기려는 사람은 인테리어 순서를 잘 알지 못한다. 순서나 비용을 공개하는 업체도 있지만, 대부분은 그렇지 않다. 콘텐츠로 공사 순서를 한눈에 볼 수 있게 정리한다. 의뢰하는 사람도 신뢰감이 든다. 현재 어느 정도까지 진행됐는지를 수시로 확인할 수 있다.

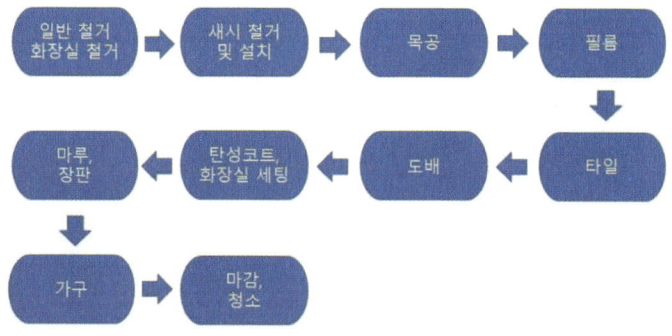

<인테리어 시작과 끝을 예상할 수 있는 콘텐츠 순서도
(출처 : 디자인봄애 블로그)>

다음은 호주 비자 콘텐츠다. 전체가 보이도록 순서도를 만들었다. 전체를 보여주는 콘텐츠는 진행 상황을 알 수 있어 신뢰감이 생긴다.

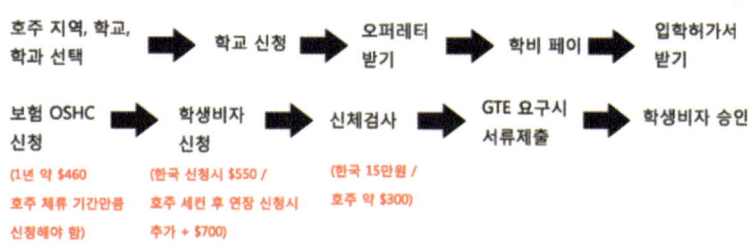

<시작과 끝을 알 수 있는 '호주 장기 학생비자 절차'
콘텐츠 순서도>

각자에 맞는 주제로 전체를 담은 콘텐츠를 만들어보자. 시작과 끝을 예상하고 기대감을 높이는 콘텐츠가 될 것이다.

4 전문성과 신뢰감을 동시에 보여주는 셀프 리뷰 콘텐츠

강의나 컨설팅 등 지식 콘텐츠를 파는 사람 중에는 자신의 활동을 콘텐츠로 만드는 사람이 있고, 그렇지 않는 사람이 있다. 나는 강의나 프로젝트, 1:1 컨설팅을 마친 후 종종 셀프 리뷰 콘텐츠를 만든다. 강의 후 수강생이 후기를 남기면 좋지만, 그렇지 않을 때도 있다. 이때는 직접 셀프 리뷰 콘텐츠를 만들어 자신의 활동을 공유한다.

셀프 리뷰 콘텐츠를 만들라고 하면 쑥스러워 하는 사람이 있다. "굳이 이런 것까지 만들어야 되나요?"라고 묻는다. 그저 "강의했어요.", "컨설팅했어요."를 알리라는 의미가 아니다. 그 속에서 나눈 정보나 인사이트를 사람들과 공유한다. 사람은 누군가를 가르칠 때 가장 많이 배우고 성장한다고 한다. 나 역시 강의나 컨설팅을 하다 보면 배우는 점이 많다. 준비하는 과정에서 새로운 케이스를 만나면 공부하기도 하고, 어떻게 하면 좀 더 쉽게 알려줄 수 있을까를 고민하기도 한다. 좀 더 수강생에게 도움 되는 방법이 무엇일까를 찾으며 배우기도 한다. 이런 과정이 셀프 리뷰에 담기면 콘텐츠를 보는 사람은 신뢰감을 느낀다. 다른 사람의 문제를 해결하기 위해 어떤 준비를 하는지가 보이기 때문이다.

셀프 리뷰 콘텐츠가 쌓이면 자신의 성장 과정이 되기도 한다. 어떻게 준비했고, 어떻게 문제를 해결했으며, 어떤 피드백을 받았는지를 보여줌으로써 일에 대한 자세나 태도도 공유할 수 있다. 더불어 사람들의 피드백까지 담긴다면, 전문성도 보여줄 수 있다. 셀프 리뷰 콘텐츠를 어떻게 만들어야 하는지 단계별로 이야기해 보자.

1단계	케이스 설명	강의, 컨설팅, 프로젝트 진행 의도, 상황 설명 등
2단계	준비과정	어떤 준비를 했는지
3단계	진행사항	문제, 솔루션, 진행 내용 등
4단계	반응	수강생 후기

<셀프 리뷰 콘텐츠 단계별 제작법>

1) 1단계 : 케이스 설명

셀프 리뷰 콘텐츠를 만들 때 먼저 할 일은 상황에 대한 설명이다. 강의나 컨설팅 등 어떤 것을 했는지, 언제 했는지, 누구를 만났는지, 얼마나 많은 사람이 참여했는지, 어떤 상황이었는지 등을 콘텐츠를 보는 사람이 파악할 수 있도록 한다.

두 가지 예시를 준비했다. 첫째는 1:1 컨설팅 리뷰 콘텐츠다. 세무회계법인과 전산실 8년 차 개발자 컨설팅 케이스 설명 부분이다. 어떤 고민이 있는지, 왜 컨설팅을 신청하게 됐는지 등을 다뤘다. 이를 통해 뒷부분에 나올 해결 방안에 대한 기대감을 심어준다.

<세무회계법인(왼쪽)과 8년 차 개발자 1:1 컨설팅 케이스 설명>

다음은 저자 특강 후 만든 셀프 리뷰 콘텐츠다. 마케팅 전문가 우주보스 님 단톡방에서 진행된 특강은 신청자만 250명이 넘었다. Q&A로 진행된 특강은 예정된 시간보다 1시간이나 더 길어졌다. 당시 분위기와 상황 설명을 통해 강의 후 행동하기를 바라는 의도를 밝혔다.

<우주보스 님 단톡방에서 진행된 네이버 카페 저자 특강 셀프 후기>

2) 2단계 : 준비과정 공유

나는 평소 어떤 일을 하든 사진을 찍어두는 편이다. 익숙하지 않다면 하나하나 사진을 남기기가 쉽지 않다. 의도적으로 자신이 하는 일에 사진을 찍어두는 습관을 갖자. 그러면 준비할 때도 습관처럼 사진을 찍게 된다.

다음은 1:1 컨설팅을 준비할 때 경쟁사 사이트를 정리한 내용이다. 셀프 리뷰 콘텐츠를 만들며 1:1 컨설팅을 한 화면을 캡쳐했다. 컨설팅을 하고 있는 모습뿐만 아니라 의도적으로 "이렇게 경쟁사를 분석하고, 벤치마킹할 리스트를 공유했어요."를 보여줬다.

  다음은 강연 준비하는 과정을 담은 셀프 리뷰 콘텐츠다. 내용은 콘텐츠에서 잘 보이지 않지만, 가득 채운 A4용지만 봐도 얼마나 정성스럽게 강연을 준비했는지는 짐작할 수 있다. 이런 모습은 컨설팅이나 강연을 참여한 사람뿐 아니라 잠재 고객에게도 기대감을 심어준다.

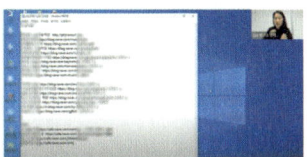

<1:1 컨설팅 경쟁사 분석 리스트(왼쪽)와
강연을 준비하는 과정을 담은 콘텐츠>

3) 3단계 : 진행사항 (문제, 솔루션, 진행 내용)

이번 단계는 실질적인 문제와 솔루션을 공유한다. 강의나 컨설팅에서 다룬 모든 내용을 담을 수는 없지만, 콘텐츠를 보는 사람 눈높이에 맞춰 도움이 될 만한 내용을 전한다. 예를 들어, 나는 강의나 프로젝트를 진행할 때 단톡방을 개설한다. 단톡방 내용은 참여자가 아니면 알 수 없다. 이때 잠재 고객에게도 도움 될만한 정보는 따로 캡처해서 셀프 리뷰 콘텐츠에 담는다. 단톡방에서 나오는 질문 대부분은 콘텐츠를 보는 사람도 궁금한 질문인 경우가 많다. 또, 참여자만 알 수 있는 단톡방의 대화를 공유해 참여하고 싶게 만드는 효과도 있다.

7. 키워드 관련 글, 피드백 & 질문

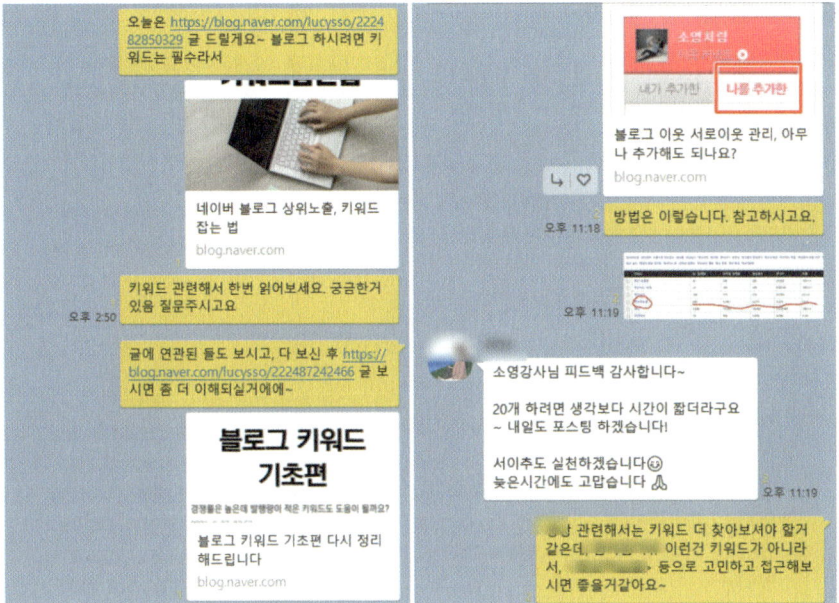

<'수익형 블로그 어떻게 만들까 프로젝트' 셀프 리뷰 콘텐츠 중
단톡방 대화 공유 내용>

케이스에 따라 문제가 명확한 경우도 있다. 이런 경우는 답변도 명확하다. 다음은 세무회계 대표님과 컨설팅 후 만든 셀프 리뷰 콘텐츠다. 기존에 다른 곳에서도 컨설팅을 받았고, 이미 블로그나 콘텐츠에 대한 이해도도 높았다. 질문이 명확했기에 원하는 답변도 정확히 줄 수 있었다. 답변을 주는데 그치지 않고, 컨설팅한 내용을 이렇게 한번 더 정리해서 콘텐츠로 만들었다. 문제와 솔루션까지 한 번에 담은 콘텐츠다.

강남 세무회계 3가지 핵심 질문

대표님과 컨설팅에서 다룬 3가지 핵심 질문입니다. 블로그의 기술적인 사용방법을 알려드렸네요. 어떤 컨텐츠를 담아 고객들의 마음을 사로 잡을 수 있을지도 다루었답니다. 뿐만 아니라 하나의 콘텐츠를 다양하게 활용하는 방법에 대해서도 이야기 나누었어요. 더불어 경쟁이 심한 분야에서 어떻게 하면 다른 업체와 경쟁하지 않고, 자신만의 이미지를 구축하며 브랜딩 할 수 있을까에 대해서도 알려드렸고요.

- 기술적인 문제, 블로그를 어떻게 하면 더 잘 키울 수 있을까요?
- 컨텐츠 방향 & 사용, 어떻게 하면 블로그를 통해 더 많은 고객을 끌어당길 수 있을까요?
- 브랜딩, 어떻게 하면 다른 업체와 차별화 시킬 수 있을까요?

1. 블로그 중복 이미지 어떻게 피할 수 있을까?

블로그를 할 때 특히 주의해야 할 것이 있어요. 바로 이미지죠. 이 이미지를 어떻게 사용하느냐에 따라서 블로그의 품질이 결정될 수 있답니다. 블로그 운영에서 가장 좋은 방법은 직접 찍은 사진을 쓰는거에요. 핸드폰이나 카메라로 찍은 사진 말이죠. 하지만 매번 새로운 사진을 쓰기는 쉽지 않답니다. 특히 블로그를 사업 홍보용으로 사용 할 때는 더 쉽지 않죠.

예를들어 치과나 성형외과 등의 병원 블로그를 보신적이 있으신가요? 매번 원장님의 사진이나 명함 등이 반복되는 것을 보신적이 있을겁니다. 홍보 문구가 담긴 이미지 역시 거의 모든 포스팅에 들어가는 것을 볼 수 있고요. 이 점에 대해서도 질문을 주셨답니다. "블로그는 중복 이미지를 사용하면 안된다고 알고 있는데, 어떻게 상위 노출된 블로그는 전부 중복 이미지를 사용하고 있을까요? 어떻게 저품질에 걸리지 않고, 유지가 되고 있을까요?"라고 말이죠.

<1:1 컨설팅 핵심 질문에 대한 답변을 담은 셀프 리뷰 콘텐츠>

4) 4단계 : 반응 (수강생 후기)

<'돈 되는 브랜딩 블로그 어떻게 만들까? 강의 후기, 프로젝트 현황' 셀프 리뷰 콘텐츠 중 피드백 부분>

마지막은 강의나 컨설팅 후 수강생의 피드백이다. 제3자의 의견은 늘 중요하다. 셀프 리뷰 콘텐츠에 상황 설명, 준비과정, 문제와 솔루션까지 3단계만 있다면 정보나 활동 내용은 공유할 수 있다. 하지만 잠재 고객을 다음 강의나 컨설팅 등 수익으로 연결시키기 원한다면 신뢰감은 필수다. 이는 제3자의 입을 통해 전할 때 가장 큰 효과를 발휘한다.

5) 한눈에 보는 1~4단계 적용 사례

다음은 2022년 크리스마스 이브에 진행한 브랜딩 블로그 강의 셀프 리뷰 콘텐츠다. 강의 후 4단계를 적용해 셀프 리뷰 콘텐츠를 만들었다. 전체적인 흐름을 살펴보자.

① 케이스 설명 : 강의명, 새벽 5시 강의를 한 이유 등 전체적인 상황 설명.

② 준비과정 : 더 쉽고, 더 명확하게, 더 실행하기 위해 브레인스토밍한 과정을 보여줌.

③ 진행사항 : 새벽 5시에 98% 수강생 참여. 어떤 내용으로 강의를 진행했는지 담음.

④ 반응 : 많은 후기 중 10개를 추려 핵심 후기를 공유함.

<셀프 리뷰 콘텐츠 1~4단계 적용 방법>

새벽 5시 강의 + 브랜딩 블로그 30일 프로젝트 :: 준비과정, 후기, 시작

 소영처럼
2022. 12. 27. 8:20

브랜딩 블로그 강의 x 30일 프로젝트 준비 과정

a4 4장에 담은 강의 기획 : 더 쉽게, 더 명확하게, 더 실행하게 만들기 위한 강의와 프로젝트 브레인 스토밍

12월 24일 크리스마스 이브, 새벽 5시 : 브랜딩 블로그 강의

66명이 참여한 브랜딩 블로그 강의를 진행했습니다. 신청자는 2배 이상 이었지만, 제한된 수로 시작했어요.

모집 일정도 타이트하고, 강의 날짜와 시간도 일반적이지 않았죠.
누가 크리스마스 이브, 새벽 5시에 강의를 할까요? 왜?

강의 전 날은 온전히 강의안 준비한거 같아요. a4로 4장 정도 브레인스토밍을 했어요. 사실 블로그 강의가 어려운건 없어요. 다만 듣는 분들에 따라서 내용과 전달 방식은 달라야 한다고 생각하거든요.

새벽 5시 강의에는 제 강의를 처음 듣는 분도 오시지만, 불과 며칠 전 오프라인 유료 강의에 참여하신 분들도 오셨어요. 유료 강의와 그룹 컨설팅까지 들었더라도 30일 프로젝트에 참여하기 위해 조인하셨죠. 같은 내용으로 진행했다면 굳이 참석하시라고 하지 않았을거에요. 콘텐츠를 만드는 방법은 강의하는 사람이 같으니 내용이 비슷할 수 있지만, 어떻게 설명하느냐에 따라 듣는 분은 다르게

새벽 5시, 강의에 참여한 후기

<실제 콘텐츠에 적용된 1단계, 2단계 셀프 리뷰 콘텐츠 만든 방법>

결국 블로그를 운영하는 것도, 콘텐츠를 만드는 것도 중요하지만 수익으로 이어지게 만드는 것 역시 중요하죠. 브랜딩 블로그 강의에서는 브랜딩 블로그 만들기 노하우를 5가지로 풀었어요.

1. 브랜딩 블로그 운영방법
2. 돈 되는 콘텐츠 만드는 법
3. 블로그 저품질 피하는 법
4. 상위 노출을 위한 키워드 찾는 법
5. 브랜딩 블로그로 수익 내는 법

노하우 5가지를 다 듣고 나니 이렇게 말씀하시더라고요.
이미 수 많은 사례가 있고, 강의에서도 그 사례를 보여드렸기 때문에 의심할 여지가 없죠.

<실제 콘텐츠에 적용된 3단계, 4단계 셀프 리뷰 콘텐츠 만든 방법>

이처럼 강의나 컨설팅 등의 활동 후 셀프 리뷰 콘텐츠로 자신의 이야기를 해보자. 수강생의 후기가 아무리 많더라도 진행자 입장에서 만들어진 셀프 리뷰 콘텐츠는 다른 의미를 지닌다. 잠재 고객에게 하나의 강의나 컨설팅을 진행할 때 전체 과정을 보여줄 수 있기에 진정성과 신뢰감, 전문성을 동시에 보여줄 수 있다.

• 돈 되는 콘텐츠 원칙 <3> 관계성

1 단 한 사람을 위한 감동 콘텐츠

　콘텐츠를 많이 쌓는다고 브랜딩이 될까? 브랜딩으로 이어지는 콘텐츠는 어떤 콘텐츠일까? 얼마 전 콘텐츠 마케팅 사례를 찾다가 인텔리젠시아 커피 블로그를 보게 됐다. 인텔리젠시아 커피는 시카고에서 작은 가게로 시작한 커피 브랜드다.

　미국의 커피 시장은 제3의 물결로 설명할 수 있다. 제1의 물결은 20세기 초반에 인스턴트커피가 등장하면서 시작됐다. 맥스웰하우스, 폴저스, 네슬레 등 대기업이 앞다투어 인스턴트커피를 대량 생산하기 시작했다. 소비자들은 더 이상 원두를 갈고 내려야 하는 수고가 없어졌다.

　제2의 물결은 1960년대부터 1990년대까지 30년에 걸쳐 일어났다. 이 시기는 스타벅스를 빼고 말할 수 없다. 이때부터 카페라는 공간에서 바로 만들어주는 커피를 소비하기 시작했다. 이후 스타벅스에 영감을 받은 다양한 커피 브랜드와 프랜차이즈가 등장했다.

　제3의 물결은 스페셜티 커피가 핵심이다. 직접 산지를 방문해 개성에 맞는 커피를 찾고, 다양한 도구와 방법으로 추출하는 스페셜티 커피 시장이 형성됐다. 이런 분위기 속에서 인텔리젠시아 커피가 탄생했고, 현재는 미국 전역에서 매장을 운영하고 있으며, 도매와 온라인 쇼핑몰까지 사업을 확대하고 있다.

작은 가게였던 인텔리젠시아가 성공한 비결이 있다. 바로 '콘텐츠'다. 인텔리젠시아는 블로그를 통해 커피에 대한 모든 정보와 노하우를 제공한다. 맛있는 커피 만드는 노하우, 에스프레소 머신 사용법, 완벽한 온도로 스팀 우유 만드는 방법 등이다. 커피에 관한 모든 노하우를 콘텐츠로 제공해 고객의 신뢰를 얻었고 지금의 인텔리젠시아가 됐다.

콘텐츠로 노하우를 제공하는 건 인텔리젠시아만의 비법은 아니다. 누구나 블로그를 운영할 수 있고, 콘텐츠를 만들 수 있다. 하지만 인텔리젠시아만 콘텐츠 마케팅의 모범이 됐다. 어떤 차이가 있을까? 대부분 콘텐츠를 만들 때, 정보보다 상품에 집중한다. 예를 들어, "우리가 판매하는 상품은 이런 거야.", "우리 상품은 이런 게 좋아.", "우리 상품은 이런 차별화가 있어." 등에 집중해 콘텐츠를 만든다.

고객이 듣고 싶은 이야기는 무엇일까? 필요한 정보와 노하우다. 상품 이야기가 아니다. 당연하다. 대부분 놓치고 있다. 인텔리젠시아처럼 커피를 팔고 싶다면 어떤 콘텐츠를 쌓아야 할까? 커피에 대한 상품 정보가 아니다. 고객에게 도움 되는 정보를 쌓는 것이다.

해마다 시골 고모가 곶감을 보내주신다. 직접 농사지으신 곶감이다. 그중에서도 최고 상품을 보내주신다. 한번 맛본 사람은 어디서 이런 곶감을 살 수 있냐며 묻는다.

상품은 좋지만 시골에서는 직접 키운 곶감을 파는 게 쉽지 않다. 고모가 곶감을 키우며 콘텐츠를 쌓을 수 있다면 어떨까? 직접 하기 어렵다면 누군가 특산물을 판매하는 분들을 위한 콘텐츠를 대신 만들 수는 없을까? 가능하다면 어떤 콘텐츠를 올려야 할까? 곶감이 자라는 과정부터 재배, 말릴 때 어떻게 작업하는지, 곶감을 활용한 다양한 레시피, 곶감이 건강에 얼마나 좋은지, 추석 선물로 좋은 곶감 고르는 방법 등을 콘텐츠로 다룰 수 있다.

특산물이 아닌 상품도 좋다. 뜨개질용 털실을 판다면 뜨개질 패턴과 뜨개질 방법을 알려준다. 직접 옷을 만든다면 옷 만드는 도안이나 방법을 공유한다. 음식 재료를 판다면 레시피와 만드는 방법, 그릇, 인테리어 소품까지도 다룬다. 가구를 판다면 공간 활용 방법, 배치도 등을 콘텐츠로 만든다. 이런 방법으로 정보와 노하우를 담은 콘텐츠가 쌓이면 사람들은 팬이 된다. 콘텐츠를 통해 사람들과 소통하고 관계가 형성된다. 콘텐츠 정보가 쌓이고, 깊이가 깊어질수록 사람들은 감동한다. 여기서 콘텐츠로 좀 더 감동을 주는 방법이 있다. 단 한 사람만을 위한 콘텐츠를 만들면 된다. 어떻게 감동 콘텐츠를 만들까?

1) 질문에서 시작하는 콘텐츠

감동 콘텐츠는 고객 질문에서 나온다. 질문은 어디에 있을까? 질문을 직접 받으면 가장 좋다. 그럴 수 없다면 이미 올려진 질문을 모아 콘텐츠를 만든다. 이미 올려진 질문에 대한 콘텐츠는 당장에 한 사람에게 감동을 주는 콘텐츠는 아니다. 하지만 질문에 대한 답변 콘텐츠가 쌓이면 같은 문제를 가진 사람들이 모이게 된다. 그리고 각자의 질문을 받게 된다.

질문은 지식인이나 커뮤니티만 봐도 어렵지 않게 나온다. 아래는 커피에 대한 질문이다. 네이버 지식인에 '커피 맛있게'와 '커피'로 검색했다. '집에서 커피 맛있게 먹는 법', '가루 커피, 믹스 커피 맛있게 먹는 법', '커피 맛있게 내리는 법', '커피 매일 마셔도 괜찮은지', '커피 머신 사용법', '집에서 원두커피 내려 마시는 법' 등의 질문을 확인할 수 있다.

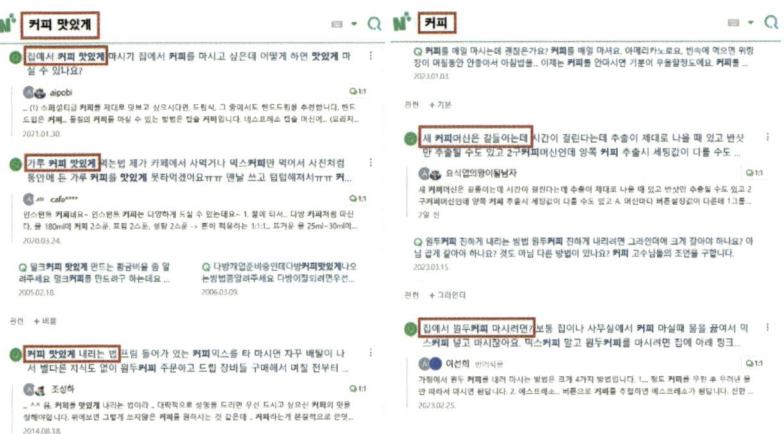

<네이버 지식인 커피 관련 검색 화면(출처 : 네이버 지식인)>

다음은 네이버 카페 영역에서 '커피 맛있게'로 검색한 결과다. 카페명이 아닌 '전체 글 보기'에 올라온 게시글이다. 질문 위주의 게시글을 보면 어떤 콘텐츠를 만들지가 보인다. 질문에 대한 답

을 콘텐츠로 만들면 된다.

커피가 아니어도 좋다. 자신만의 주제로 질문을 검색해 보자. 질문 하나하나에 대한 답을 콘텐츠로 만들면 사람들이 필요한 콘텐츠를 만들 수 있다.

<커뮤니티에 올라온 커피 관련 질문

(출처 : 네이버 카페 검색 영역 전체 글 결과)>

2) 한 사람을 위한 콘텐츠

요즘 많은 플랫폼이 고객 맞춤형 콘텐츠를 제공한다. 앱·리테일 분석 서비스 와이즈랩·리테일·굿즈가 '2022년 한국인이 가장 많이 사용하는 앱'을 조사했다. 유튜브는 4,498만 명이 사용한다고 밝혔다. 같은 업체에서 2023년 1월 넷플릭스 총 사용자 수를 조사하니 1,279만 명이었다.

두 채널 모두 개인 맞춤형 콘텐츠를 제공한다. 클릭한 영상과 시청 시간에 따라 관련 영상을 보여준다. 이 기능 덕분에 시청 시간이 늘어난다.

이 방법을 그대로 콘텐츠에도 적용해 보자. 유튜브나 넷플릭스처럼 수많은 콘텐츠를 만들어 개별 맞춤을 하라는 건 아니다. 다만 내 콘텐츠를 소비하는 사람이 '나만을 위한 콘텐츠'라는 느낌이 든다면 어떨까? 더 많은 시간을 들여 콘텐츠를 소비하고, 찾아올 거다.

어릴 적 연애편지를 쓴 적이 있는가? 연애편지는 재미있고 마음에 와닿는다. 한 사람만을 위한 글이기 때문이다. 콘텐츠도 마찬가지다. 대중적인 콘텐츠가 아닌 한 사람을 위한 콘텐츠를 만들면 한 사람뿐 아니라 대중의 마음도 잡을 수 있게 된다. 어떻게 하면 마치 한 사람을 위한 것처럼 콘텐츠를 만들 수 있을까?

나는 평소 커뮤니티나 블로그, 단체 카톡 질문을 활용해 콘텐츠를 만든다. 질문한 사람은 감동한다. 자신의 질문이 콘텐츠로 나올 때 정성이 느껴진다. 도와주려는 마음도 전달된다. 그 콘텐츠는 단 한 사람만을 위한 것일까? 그렇지 않다. 질문한 사람에게는 자신만을 위한 콘텐츠지만 다수에게는 도움 되는 실질적인 정보와 노하우가 된다.

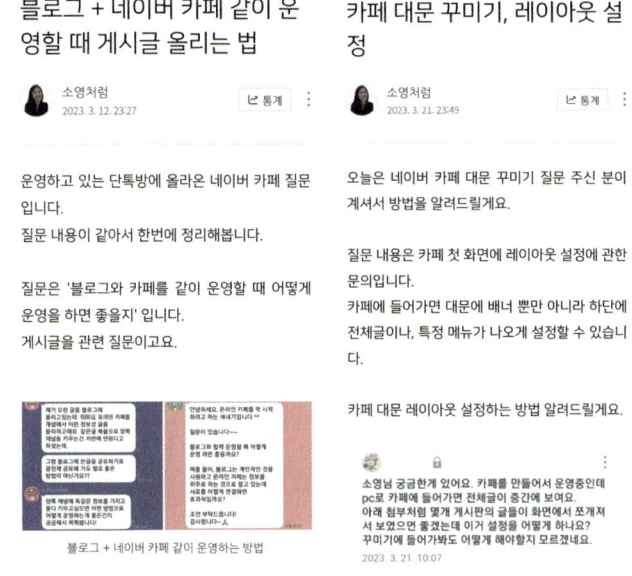

<단톡방, 블로그 댓글, 카페 게시글 등의 질문을 답변으로 만든 콘텐츠>

질문뿐만 아니라 개인을 위한 콘텐츠도 만든다. 어느 날 블로그 이웃이 올린 콘텐츠를 봤다. 익숙한 사진이 보였다. 내용이 궁금해 읽어보니 내 이야기를 다룬 콘텐츠였다. 이웃 콘텐츠를 보고 관련 콘텐츠를 만들었다. 노력에 관한 이야기다. 이웃이 올린 콘텐츠를 시작으로 다른 사람에게도 도움 되는 콘텐츠를 만들었

다. 블로그 이웃과 나, 읽는 사람이 연결되는 콘텐츠다.

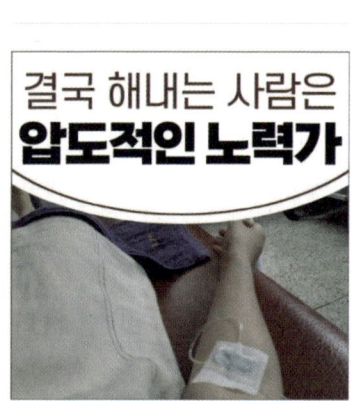
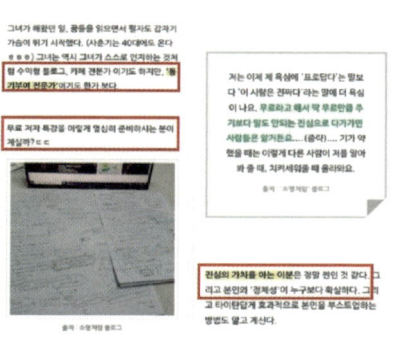

<이웃 블로그에 올려진 '내 이야기'를 토대로 만든 노력에 대한 콘텐츠>

2 자연스럽게 함께 성장하는 활동 콘텐츠

평소 다양한 활동을 한다. 활동 후 셀프 후기로 콘텐츠를 만든다. 왜 만들까? 몇 가지 이유가 있다. 첫째, 사람들은 내가 무슨 활동을 하는지 모른다. 인플루언서가 아니라면 인지도를 얻을 때까지 스스로를 알려야 한다. 콘텐츠로 수익을 내고 싶다면, 자신이 무슨 일을 하는지 사람들에게 알릴 필요가 있다. 이런 활동 콘텐츠를 통해 사람들은 내 상품과 서비스에 지불할 가치가 있는지 판단한다.

둘째, 활동 과정을 쌓는다. 단순히 "나 이런 활동했어요."식의 보여주기 콘텐츠는 사람들의 반응을 불러오기 어렵다. 활동하는 모습을 통해서 성장을 보여준다. 콘텐츠를 만들다 보면 다양한 기회가 생긴다. 나는 기회가 찾아오기를 기다리기보다 기회를 만들어 사람들에게 주기를 좋아한다. 활동을 기획하고, 모임을 통해 사람들의 가능성을 드러낸다. 다음은 그동안 진행한 모임을 콘텐츠로 담은 예시다.

1) 네트워킹 파티, 사람들을 연결한다

오프라인 모임을 혼자서 진행할 필요는 없다. 마음에 맞는 사람이 있다면 함께 기획한다. 나는 1인 기업과 취업 컨설팅을 전문으로 활동하는 커리어인사이터 님과 콜라보로 네트워킹 파티를 진행했다.

  30명이 참여한 소규모 네트워킹 파티였다. 분위기 좋은 장소를 섭외하고, 음식을 준비해 사람들을 초대했다. 이 모임을 기획한 이유는 사람들을 연결하기 위해서다. 서로 연결될 때 다른 시너지 효과가 만들어진다.

<커리어인사이터 님과 콜라보로 진행한 사람들을 연결하는 네트워킹 파티>

활동 콘텐츠를 만들 때는 목적을 분명히 해야 한다. '왜 이 콘텐츠를 만들려 하는가'에 따라서 콘텐츠 방향이 달라진다. 다녀온 장소 위주로 콘텐츠를 만들 수 있다. 장소 홍보가 목적이다. 혹은 "이런 행사를 했어요."를 보여준다. 이때는 사람들이 '아, 이런 모임을 했구나.'라고 알게 된다.

네트워킹 파티에 참여한 사람이 얻어 가는 것, 스스로 성장한다고 느끼는 것을 후기로 잘 정리한다. 현장 분위기를 공유하고, 사람들의 변화를 콘텐츠에 담는다. 이 콘텐츠를 본 사람은 '아, 나도 참여하고 싶다.'라는 감정이 생긴다. 이것이 목적이다. 셀프 후기를 통해서 "이런 활동하고 싶죠? 다음에 함께해요!"를 보여준다. 활동 콘텐츠 안에서 가치를 전한다. 나는 사람들을 연결해 주는 사람, 성장을 이끄는 사람이라는 이미지를 만들었다. 함께 성장한다는 가치관과도 연결된다.

오프라인 모임을 기획할 때는 도와주는 사람이 있으면 좋다. 한두 명만 있어도 무엇이든 시작할 수 있다. 마음에 잘 맞는 사람이 있다면 같이 기획하고 모임을 주관해 보자. 활동 후에 콘텐츠를 만들어 함께 성장하는 모습을 전한다.

<콜라보로 진행된 네트워킹 파티 후기 콘텐츠>

2) 작은 세바시, 사람들에게 기회를 제공한다

누구나 경험과 노하우가 있다. 이미 전문가인 사람도 있다. 가진 것이 많다고 사람을 잘 모으는 건 아니다. 콘텐츠가 쌓였다고 잘 파는 것도 아니다. 조금만 기회를 만들어주면 자신의 재능을 마음껏 펼치는 사람이 있다. 나는 좋은 콘텐츠가 있어도 파는 것이 서툰 사람을 위해 '작은 세바시'를 열었다.

'작은 세바시'는 '하루 15분 세상을 바꾸는 시간'을 보고 정했다. 콘텐츠가 있는 사람을 초대했다. 세상에 작은 변화를 만들고 싶었다.

 강연은 오프라인으로 진행했다. 콘텐츠가 쌓이면 각자 이야기가 생긴다. 참여한 사람들은 자신의 이야기를 전했다. 후기가 쌓이면 콘텐츠를 팔 때 좀 더 쉽게 시작할 수 있다. 무엇보다 이런 콘텐츠는 보는 사람에게 '나도 참여하고 싶다.'라는 마음이 생기게 한다. 하는 사람도 보는 사람도 함께 성장할 수 있는 기회를 제공한다.

<정수현 라플리움 대표님(왼쪽)과 강점코치
루다코치 님의 작은 세바시 활동 모습>

3) 탈잉 영상 촬영 리뷰

 탈잉 촬영 후 스토리를 담아 콘텐츠를 만들었다. VOD를 준비하며 얼마나 고민했는지, 흔적을 담았다. 촬영 현장 분위기도 전했다. 이런 콘텐츠는 사람들에게 VOD 출시를 간접적으로 알린다. 미리 콘텐츠를 통해 사람들에게 기대감을 심어준다. 과정이 쌓이면 판매가 좀 더 쉬워진다.
 VOD 촬영 후기 콘텐츠는 사람들에게 도움을 준다. 요즘은 VOD 강의를 하길 원하는 사람이 많다. VOD를 촬영해 보지 않은 사람은 모든 것이 새롭다. 이런 사람에게 전반적인 절차, 업체와의 컨택 및 계약 방법, 계약 조건, 촬영 시 주의할 점 등을 콘텐츠로 공유해 도움을 준다.

탈잉 촬영 준비하며 고민했던 흔적들

이 날은 리허설 촬영이 있었고요, 보통은 대본까지 다 준비된 상태에서 리허설을 하는데, 저는 대본 만들 시간이 없어서 ppt만 준비하고 리허설을 진행했어요

탈잉 리허설

탈잉을 준비하면서 찍은 사진들이에요, 매번 무엇을 담을까 고민하고 또 고민하고..

에버노트, 싱크와이즈, 노션 등 요즘 좋은 툴 너무 많지요.
하지만 저는 역시 그냥 포스트잇과 종이에 쓰는게 최고더라고요.

그리고 빠지지 않는 노랑 색연필, 책을 볼 때나 생각을 정리할 때 항상 옆에 있어요.
밤을 새며 준비했던 강의고요,

탈잉에는 VOD 촬영장소가 따로 있답니다
흰 배경에 영상 찍기 딱 좋은 공간이지요?

리허설 촬영 후 주말 내내 카페에서 본촬영 준비를 했답니다.

<탈잉 VOD를 찍으며 만든 콘텐츠 예시>

· 돈 되는 콘텐츠 원칙 <4> 성장성

1 과정을 통해 성장을 보여줘라

콘텐츠를 쌓아 다이어트 프로젝트를 시작하려 한다. 이때 A는 현재 좋은 몸매와 멋진 근육을 자랑하는 사진을 담고, B는 100kg에서 50kg까지 감량하는 과정이 담긴 콘텐츠를 보여준다. 당신이라면 누구와 프로젝트를 하고 싶은가? 대부분은 B와 하고 싶을 것이다. 과정을 보여주면 사람들은 나도 할 수 있겠다는 생각이 든다. 처음부터 끝까지 과정을 봤기 때문이다.

콘텐츠를 만드는 방법은 다양하다. 그중에서도 수익으로 연결되는 콘텐츠는 과정이 담긴 콘텐츠다. 과정이 담기면 자신을 드러내기가 쉽다. '원하는 것을 이루기 위해 노력하는 사람, 결국 해내는 사람'이라는 이미지를 만든다.

출산 후 몸 관리를 제대로 못해 6개월 만에 척추협착증 진단을 받았다. 5분을 서있기가 힘들었다. 수술을 권유받을 정도로 상태가 안 좋았다. 수술이 아닌 방법을 찾았다. 도수치료, 뼈주사, 한약, 운동, 식단 조절을 시도했다. 그 과정을 콘텐츠로 담았다. 같은 증상을 겪는 사람들의 댓글이 이어졌다. 이런 과정을 통해 나는 문제를 겪고, 해결하는 과정을 공유했다. 노력하고 성장하는 모습을 담았다.

척추협착증 증상 후 2년 경과 운동 다이어트 등

- 당시 먹었던 샐러드들
- 몸무게 53kg에서 시작

- 운동하면 시온이가 와서 이렇게 손에 스티커를 붙였어요, 레그레이즈 하는 중

당시 먹었던 음식들이고요,
짜고 매운 음식, 국물, 분식류, 튀김류 다 안먹었어요.

<건강을 잃고 회복하기 위해 노력하는 과정을 담았던 콘텐츠>

다음은 한 달 동안 초보 유튜버가 얼마나 성장했는지 과정을 담은 콘텐츠다. 시도한 것, 좌충우돌한 실수가 콘텐츠가 됐다. 영상 하나를 만들 때 시간은 얼마나 걸리는지, 영상을 본 사람들 반응은 어떤지도 담았다.

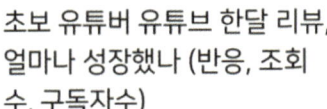

- 키네마스터 : 모바일 편집 + pc 미러링 기능

키네마스터 편집 - 가운데 영상을 왼쪽으로 밀고 더 당김

소영처럼 유튜브

저는 유튜브 편집을 키네마스터로 하고 있습니다. 모바일에서 하고 있는데, PC와 미러링 기능을 통해서 편집이 가능해요.

다만, 모든 파일은 모바일에서만 올릴 수 있기 때문에, PC에서 직접 편집이 안된답니다.

PC는 단순히 미러링 기능이라서, 꼭 모바일에서 작업하고 그 화면만 pc에 띄우는 개념이에요. 마우스와 키보드 사용, 화면만 크게 볼 수 있는 정도죠. 그러다 보니 불편한 점이 있답니다.

<초보 유튜버 한 달 도전기 성장 콘텐츠>

과정을 담은 콘텐츠를 만들 때는 두 가지 방법이 있다. 첫째는 척추협착증이나 유튜브 한 달 리뷰처럼 경험한 후에 콘텐츠를 만

드는 방법이다. 이때는 과정을 담을 수 있도록 사진을 찍어 둔다. 한 달 혹은 1~2년 뒤의 변화된 모습을 하나의 콘텐츠에 담는 게 쉽지 않다. 콘텐츠를 고려해 미리 사진을 찍고 기록을 한다.

두 번째 방법은 시작하면서 콘텐츠를 만들어 가는 방법이다. '나는 네이버 카페로 월급 대신 월세 받는다'를 집필할 때 책 쓰기 도전기 콘텐츠를 연재했다. 도전기를 이어 나가다 보면 중간에 실패에 대한 두려움이 생긴다. 도전기를 한다고 선포했으니 부담감도 생긴다. 동시에 목표를 달성하고자 하는 동기부여도 얻는다.

이처럼 성장 과정을 담은 콘텐츠는 자신이 얼마나 성장하고 있는지를 보여준다. 각자 성장하고 있는 과정을 콘텐츠로 만들자. 사람들은 과정이 쌓여 목표를 이루는 모습에 열광하고 응원한다. 성장 콘텐츠를 통해 결국 해내는 사람이라는 이미지도 전할 수 있다.

책쓰기 도전기 5. 초고쓰기, 2년 묵은 브런치를 꺼내며

다섯번째 책쓰기 도전기입니다. 드디어 각잡고 초고쓰기에 들어갔습니다. 초고...

2021. 10. 21.
♡ 81 💬 13

책쓰기 도전기 9. 퇴고와 탈고를 거치며, 책 제목 & 표지 디자인...

몇 번의 책쓰기 후기를 쓰다가 결국 발행을 못했습니다. 지난 글들은 기회가 되...

2022. 1. 21.
♡ 80 💬 28

책쓰기 도전기 4. 크라우드 펀딩 기획 & 준비 (와디즈, 텀블벅)

몇 달 전부터 크라우드 펀딩에 관심이 생겼답니다. 펀딩을 직접 해보고 싶었는...

2021. 10. 19.
♡ 79 💬 24

텀블벅 펀딩, 네이버 카페 책 드디어 시작!

펀딩 드디어 승인되었어요! 지난 12월 14일 텀블벅 펀딩을 지원했습니다. 지원 ...

2021. 12. 23.
♡ 74 💬 10

책쓰기 도전기 3. 자료수집, 목차 잡기, 새벽 5시 책쓰기모임 + 네...

책쓰기 도전기 3탄입니다. 그동안 진행한 자료수집, 목차잡기, 책쓰기 모임 등 이...

2021. 10. 12.
♡ 83 💬 29

책쓰기 도전기 8. 텀블벅 펀딩 심사 신청 + 탈고 중

오랫만에 책쓰기 도전기를 올립니다. 1차 초고를 출판사에 보내고 1주일 정도 원...

2021. 12. 14.
♡ 88 💬 7

<책 쓰기 도전기 콘텐츠 연재>

2 리뷰를 잘하면
파는 것도 잘 판다

콘텐츠 주제를 쉽게 고르는 방법이 있다. 바로 리뷰 콘텐츠다. 리뷰 콘텐츠가 쌓이면 체험단이나 원고단 등 수익이 이어진다. 리뷰 주제를 한 분야로 좁히면 브랜딩도 가능하다. '가전제품하면, ○○가 최고'라는 수식어가 붙는다면 누구라도 가전제품 리뷰를 맡기고 싶어질 거다.

리뷰 콘텐츠는 다양하다. 강의나 행사 등 경험 후 콘텐츠를 만들 수도 있고, 상품이나 서비스, 장소도 가능하다. 리뷰 콘텐츠는 왜 만들까? 콘텐츠를 만들기 전 목적을 정하자. 리뷰 콘텐츠는 상품이나 서비스에 대한 자신의 경험을 공유하는 것이다. 그 영향력은 단순히 경험 공유가 아닌 구매 여부를 결정하게 만든다.

1) 강의 리뷰

라이브 커머스가 한참 인기를 얻었다. 지금도 많은 사람이 라이브 방송을 보고 상품을 구매한다. 라이브 커머스 성장이 두드러져 관련 강의를 들었다. 다녀와 리뷰 콘텐츠를 만들었다.

강의 리뷰 콘텐츠는 왜 만들까? 첫째, 강의를 들은 후 강사에 대한 고마움을 전한다. 둘째, 강의 내용을 기록하며 공부한다. 마지막은 내 콘텐츠를 통해 관심 있는 타깃에게 도움을 준다. 이런 이유로 강의를 들은 후 콘텐츠를 만든다. 강사도 좋고, 나도 좋고, 콘텐츠를 보는 사람도 좋다. 후기를 보고 강의를 신청하는 사람도 생긴다.

들은 강의마다 콘텐츠를 만들면 좋은 점이 또 있다. 성장을 위해 꾸준히 노력하는 사람이라는 인상을 준다. 콘텐츠를 파는 사람은 고여 있는 물이 되면 안 된다. 아무리 좋은 상품이나 서비스가 있더라도 파는 사람이 매력이 없으면 팔리지 않는다. 강의 리뷰를 통해 성장하는 모습을 보여줘라. 콘텐츠에 매력이 더해진다.

<라이브 방송 쇼크리에이터 과정 리뷰 콘텐츠>

다음은 사진 강의 후 만든 리뷰 콘텐츠다. 단순히 강의를 들은

것만 알리는 것이 아닌 콘텐츠 보는 사람을 고려해 도움 될 만한 내용도 담았다. '이런 분들에게 추천해요.'를 통해 필요한 사람에게 도움이 되도록 했다.

<사진으로 만든 감성돋는 책갈피 & 엽서, 액자 굿즈>

<강의 내용과 추천 대상을 정리한 사진 마케터 과정 리뷰 콘텐츠>

2) 장소, 상품 리뷰

① 상품 리뷰를 통한 제휴 마케팅

우리 가족은 해마다 제주도를 간다. 여유가 있을 때 "여행이나 갈까?"하며 예정에 없이 떠난다. 그러다 보니 종종 여행 리뷰 콘텐츠를 만든다. 제주도 여행 후 몇 개의 리뷰 콘텐츠를 만들었다. 그중 렌터카 관련 콘텐츠와 숙소 리뷰 콘텐츠를 작성했다. 여행에는 늘 노트북을 갖고 다닌다. 보통 숙소 콘텐츠는 당일에 올리는데, 가끔 다음날 아침이면 사장님께 선물을 받는다. 제주 숙소에 머물 때도 그랬고, 단양 숙소에서도 사장님께 귀한 술을 받았다. 콘텐츠를 만들지 않았다면 경험하지 못할 에피소드다.

여행을 다녀왔다고 모든 콘텐츠를 만들지는 않는다. 불편하거나 마음에 들지 않는 곳은 되도록 피한다. 굳이 안 좋은 내용까지 공유하고 싶은 마음이 없다. 마음에 들지 않은 곳을 좋게 둘러댈 필요도 없다. 콘텐츠를 만들지 않으면 된다. 좋은 경험만 콘텐츠로 만든다.

렌터카 콘텐츠는 수익으로 이어진 콘텐츠다. 제휴 마케팅을 연결했다. 여행 준비를 하며 렌터카를 알아봤다. 비용을 줄이기 위해 다양한 방법을 찾았다. 그 노하우를 콘텐츠로 담았다. 특정 사이트에 가입하면 적립금이 쌓인다. 가령 A라는 사이트에서 렌터카를 예약한다. 그전에 B사이트에 회원 가입을 하고 A사이트의 쿠폰을 구매한다. 다른 사람이 회원 가입을 할 때 내가 제공한 콘텐츠 링크를 클릭하고 들어가거나 코드 번호를 기재하면 가입자에게 5천 원 쿠폰이 발행된다. 나에게는 2천 원이 들어온다.

제주도를 다녀온 후 렌터카 콘텐츠로 40만 원 이상을 벌었다. 리뷰 하나 올려서 2번의 렌터카를 공짜로 탔다. 타깃에게 도움 되는 콘텐츠를 쌓아 강의든, PDF 파일이든 콘텐츠를 판매하는 수익구조도 가능하지만, 이렇게 콘텐츠로 바로 수익을 만들 수도 있다.

<렌터카 이용 후 수익으로 연결된 리뷰 콘텐츠>

② 장소 리뷰, 체험단

꾸준히 리뷰 콘텐츠를 쌓다 보면 다양한 체험단 의뢰가 들어온다. 지금은 리뷰 콘텐츠를 거의 만들지 않지만 출산 전에는 다양한 콘텐츠를 만들었다. 특히 거주하고 있는 지역 업체 리뷰가 많았다. 다음은 이를 통해 진행했던 체험단이다.

평소 나는 머리숱이 적어서 탈모 걱정이 있다. 블로그를 통해 A업체에서 탈모 클리닉을 제안받았다. 6개월 동안 진행되는 체험단이었다. 비용은 100만 원 이상이다. 덕분에 꾸준히 탈모 관리를 받을 수 있었다. 탈모 관리 외에 건강검진 체험단 기회도 있었다. 거주하고 있는 지역의 건강검진 전문 병원에서 55만 원 상당의 의뢰가 들어왔다. 그동안 쌓은 리뷰 콘텐츠 덕분에 탈모 관리와 건강검진까지 받을 수 있었다. 이처럼 꾸준히 리뷰 콘텐츠가 쌓이면 다양한 기회가 들어온다. 체험단 활동을 통해 필요한 상품이나 서비스를 얻거나, 생활비를 아낄 수 있다. 체험단은 꾸준히 쌓은 리뷰를 통해 제안을 받기도 하고, 직접 신청을 할 수 있다.

한 가지 팁을 더하면, 원하는 상품이나 서비스가 있다면 관련 콘텐츠를 쌓아둔다. 체험단은 업체가 서비스나 상품을 제공해 주는 것이다. 누구에게 맡기면 좋을지 판단 기준이 있다면 선정이 쉬워진다. 즉, 주제가 같고, 질 좋은 콘텐츠가 많을수록 당첨 확률이 올라간다. 검색 노출까지 되면 더 좋다. 선정되고 싶은 분야의 콘텐츠를 미리 준비하자.

탈모 관리 10주차 리얼후기 궁금하시죠?	안양 종합 건강검진 비용 후기
완공 2015. 3. 20. 10:28 +이웃추가	완공 2015. 5. 4. 20:04 +이웃추가
탈모 관리 10주차 리얼후기 궁금하시죠? 탈모로 고민하시는 분들을 위해서 10주차 리얼후기 전해 드리겠습니다.  작년 12월 24일부터 범계역에 위치한 에서 탈모 관리를 시작했답니다. 이번주까지 해서 딱 10회 받았구요.	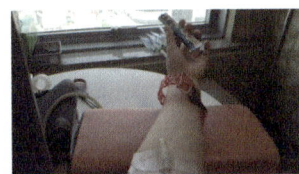 이른 아침 안양 인덕원에 위치한 검진센터를 찾았습니다. 시설이 깔끔하고 좋더라고요. 부모님도 함께 건강검진을 받게 해드리고 싶었는데, 작년에 이미 다 받으셨다고 하더라구요. 이른 시간인데도 이미 많은분들이 오셔서 상담을 받고 검진표를 작성하고 계셨어요. 순서대로 하는거라서 마음이 급해지더라고요.

<리뷰 콘텐츠가 쌓인 후 들어온 체험단>

TIP BOX

체험단 사이트

1. 체험뷰 - https://chvu.co.kr/campaign
2. 서울 오빠 - www.seoulouba.co.kr
3. 리뷰플레이스 - www.reviewplace.co.kr
4. 모두의 블로그 - www.modublog.co.kr
5. 레뷰 - www.revu.net
6. 파인애플 - www.fineadple.com
7. 뷰티의 여왕 - bqueens.net
8. 디너의 여왕 - dinnerqueen.net
9. 택배의 여왕 - tqueens.net
10. 픽미 - www.pick-me.kr
11. 티블 - www.tble.kr
12. 레용 블로그 - leyongblog.com
13. 마녀 체험단 - www.witchad.kr
14. 오마이 블로그 - www.kormedia.co.kr
15. 체험단 닷컴 - chehumdan.com
16. 세이 블로그 - www.sayblog.co.kr
17. 시원뷰 - www.sioneview.com
18. 픽미 - www.pick-me.kr
19. 에코 블로그 - echoblog.net
20. 파블로 체험단 - www.powerblogs.kr
21. 구구다스 - 99das.com
23. 링블 - www.ringble.co.kr
24. 리뷰통 - reviewtong.co.kr
25. 포블로그 - 4blog.net
26. 리뷰쉐어 - reviewshare.io
27. 리얼리뷰 - www.real-review.kr
28. 스토리앤 체험단 - www.storyn.kr
29. 리뷰어스 - www.reviewus.co.kr
30. 클라우드 리뷰 - www.nugunablog.co.kr

3) 책 리뷰

출산 후 일을 시작하는 게 쉽지 않았다. 온종일 아기와 있다 보니 나를 위해 할 수 있는 일은 책 읽는 게 다였다. 책은 아기가 잘 때, 아기 띠를 매고도 읽을 수 있다. 그때부터 틈틈이 책을 읽고, 리뷰 콘텐츠를 만들기 시작했다. 리뷰가 쌓이니 서평단이 들어왔다. 읽고 싶은 책은 직접 서평단을 신청하기도 했다. 일주일에 책 3권 이상이 택배로 왔다. 아기가 100일 정도 되었을 때는 거의 매일 책을 읽었다. 당시 남편은 이런 말을 자주 했다. "아기 잘 때 좀 같이 자. 그러다 쓰러지겠다." 밤새 수시로 깨는 아기를 키우는 엄마는 잠이 항상 부족하다. 하지만 그때는 잠보다 책 읽는 시간이 더 좋았다.

다음은 '돌 아기 책 좋아하는 아기로 키우는 방법'이라는 콘텐츠다. 책 리뷰는 아니지만, 평소 아기를 보면서 책 읽는 모습을 담았다. 이런 콘텐츠는 사람들에게 이미지를 각인시킨다. 의도적인 콘텐츠다. 비슷한 연령대 아기를 키우는 엄마가 보면 동기부여가 된다. '나 같은 아기 엄마인데 이렇게 책을 많이 보네. 대단하다. 나도 책을 읽어야겠어.'라고 말이다.

책 리뷰 콘텐츠는 누구나 만들 수 있다. 책 읽은 내용을 필사할 수도 있고, 인상 깊은 구절을 뽑아 공유하고, 의견을 담을 수도 있다. 책 전체를 읽고 리뷰를 할 수도 있고, 원하는 부분만 읽고 콘텐츠를 만들 수도 있다. 방법은 여러 가지다. 책을 읽을 때도 혼자서 읽을 수도 있고, 같이 읽으며 책에 대해 이야기를 나눌 수도 있다. 혼자서 시작이 쉽지 않다면 책 모임에 들어가서 시작하는 것도 좋다. 그렇게 나눈 이야기를 콘텐츠로 만든다.

<'돌 아기 책 좋아하는 아기로 키우는 방법' 콘텐츠>

책 리뷰 콘텐츠는 왜 만들까? 책은 읽는 것만으로도 성장을 이끈다. 하지만 책을 읽기만 해서는 기억에 오래 남지 않는다. 나는 리뷰를 남기지 않은 책은 곧 그 내용을 잊어버린다. 책을 읽고 리뷰 콘텐츠를 만들면, 기억이 나지 않을 때 쉽게 확인할 수 있다. 책 리뷰 콘텐츠는 성장하고 있는 과정이 그대로 담긴다. 지금 관심 있는 분야가 무엇인지 책 리뷰만 봐도 알 수 있다. 책을 통해 생각을 전하고, 사람들에게 좋은 책도 추천할 수 있다. 무엇보다 끊임없이 성장하는 사람이 된다.

그렇다면 책 리뷰 콘텐츠는 어떤 방법으로 만들까? 4단계로 나눠봤다. 첫째, 책 배경이나 저자 소개다. 저자의 스토리텔링이나 책의 전반적인 첫인상을 언급한다. 둘째, 대략적인 줄거리나 각 장별로 핵심 내용, 와닿았던 문장을 담는다. 이때 생각이나 기록을 미리 하면 정리할 때 시간을 줄일 수 있다. 셋째, 개인적인 감상이나 의견, 스토리를 넣는다. 마지막으로 책의 좋았던 점이나 아쉬운 점 등 총평을 담는다. 누가 읽으면 좋을지 추천한다.

단, 책 리뷰 콘텐츠를 만들 때 꼭 위 순서대로 할 필요는 없다. 어떤 방법이든 원하는 대로 책을 통해 얻은 것을 나눈다. 다만, 책 리뷰가 익숙하지 않다면 4단계 방법대로 시도한다.

1단계	책과 저자 소개	책 배경, 저자 스토리, 책 첫인상
2단계	책 내용 소개	줄거리, 각 장별 핵심 내용, 와닿았던 문장
3단계	생각, 의견	책을 읽으며 얻은 인사이트, 적용할 부분, 책에서 연상되는 경험, 자신만의 스토리, 생각, 의견
4단계	총평	좋았던 점, 아쉬운 점, 추천 대상

<책 리뷰 콘텐츠 만들기 4단계>

① 1단계 : 책과 저자 소개

다음은 '하버드 상위 1퍼센트의 비밀'이라는 책 리뷰 콘텐츠다. 단단한 스토리와 구체적인 예시가 인상 깊었던 책이다. 저자 경험이 책의 마지막에 나온다. 책 리뷰를 시작하며 책에 대한 전반적인 느낌과 저자의 스토리를 담았다.

하버드 상위 1퍼센트 비밀, 차단의 힘

소영처럼
2021. 3. 4. 11:02

이 책은 대부분 자신에 대한 부정적 신호를 '차단'함으로써 성공한 사람들의 사례를 이야기하고 있다. 읽는 동안 한국인이 쓴 책이 어떻게 이렇게 외국사례로 가득할까 의문이 들었다. 책의 마지막 에필로그를 보니 어느정도 이해가 되었다. 저자는 청소년기에 부정적 신호를 받게 된다. 이 후 자살 직전까지 경험하게되고, 당시 그동안의 신호를 '차단'하고 '새로운 신호'를 만나면서 삶이 바뀌게 된다. 그리고 자신이 경험한 것을 다른 사람에게도 알리기 위해 10년 동안 이 책의 사례를 하나하나 모으며 준비했다고 한다. (저자의 사례는 이 글 마지막에 있다)

<저자 스토리를 담은 '하버드 상위 1퍼센트의 비밀' 책 리뷰 콘텐츠>

② 2단계 : 책 내용 소개

책 내용을 전할 때 전체적인 줄거리를 소개하거나, 책의 순서에 따라 내용을 요약한다. 순서와 상관없이 책에서 얻은 인사이트를 키워드별로 정리하고, 스토리를 분리해 내용을 전한다.

A. 핵심 문장순으로

나는 종종 내용의 순서와 상관없이 책에서 얻은 인사이트를 1, 2, 3으로 표기한다. 10개 정도 책에서 기억하고 싶은 문장을 뽑아

스토리와 내 경험, 생각을 엮는다. 다음은 개리 비숍의 '내 인생 구하기' 책 리뷰 콘텐츠다. 책을 읽으며 와닿았던 문장을 접거나 색칠해 표시해뒀다. 그리고 하나씩 숫자를 붙여 정리했다.

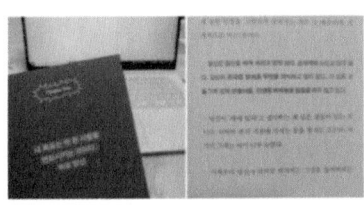

<핵심 문장순으로 작성한 '내 인생 구하기' 책 리뷰>

B. 인터뷰순으로

다음은 책 '나는 7년 동안 세계 최고를 만났다'의 리뷰다. 대학생인 저자가 세계 최고를 만나는 과정을 담은 책이다. 읽으면서 저자의 도전과 용기에 두근거렸다. 저자가 인터뷰한 내용을 좀 더 자세히 공유하고 싶어 인터뷰한 사람 순서로 리뷰 콘텐츠를 만들었다. 모든 인터뷰 내용을 담지 않았고, 인상 깊은 몇 명만 정리했다.

워런 버핏, 20세기를 대표하는 전설적인 투자의 귀재

- 커리어를 위해 장기적으로 투자하라
- 돈을 많이 받으려 애쓰지 말고 배움과 전문성 그리고 인맥을 얻을 수 있는 길을 선택하라
- 운에 기대하기 보다 최대한 빨리 경력을 쌓아라

저자는 워런버핏을 만나기 위해 수 많은 메일을 보낸다. 팀페리스에게 31통을 메일을 보내 결국 그가 인터뷰에 응해준것을 이겼다고 생각했다. 하지만 사실은 지인이 연결해준 덕분에 마지못해 한 인터뷰였다는 걸 몰랐다.

누구도 과도한 끈기의 위험을 경고하는 격언은 없었다. '이렇게 행동하면 사람들이 도와주고 싶어할까?'라고 자문하지 않았다. 한가지 방법으로 안된다면 미련하게 끈기를 갖기보다 접근할 수 있는 다른 방법을 찾는게 빠르다. 저자는 워런버핏 주주총회에서 인터뷰를 할 기회를 어떻게 하면 얻을 수 있을까로 방향을 바꾼다.

래리 킹, 토크계의 전설이자 <래리 킹 라이브> 진행자

- 사람들이 인터뷰하는 방법에 대해 조언을 듣고 싶었어요.
-> 처음 시작할 때 대게 방법을 모르면 존경하는 사람을 찾지. 그리고 어떻게 하는지 보면서 흉내를 내려고 해. 그건 가장 큰 실수야. ==우리가 왜 하는지가 아니라 무엇을 하는지에 초점을 맞추거든==. 젊은 인터뷰어들은 우리의 스타일을 모방하려 할 때 우리가 왜 그런 스타일을 갖게 되었는지 생각하지 않아. 그 이유는 그런 스타일이 우리한테 가장 편안하기 때문이야. 우리가 편안해야 손님도 편안해져. ==자기다운 데는 비결이 없어.==

- 두드릴 수 있는 문은 전부 두드려라
-> 그냥 문을 두드렸어. 사람은 사람을 좋아해. 마주보고 대화해야만 진정성을 알 수 있지. 수신함에 낯선 이름이 들어 있는 건 좋아하지 않아.

<인터뷰순으로 작성한 '나는 7년 동안 세계 최고를 만났다' 책 리뷰>

C. 목차순으로

다음은 100쇄를 돌파할 정도로 엄청나게 유명한 책 '그릿'의 리뷰다. 이 책을 리뷰할 때는 목차대로 했다. 책의 흐름을 방해하지 않으면서, 전체적인 내용을 전하고 싶어 목차순으로 리뷰 콘텐츠를 만들었다. 그러면서 각 장의 핵심 문장을 담고, 적용할 점, 아이디어를 담았다.

1부 : 그릿이란 무엇인가	2부 : 포기하지 않는 나는 어떻게 만들어 지는가
끝까지 해내는 힘, 끈기와 열정	
성공한 사람들은 두가지 특징을 갖고 있다. 그들은 대단히 회복력이 강하고 근면하다. 자신이 원하는 바가 무엇인지 매우 깊이 이해한다. 이는 결단력 뿐만 아니라 나아가야 할 방향도 알고 있다는 것이다. 이것이 바로 열정과 결합된 끈기, 그릿이다.	8. 관심사를 분명히 하라 열정은 어느 날 갑자기 오지 않는다. 천직이라 여기는 직업을 가진 이들도 처음에는 고민하는 시간이 있었다. 나중에는 평생 열정을 쏟는 일이 될지라도 처음 그 일은 접하는 순간은 영화 나래이션이 이어지는 장면과 비슷하다. <u>관심을 발전시키는 방법은 연습하고, 공부하고, 배우는 것이다.</u> 투지가 강한 사람일수록 진로를 수정하는 일이 적다.
그릿의 첫번째 사례는 미국 육군사관학교 이야기다. 이 곳은 매년 14,000명의 이상이 지원을 하고, 그 중 1,200명만이 입학허가를 받는다. 이곳에 입학하기 위해 학생들은 2년을 준비한다고 한다. 하지만 2개월도 채 지나지 않아 5명중에 한명은 포기한다. 미국의 심리학자들은 이 점에 주목했다. 그토록 원하던 학교에 입학했는데 왜 이렇게 짧은 기간에 포기를 하는지, 포기하는 이들과 포기하지 않는 이들의 차이는 무엇인지 다양한 실험을 통해 그 원인을 찾고자 했다.	

<목차순으로 핵심 내용을 정리한 '그릿' 책 리뷰>

위의 3가지 방법은 내가 책 리뷰 콘텐츠를 만들 때 자주 하는 방법이다. 책을 읽으면서 기억에 남는 구절이나 꼭 리뷰에 담고 싶은 내용은 색연필로 표시하거나 책을 접어 놓는다. 특히 놓치고 싶지 않은 문구는 한 페이지를 크게 반으로 접기도 한다. 책 리뷰 콘텐츠를 만들 때, 어떤 내용을 정리해야 되나 고민된다면, 꼭 책의 줄거리를 써야 하는 건 아니다. 내용을 전부 다 담을 필요도 없다. 위의 방법들을 적용해서 책 리뷰 콘텐츠를 만들어보자.

③ 3단계 : 생각과 의견

<생각과 의견을 담은 '임정로드 4000km' 책 리뷰>

핵심 내용을 정리했다면 책을 읽으면서 든 생각이나 의견을 담는다. 본문의 인상 깊은 구절을 공유하며 의견을 덧붙인다. 위는 '임정로드 4000km' 책 리뷰 콘텐츠다. 대한민국 임시정부 발자취를 따라가는 가이드북 형식의 책이다. 유독 이 책을 읽을 때 많은 생각이 들었다. 본문 중간에 책 내용을 전하며 감정을 표현하고, 전체적으로 마무리하며 한번 더 의견을 담았다.

④ 4단계 : 총평

책 리뷰 콘텐츠를 작성할 때 마지막으로 총평을 남긴다. 리뷰 전체를 볼 수 없는 사람이라면 마지막 총평과 느낀 점을 통해서 책을 구매할지 여부를 정할 수도 있다. 총평이나 의견을 마지막에 요약해서 남기면, 읽는 사람의 시간을 절약해 주기도 한다. 더불어 어떤 사람이 읽으면 도움이 될지 추천 대상도 전한다.

린치핀 결론
톱니바퀴 같은 인생이 아닌, 누구도 대체할 수 없는 존재가 되는 방법

린치핀 날개와 뒷면

린치핀은 백만장자 메신저 만큼 방법적으로 '이것을 해라'라고 꼬집어 말하지는 않습니다. 하지만 이를 시스템 안에 갇혀 있는 사람들에게 현재 상황을 돌아보고, 왜 그 안에서 편안함을 느끼는지, 왜 여전히 그 속에 있는지를 알려줍니다. 그 속에서 어떻게 나와야 하는지, 왜 나와야 하는지를 설득시켜 줍니다.

린치핀은 회사를 그만두라고 이야기 하는 책이 아닙니다. 시스템 안에서도 누구도 대체할 수 없는 존재가 되는 방법을 이야기합니다. 읽다보면 '회사 다니는 사람들'이 타깃인가 하는 생각도 듭니다. 하지만 계속 읽다보면 그런 생각은 없어집니다. 누구나 현재 린치핀이 아닌 모든 사람들에게 도움이 되는 책입니다.

린치핀은 유튜버들을 생각하면 쉽습니다. 신사임당, 자청, 정다르크, 너나위, 램군, 일헥타르, 얼음공장 등 사람들에게 가치를 나눠주고, (여기서는 선물이라고 표현함) 행동을 변화시키며, 관계를 맺습니다. 가치의 서열에 최 상단에 있는 창조자들이죠. 이런 창조자가 되는 길을 알려줍니다. 이들은 각자의 전문영역에서 통찰을 담은 글과 영상을 공유합니다. 다른 사람들에게 영향을 주고, 변화시킵니다. 그렇게 삶이 바뀔 수도 있도록 도와줍니다.

이 책에서는 이렇게 누구도 대체할 수 없는 존재 즉, 가치의 사슬 최상단에 있는 창조자가 되는 방법을 알려줍니다. 지금 시대에 꼭 알아야 할 내용

<책 총평과 추천 대상을 중심으로 작성한 '린치핀' 책 리뷰>

4단계로 책 리뷰 콘텐츠 만드는 방법을 알아봤다. 책 리뷰 콘텐츠는 책을 읽고, 리뷰를 하는 것만으로도 성장을 이끈다. 또, 수익

으로도 연결된다. 어떻게 수익으로 이어질까? 유료로 독서 모임을 만들 수도 있고, 책 읽는 방법에 대한 노하우를 PDF로 팔 수도 있다. 독후감을 모아서 해피캠퍼스 같은 사이트에서 판매도 가능하다.

4) 리뷰 콘텐츠를 쌓을수록 자신의 콘텐츠도 잘 판다

다음은 오백성 프로젝트를 같이 운영했던 에어비앤비 전문가 스란 님의 블로그다. 스란 님은 평소 다양한 강의를 듣고, 리뷰 콘텐츠를 만든다. 콘텐츠를 쌓으며 자신만의 관점도 키워왔다. 자신의 콘텐츠를 팔 때도 타깃 설정이 명확하다. 리뷰 콘텐츠 만들며 쌓은 노하우가 자신의 콘텐츠를 팔 때도 두드러진다.

2) 시간을 절약하고 싶다

처음 공유숙박을 접하는 초보에서부터 운영중인 사업자까지 필요한 정보들을 압축적으로 전달합니다. 체계적으로 정리된 강의를 통해 정보수집에서 창업까지 걸리는 시간을 엄청나게 단축할 수 있습니다.

반년간 에어비앤비에 창업을 고민 하다가 행동에 옮기기 위해 스란 선생님 공유숙박 강의를 수강하게 되었습니다.
압축적이고 실제 적용할 수 있는 지식들을 단계적으로 전달해주셔서 베스트픽으로 단 2개월 만에 창업할 수 있었습니다.
공유숙박업은 법률적인 조건이 매우 까다로워 불법이 난무하다고 합니다.
그럼에도 불구하고 각각의 조건들을 맞추어 마음편히 합법적인 숙소를 운영하고 싶었습니다.

공유숙박 2기   님 https://cafe.naver.com/mkas1/464795

3) 돈을 절약하고 싶다

창업 전에 알았더라면 수억(?) 아꼈을텐데. 제가 직접 경험하며 느꼈던 후회를 강의에 담았습니다. 철저히 에어비앤비, 쉐어하우스 창업에 맞춘 사업자등록, 비용처리, 세금 정보를 전달합니다.

하지만, 동영상 강의를 완강하면서....후회를 했지요. 왜, 진작 강의를 듣지 않았을까요? 창업하기 전으로 돌아가고 싶습니다ㅠㅠ
창업하기전에 들었더라면, 비용처리와 합법적인 숙박업(호스텔업)으로 리모델링할걸 이런 후회들요.
어피 그럴 계속 웃으시면서, 나긋한 목소리로 엄청난 정보들을 그것도 울림나는식으로 아무렇지 않게 슬~슬~슬 ㅎㅎㅎ
세금관련된 얘기는 정말 충격적인 정보를 알려주셨어요. 이런 고급정보를 ㅎㅎㅎ 이거 하나만으로도 수강료의 몇배는 얻어갈수 있어요.

공유숙박 2기   님
https://cafe.naver.com/mkas1/461334

<스란 님 강의 모집 콘텐츠(위 노란색 표시)와
강의 리뷰 콘텐츠(아래 붉은색 박스 표시)>

이처럼 리뷰 콘텐츠를 쌓다 보면 상품이나 서비스 장단점을 고민하게 된다. 어떻게 설명해야 잘 전달될까, 어떤 점을 부각시켜야 더 좋은 리뷰가 될까, 좋았던 점이나 아쉬웠던 점을 어떻게 표현할까, 누구에게 추천하면 좋을까 등을 리뷰 콘텐츠를 통해 연습한다. 이런 과정은 자신의 콘텐츠를 팔 때도 이어진다. 꾸준히 리뷰 콘텐츠를 만들며 다양한 관점을 키워보자. 리뷰를 많이 만들어본 만큼 자신의 콘텐츠를 팔 때도 더 잘 팔게 될 것이다.

Part 05

돈 되는 콘텐츠 파는
3가지 도구

05

돈 되는 콘텐츠 파는
3가지 도구

· 글로 콘텐츠 팔기

1 콘텐츠 판매, 가장 쉽게 테스트해 보는 법

 부모님 생신에 가족들과 오랜만에 만났다. 시누와 아주버님도 함께했다. 아주버님은 회사에 다니면서 부업에 관심이 많다. 네이버 블로그, 티스토리, 쿠팡파트너스 등 재테크 강의를 듣고 관련 노하우를 담은 PDF 파일을 모은다. 방법을 배우며 직접 실험한다.

어느 날 아주버님이 해피캠퍼스라는 사이트 이야기를 하셨다. 해피캠퍼스는 크몽이나 탈잉 등 재능마켓처럼 잘 알려져 있지는 않지만, 2000년에 오픈해서 지금까지 리포트를 가장 많이 보유한 사이트다. 그만큼 꾸준한 수요층이 있다. 그 사이트에는 독후감이 주로 올라온다. 대학생들이 독후감을 써내야 하는 특정 시기가 되면 판매율이 상승한다. 보통 판매 가격은 개당 2천~5천 원 정도다. 천 개 정도 파일을 올리면 매달 200만 원 이상 수익이 나온다고 한다.

아주버님은 퇴근 후 거의 매일 작업을 하며, 독후감을 해피캠퍼스에 올렸다. 얼마 전 아주버님을 만났는데 이제 한 달에 50만 원 정도는 고정 수입이 난다고 했다. 독후감은 250개 정도 올라갔다. 아주버님은 평소에도 책을 읽고 글을 쓰는 걸 좋아하신다. 그러니 해피캠퍼스로 돈 버는 방법을 본 후 자신에게 딱 맞는 방법이라고 생각했다. 꾸준히 판매하는 독후감 수를 늘렸다. 특히 대학교 선정도서 위주로 독후감을 업로드했다. 리포트를 내야 하는 학생들이 파일을 구매했다. 회사에서 버는 돈 외에도 이제는 쌓여 있는 독후감 파일로 고정 수익이 생기기 시작했다.

누군가는 이 이야기를 듣고 '어떻게 독후감 250개를 올리지?' 하고 놀랄 수 있다. 독후감을 써서 고정 수익을 만들라는 게 아니다. 누구나 각자 맞는 방법과 판매 채널이 있다는 의미다.

해피캠퍼스로 고정 수입을 만드는 사람 중 크게 돈을 벌었다는 이야기는 거의 들어 본 적이 없다. 그 노하우로 책을 쓰는 사람도 거의 없다. 하지만 크몽이나 탈잉 등 재능마켓에서 PDF 파일을 판매하고 한 달에 1억 원 이상 벌었다는 이야기는 들린다.

아주버님도 해피캠퍼스에서 수익을 낸 노하우를 재능마켓에 PDF 파일로 팔 수 있다. 250편 이상의 독후감을 쓴 노하우를 파일로 만들 수도 있다.

PDF 파일 판매는 자신만의 경험과 노하우를 가장 먼저 테스트해 보기 좋은 방법이다. 콘텐츠로 돈 버는 많은 방법이 있다. 그중 PDF 파일은 진입장벽이 낮고, 누구라도 시도할 수 있다. 방법은 유튜브나 구글에서 검색만 해도 어렵지 않게 찾을 수 있다.

몇 달 전 컨설팅으로 한 20대를 만났다. 1인 기업으로 활동하며, 연애 상담을 주로 한다. 이 친구를 통해 재회하거나 더 좋은 사람을 만난 사례가 적지 않다. 이미 자신의 이야기를 콘텐츠로 만들고 있고, 상담으로 수익화도 하고 있었다.

컨설팅 중 PDF 파일에 관한 이야기가 나왔다. 나는 PDF 파일도 구매하지만 책을 더 선호한다. PDF 파일 중에는 가격보다 가치 있는 파일도 있지만, 짜깁기 정도에 그치는 파일도 많다. 그러다 보니 자연스럽게 책을 더 많이 산다.

20대인 이 친구 말은 달랐다. 20~30대는 돈을 더 주고라도 내용이 정리된 PDF 파일을 더 선호한다고 했다. 책에 같은 내용을 담으려면 어느 정도 분량이 나와야 한다. 부동산 투자 노하우가 담긴 책이라면, 어린 시절 가난했던 이야기, 이를 계기로 부자가 되겠다는 결심, 다양한 투자 경험담, 사기당한 이야기, 성공한 이야기, 어떻게 부동산 공부를 시작했는지, 공부와 투자를 병행하면서 겪었던 어려움, 그것을 어떻게 극복했는지, 이제 막 부동산 공부와 투자를 시작하는 이들에게 하고 싶은 이야기 등을 구구절절 200페이지 이상에 담는다. 하지만 핵심은 따로 있다. PDF는 이런 구구절절한 이야기를 다 걷어내고 핵심만 담는다.

그런 점에서 20대는 PDF 파일에 대한 거부감 없이 쉽게 구매한다. 충격적이었다. 나는 정보는 책이라는 고정관념이 있었다. 책이 두꺼울수록 정보가 많다는 생각도 있었다. 반면 20대는 몇 장의 PDF 파일을 더 가치 있게 보는 듯했다. 이점만 봐도 PDF 파일 시장은 이미 포화상태라지만 여전히 진입하고 테스트하기에 좋은 시장이다.

PDF 파일은 만 원 이하부터 100만 원 이상의 고가도 있다. 누구나 자신의 노하우를 비싸게 팔고 싶다. 인지도 없는 상태라면 저렴한 가격에 팔고, 후기를 모아 가격을 높이자. 아무리 당신만의 노하우를 담았더라도 사람들이 사지 않으면 얼마나 가치 있는지 모른다. 산 사람들 입을 통해 "진짜 도움 되었어요. 말도 안 되는 가격이에요." 같은 후기를 확보한다. 그런 후 가격을 올린다.

PDF 파일은 형식이 자유롭다. 한글이나 워드에 읽는 사람이 보기 쉽게 정리해서 파일로 만든다. 단, 사이트별로 판매 규정은 있다. 크몽은 글자 포인트 12 내외를 선호하며, 약 20페이지 이상의 문서를 추천한다. 탈잉은 50페이지 이상 돼야 업로드 가능하다. 블로그에 올린 콘텐츠가 있다면 10개 이상 글을 묶어 파일로 만든다.

요즘은 보안을 고려해 PDF 파일보다는 노션이나 구글 독스(Docs)로 판매하기도 한다. PDF 파일로 전달하면 아무래도 공유를 막기 어렵다. 노션이나 구글은 권한을 얻어야 글을 열람할 수 있다. 아이디와 비번을 공유할 수 있지만, PDF 파일만큼 쉽지는 않다. 내용을 실시간으로 수정할 수도 있다.

PDF 파일을 팔면 비용이 들지 않는다. 단, 플랫폼별로 수수료는 있다. 크몽은 20% 정도다. 블로그나 카페, 인스타그램 등 채널이 있다면 직접 팔 수 있다. 수수료가 없으니 판매 비용 그대로 수익이다.

처음에는 크몽이나 탈잉 플랫폼 입점을 권한다. 이곳에는 이미 사용자가 있기 때문이다. 크몽에서 한 번이라도 PDF 파일을 산 사람이라면 얼마든지 당신이 판매하는 파일을 구매할 가능성이 있다. 후기가 쌓이면 후기를 모아 블로그에서 판다. 블로그 이웃이 많거나 노출이 잘 된다면 순서를 바꿔도 좋다.

1) 어떻게 하면 빨리 PDF 파일을 만들 수 있을까?

PDF 파일을 빨리 만드는 방법은 글 한 꼭지를 쓰는 방법이나 책을 쓰는 것과 같다. 예를 들어, 무작정 PDF 파일을 만들어야지 하면 방향도 못 잡고 고민만 한다. 결국 '내가 무슨 PDF 파일이야.'라며 포기한다. 무엇을 하더라도 시작과 끝, 전체에 대한 계획이 있어야 한다.

시작하기 전에 반드시 기한을 정한다. 가령 일주일이라는 기한을 정했다면, 두 가지를 고려한다. 파일을 만드는 것과 판매하는 일이다. 아래는 PDF 파일을 만들기로 결심한 후 전체 기획 과정이다.

> 전체 기획 : 주제 정하기 → 목차 잡기 → 기한 정하기 + 시간 확보하기 → 콘텐츠 초안 작성 (처음부터 끝까지 마무리하기) → 상세페이지 등록 → 초안 수정 + 편집 → 판매 시작

PDF 파일을 만들 때 주의해야 할 것이 있다. '100% 완벽한 파일을 만든 후 판매해야지.'라는 생각이다. 이런 생각으로는 팔 수 없다. 완벽에 가까운 파일을 파는 것이 아니라, 가능성을 시험하는 것이다. 자신이 가진 경험과 노하우가 팔리는지 확인하는 작업이다. 파일이 부족하다면 계속해서 수정 보완한다.

만약 최종 목표를 'PDF를 만들고, 팔아서 수익 내보기'로 정하지 않으면 단계마다 완성도 높은 작업에 집중하다가 포기한다. 빠르게 파일을 만들고, 상세페이지를 만든다. 잘못됐다면 판매처에서 수정하라는 요청이 온다. 파일도 사람들 피드백에 따라 보완한다.

이 책을 읽으며 콘텐츠에 대한 고민을 했다면 주제가 정해졌을 것이다. PDF 파일도 같은 주제로 만든다. 그동안 만든 콘텐츠가 10편 이상이면 정리해서 PDF 파일로도 만든다. 여전히 주제 정하기가 어렵다면 다음 내용을 참고하자. PDF 파일 주제 찾는 법이다.

① 나는 어떤 스킬을 갖고 있나?

전문가 다운 스킬이 아니어도 좋다. 회사에서 PPT나 엑셀을 잘한다면 그 정도 노하우도 좋다. 아이를 빠르게 잠재우는 스킬이 있다면 육아 노하우도 좋다. 토익 시험에서 단기간에 성적을 2배 이상 올렸다면 이것도 좋다.

② 내가 잘하는 것은 무엇인가?

전문가가 아니더라도 사람들이 자주 묻는 질문이 있을 것이다. 사소하게는 물건을 살 때 어떤 사이트가 저렴한지를 물을 수도 있고, 어떤 경로가 가장 빠른지, 대중교통편을 물을 수도 있다. 여행 갈 때 꼭 필요한 정보나 가구, 생활용품을 살만한 판매처를 물을 수도 있다. 세차 방법이나 에어컨 청소 방법도 있다. 사람들이 자주 묻는 것이 무엇인지 생각해 보자. 사람들의 비용과 시간을 아껴줄 수 있다면 콘텐츠로 팔 수 있다.

③ 휴일이나 여가 시간에 하는 일은 무엇인가?

주말이나 휴일, 여가 시간에 당신은 무엇을 하는가? 시간과 장소, 환경 등의 영향을 받지 않고 무엇이든 할 수 있다면 원하는 일은 무엇인가? 평소 즐기는 일이나 좋아하는 일이 있다면 PDF 파일로 만든다. 예를 들어, 나는 주말마다 아이를 데리고 키즈카페에 간다. 아이도 즐겁고 아이가 노는 동안 잠깐 쉴 수 있다. 주말마다 다니니 1시간 정도 거리의 키즈카페는 다 가봤다. 주말을 아이와 즐겁게 보내는 꿀팁으로 정보를 만들 수 있다. 전국에 있는 동물 농장을 거의 다 가봤다. 어디가 좋은지, 어떤 점에서 추천하는지, 갈 때 챙겨가야 할 것을 모아서 파일로 만들 수 있다.

파일을 완성했다면 파는 일이 남았다. 크몽 등 사이트에 입점 신청을 한다. 크몽에 등록할 때는 상세페이지를 제작한다. 처음에는 쉽지 않다. 이때는 기존에 판매 중인 상세페이지를 살펴본다. 각 페이지마다 담고 있는 메시지나 글의 양식이 있다. 이를 자신만의 문체와 스토리로 만든다.

처음 파일을 등록하면 가격이 고민된다. 얼마에 팔아야 할까? 경험과 노하우를 팔아본 적이 없으니 고민은 당연하다. 자신을 따르는 팬이 있다면 가격을 낮춰서 시작할 필요는 없다. 하지만 사이트 내에서 구매자 후기를 확보할 전략이라면 가격을 낮춰 시작한다. 이후 후기가 쌓이면 서서히 가격을 높인다. 이때 후기는 어떤 방법으로 받을까. 파일을 산 사람에게 후기를 쓰면 가볍게 추가 정보를 담은 별도 파일을 준다. 도움 되는 파일이라면 파일을 받기 위해 후기를 쓰는 사람이 늘어난다.

• 말로 콘텐츠 팔기

1 콘텐츠만 있다면 누구라도 시작할 수 있는 강의

1) VOD 강의 론칭

2020년 6월 탈잉에서 연락이 왔다. 블로그를 보고 VOD 콘텐츠를 만들자는 제안이었다. 이후 클래스101에서도 같은 제안이 왔다. 이외에도 다양한 플랫폼에서 VOD 제안을 받았다. 콘텐츠가 쌓여 있으면 다양한 강의 제안을 받는다.

온라인 클래스를 가장 많이 소비하는 세대는 누구일까? 'MZ세대 갓생 추구하는 청년들, 온라인 클래스 통해 창업, 부업 노하우 얻어'라는 제목의 기사를 봤다. MZ세대가 온라인 클래스를 통해 창업과 부업, 취미 등을 배운다는 내용이었다. 이들은 10대부터 인터넷 강의를 들으며 커왔다. 온라인 강의에 익숙한 세대다. 코로나19 이후 온라인 교육 시장이 확대됐다. 그중에서도 MZ세대는 빼놓을 수 없는 주역이다.

온라인 시장이 커지면서 콘텐츠를 가진 사람의 기회가 늘었다. 배움을 배움으로 끝내지 않고, 결과물을 만든 사람은 누구라도 온라인 강의를 만들고 판다. 이런 경험이 없다면 온라인에서 강의를 한다는 게 남의 이야기처럼 들린다. 하나씩 콘텐츠를 쌓다 보면 어느 순간 강의를 론칭하고 파는 자신을 보게 된다. 나도 온라인 강의를 준비할 때는 '이게 될까?' 싶었다. 하지만 기획과 촬영에서 도움을 받으니 결과물이 나왔다.

온라인 강의는 유튜버나 인기 있는 사람만 할 수 있는 게 아니다. 자신만의 콘텐츠가 쌓여 있다면 제안을 받거나 제안을 할 수도 있다. 유명한 플랫폼이 아니더라도 얼마든지 강의를 론칭할 수 있는 플랫폼은 많다.

강의마다 약간씩만 변경하면 다른 사이트에서도 론칭이 가능하다. 단, 이 부분은 계약 시 조건을 정확히 확인하자. 인지도가 높을수록 좀 더 좋은 조건에 진행된다.

평범하지만 온라인 강의까지 론칭한 분이 있다. 제주에서 프리 워커로 일하는 차이나는 제주댁 님이다. 3년 전, 인하우스 중국 통역사로 일하면서 언제까지 남이 주는 통역 일만 할 수 없다는 것을 깨달았다. 이후 그동안의 경험과 노하우를 담은 중국어 콘텐츠를 만들기 시작했다. 처음에는 온라인 활동이 익숙지 않아 콘텐츠를 만드는 일이 쉽지 않았다. 하지만 조급한 마음을 버리고, 자신의 속도에 맞게 콘텐츠를 만들어 나갔다. 콘텐츠가 쌓이니 번역 의뢰가 들어왔고, 온라인 강의도 론칭했다. 꾸준히 콘텐츠를 쌓은 덕분에 어느 순간 기회가 찾아왔다. 현재는 중국 드라마 스터디와 '차이니즈 모먼트'라는 카페도 운영하고 있다. 이처럼 누구나 꾸준히 자신만의 이야기로 콘텐츠를 쌓으면 VOD 강의를 할 수 있다.

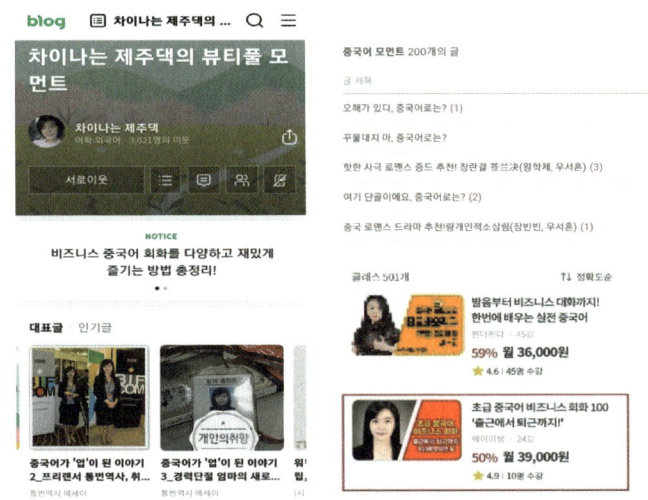

<꾸준히 쌓은 중국어 콘텐츠로 VOD 강의를 론칭한
차이나는 제주댁 님>

클래스 101 : https://class101.net/

클래스유 : https://www.classu.co.kr/

탈잉 : https://taling.me

패스트캠퍼스 : https://fastcampus.co.kr/

인클 : https://incle.co.kr/

네이버 엑스퍼트 : https://expert.naver.com/

베어유 : https://bear-u.com/

스터디파이 : https://studypie.co/

콜로소 : https://coloso.co.kr/

인프런 : https://www.inflearn.com/

비버하우스 : https://bhentertainment.ca/

팬딩 클래스 : https://fanding.kr/explorer/class

에어 클래스 : https://www.airklass.com/

아이디어스 클래스 : https://www.idus.com/oc

하비풀 : https://www.hobbyful.co.kr/

<자신만의 콘텐츠로 강의를 론칭할 수 있는 온라인 강의 사이트>

2) 오프라인 강연

콘텐츠가 쌓이면 강연 제안이 들어온다. 강연을 할 때마다 나는 어떤 메시지를 담을까 고민한다. 소상공인 마케팅 강연을 준비한 이야기다. 이 과정이 당신의 첫 강연에 도움 되길 바란다.

소상공인 강연에서는 'EDA 기법'이라는 메시지를 전달했다. EDA 기법은 쉽고(Easy), 다르게(Different), 다시(Again) 파는 방법이다. 마케팅이 잘되면 쉽게 팔린다. 파는 사람이 매력적이면 다르게 팔린다. 상품이 아니라 사람을 보기 때문이다. 무엇을 팔더라도 팔린다는 의미다. EDA 기법을 정리하면 이렇다.

- 쉽게 파는 법 : 상품을 알리기 전 사람 먼저 모으기(마케팅 : 잠재 고객)
- 다르게 파는 법 : 과정을 담아 경쟁하지 않고 팔기(브랜딩 : 매력적인 판매자)
- 다시 파는 법 : 플랫폼을 통해 재구매율 높이기(커뮤니티 : 팬 만들기)

① Easy : 쉽게 파는 방법

상품을 팔고 싶다면 당신은 먼저 상품을 알리겠는가? 사람을 모으겠는가? 같은 질문을 강연장에서 했다. 대부분 사람이라 답했다. 과연 그럴까? 오신 분들에게 다시 질문했다. "사람이 먼저라 하셨는데, 상품을 팔기 전에 사람 먼저 모으셨나요?" 어느 누구도 사람을 먼저 모으지 않았다.

A. 상품 VS 사람

상품을 팔기 전, 살 사람을 모았다면 쉽게 팔 수 있다. 반대로 상품을 만든 후 팔려고 하면 살 사람을 찾아야 한다. 스마트스토어에 노출하고, 블로그에 상품을 알린다. 맘카페에 입점해 공동구매를 한다. 타 사이트에도 입점한다. 방법은 다양하다.

블로그나 카페에 콘텐츠를 쌓아 관심 있는 사람을 모았다면, 파는 것이 좀 더 쉬웠을 거다. 나오기 전부터 예약 판매를 하거나 나오는 동시에 팔 수도 있다. 왜 더 쉽게 파는 방법이 상품보다 사람인지 이해될 거다.

B. 사람을 모으는 법

보통 상품이 있는 사람은 블로그를 운영할 때 홍보에 집중한다. 왜 사람들이 모이는지 생각하지 않는다. 홍보 글은 중요하다. 하지만 그보다 더 중요한 게 있다. 잠재 고객이다. 홍보 글이 넘치면 피로도가 높아진다. 읽고 싶지 않다. 도움 되는 정보가 쌓이면 이웃이 늘어난다. 검색으로 들어와도 이탈하지 않는다.

누룽지를 판다고 가정해 보자. 잠재 고객은 누구일까? 아이 엄마나 50~60대 혹은 직장인이다. 간편하게 식사 대용이나 간식이 필요한 타깃이다. 어린 자녀를 둔 엄마는 아침 시간이 바쁘다. 누룽지로 식사를 대신한다. 아이 엄마를 위해 어떤 콘텐츠를 쌓아야 할까? 누룽지 외에 아이들 식사 대용 음식을 추천한다. 누룽지가 영양이 있는지, 아이 성장에 연결되는지도 다룰 수 있다.

50~60대 타깃은 건강에 관심이 많다. 집에서도 할 수 있는 가벼운 운동 방법을 알려준다. 건강에 좋은 음식 정보도 쌓는다. 이렇게 타깃에 맞는 콘텐츠로 접근한다. 타깃이 가진 문제를 해결한다. 그러면 누룽지는 자연스럽게 팔린다.

나는 잠재 고객을 모으기 위해 영어 콘텐츠를 올렸다. 워킹홀리데이를 가는 학생은 돈과 여행, 영어가 목적이다. 타깃이 필요한 정보, 잠재 고객을 모을 수 있는 정보를 담는다.

- 잠재 고객을 어떻게 모을 것인가?
→ 타깃의 관심 정보를 쌓는다.
→ 타깃의 문제를 해결한다.

<콘텐츠로 잠재 고객을 모으는 방법>

주제 / 콘텐츠	잠재 고객	메인 고객	수익
누룽지	건강 정보, 간식 정보	누룽지	누룽지 판매
워킹홀리데이	영어	워킹홀리데이	연수, 영어 스터디, 준비물

<누룽지, 워킹홀리데이 주제의 잠재 고객과 메인 고객 및 수익화 방법>

② 경쟁하지 않고 파는 방법

EDA기법 두 번째는 경쟁하지 않고 파는 방법이다. 경쟁이 없으면 고객은 상품을 논리적으로 비교하지 않는다. 대신 판매자의 매력을 보고 산다. 이때는 판매자가 무엇을 팔더라도 상관없다.

누군가 상품을 살 때, 구매 동선이 있다. 인스타그램에서 피드를 보다가 눈에 띄는 상품이 있다면 상품을 인지한다. 좋은 상품인지 네이버에서 검색한다. 상품 후기나 판매처를 찾아본다. 후기가 많으면 믿음이 생기고 구매로 이어진다. 보통 이런 구매 동선을 가진다.

여기에 블로그 리뷰나 판매자가 운영하는 블로그가 있다면 둘러본다. 물론 가격이 저렴한 상품이라면 후기만 보고 구매한다. 하지만 상품이 비쌀수록 더 많은 정보를 찾아본다. 비용을 낼 가치가 있는지 꼼꼼하게 확인한다.

여기서 조금 다르게 파는 방법이 있다. 상품의 제작 과정을 담는다. 운영자가 블로그를 직접 운영하며, 작업한 모습을 담는다.

스토리가 담긴 콘텐츠다. 상품을 제작 과정 에피소드에 담고, 왜 이 상품을 만들게 되었는지 스토리텔링을 한다. 상품을 사용하면 얻는 이점을 풀어내도 좋다. 상품을 활용하는 다양한 방법도 나눈다.

스토리가 담기면 상품은 남달라진다. 어떤 시기에 사용하면 좋을지, 판매자 입장에서 알려준다. 상품에 스토리가 생기면 후기가 쌓이고 신뢰도는 올라간다. 다른 상품을 팔 때도 믿고 구입한다. 판매자의 매력이 전해지면 경쟁할 필요가 없어진다.

하지만 이런 과정이 없다면, 최종 상품만 팔게 된다. 물론 상품의 퀄리티는 기본이고, 포장상태, 가격 등이 비교 대상이다. 과정이 담긴 스토리가 빠지면 그냥 상품의 가격, 후기, 키워드 싸움이다.

③ Again : 재구매율을 높이는 법

플랫폼을 통해 재구매율을 높이는 방법이다. 블로그에 과정이 담긴 스토리를 콘텐츠로 만들고, 타깃의 문제를 해결해 주면 사람들이 모인다. 꾸준히 다시 방문하는 고객을 사로잡을 콘텐츠를 쌓는다. 그렇게 모인 사람을 카페로 연결한다.

운영자와 회원의 신뢰도가 쌓이면 카페에서 파는 게 쉬워진다. 상품이나 서비스 하나를 팔더라도 만족도가 높으면, 다른 상품에 대해 기대치가 올라간다. '아, 이 카페에서 추천해 주는 건 다 믿을만해.'가 된다. 무엇을 팔더라도 파는 것이 쉬워진다.

3) 강연 전 에피소드

콘텐츠가 쌓이면 종종 강연 기회가 생긴다. 소상공인 강연을 준비할 때 타깃을 모르는 상황에서 준비했다. 누군가는 "소상공인 강연인데 무슨 소리냐?"라고 할 수 있다. 내 기준에서는 참석자 한 분 한 분을 모두 파악하고 싶었다. 업체명은 무엇인지, 채널은 운영하는지, 판매하는 상품은 무엇인지, 규모는 어느 정도 되는지 말이다. 이날은 참석자가 확인되지 않아 준비한 강연을 진행하면서 사람들에게 질문을 던졌다.

① 질문형 강연

강연은 80~100명 예정이었다. 준비하면서 오는 분들에게 질문을 받을 수 있을까 걱정됐다. '입장하면서 QR코드로 단체 카톡 링크를 주고 질문을 받아볼까? PC 화면을 띄워서 질문과 답변을 이어나갈까?'라는 생각도 했다.

하지만 현장 상황이 어수선해질 거 같았다. 참석자 연령대를 모르는 상태에서 무리하게 진행할 수가 없었다. 강연 전 담당자분과 잠깐 이야기를 나눴다. Q&A식으로 강연을 진행하고 싶다 하니, 전날 같은 강연 상황을 이야기했다. 물어봐도 참석자 누구도 대답하지 않았다고 했다.

하지만 나는 강연을 하면서 사람들에게 질문을 했다. 다행히 적극적으로 답변을 받았다. 각자 고민하는 것을 현장에서 바로 해결해 주니 더 많은 사람들이 더 적극적으로 질문을 했다.

② 타깃을 모르는 상황에서 강연 대처 방법

강연 시작 2시간 전에 현장에 도착했다. 현장 분위기가 궁금했다. 미리 가서 담당자분을 만났다. 현장에 가보니 인터파크와 중소기업유통센터가 함께 선보이는 소상공인 전용 O2O 스마트 플래그십 스토어 '소담상회'에 입점한 분들이 오신다는 걸 알게 됐다. 강연장 한쪽에 진열된 상품이 있었다. 강연 전 입점한 상품을 찾아 SNS를 확인했다. 입점 업체 중에는 블로그, 인스타그램, 스마트스토어 등 다양한 채널을 운영하는 곳도 있었다. 마케팅을 잘하는 업체도 있었고, 부족한 업체도 보였다.

다음으로 참석자들과 이야기를 나눴다. 일찍 오신 분께 인사하고, 어떤 상품을 판매하는지, SNS는 운영하는지, 강연을 통해 얻고 싶은 것이 있는지 물었다. 이렇게 미리 소통하면 강연 분위기가 자연스러워진다. 질문을 통해 강연 방향을 잡는다.

코로나19 이후 오랜만에 오프라인 강연을 했다. 어떤 도움을 드릴 수 있을까, 강연 직전까지 고민했다. 타깃을 모르는 상태에서 진행하는 강연은 쉽지 않다. 같은 내용으로 블로그, 카페 강의는 얼마든지 할 수 있다. 하지만 활용도가 다르고 목적이 다르다. 각자 맞춤형으로 강의하면 불편한 마음이 없어진다.

강연이 잘 된 날은 끝나고 사람들이 바로 가지 않는다. 남아서 질문하고, 답을 받고 싶어 한다. 강연이 끝난 후 한 대표님께서 허리 복부 온열 찜질기를 선물로 주셨다. 일부러 챙겨 온 건 아니었다. 다 듣고 고마운 마음에 주셨다.

이 강연 후 나는 무엇을 했을까? 다시 콘텐츠를 만들었다. 강연을 준비하는 과정, 강연 현장 이야기, 강연 후기를 담았다. 모든 경험은 다 콘텐츠가 된다. 단순히 강연 후 몇 장의 사진만 올리는 사람도 있다. 나는 최대한 구체적인 콘텐츠를 만든다.

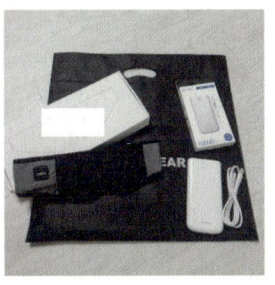

<소담상회 마케팅 강연 준비 과정을 담은 후기 콘텐츠>

활동한 모습을 몇 장의 사진으로 보여주는 게 아니다. 어떤 자세로 준비하고, 얼마나 도움을 주고 싶은 마음이었는지를 담았다. 그 강연 후기를 담은 글이 바로 EDA 기법에 관한 콘텐츠다.

강연을 준비하며 어떻게 하면 쉽게 설명할까 고민했다. 짧은 시간 안에 명확한 메시지를 전달하고 싶었다. 쉽게 설명하고, 각자에서 도움 되는 솔루션을 전하고 싶었다. 그래서 준비한 강연 외에도 참석자에게 더 많은 질문을 했고, 강연 내용을 쉽게 전달하기 위해 EDA라는 기법을 만들어 전달했다. 각자 활동하는 이야기를 콘텐츠로 담아보자. 내 이야기를 하지 않으면 누구도 모른다. 준비 과정, 현장 이야기, 후기 등을 상세히 남겨보자. 그렇게 만들어진 콘텐츠는 다른 기회를 부른다.

<EDA 기법을 바탕으로 진행한 소상공인 마케팅 강연 모습>

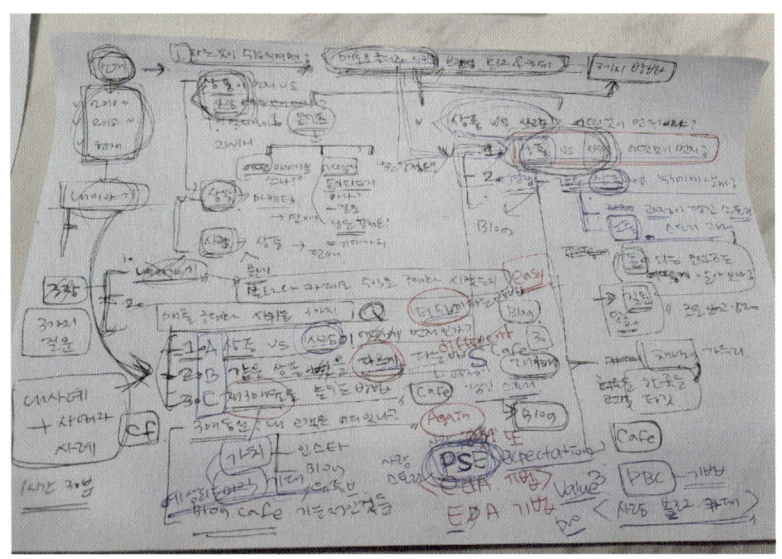

<소상공인 마케팅 강연을 준비하며 아이디어를 구상한 메모>

개인적으로는 특강 시간 내내 김소영 작가님과 참석하신 분들이 계속 질문을 주고 받으면서, 실제 판매에 도움이 될 수 있는 인사이트를 얻는 모습이 매우 인상적이였습니다.
(소크라테스가 떠올랐어요..ㅋ)

<소담상회 소상공인 마케팅 강연 후기 중>

2 처음부터 끝까지, 강의 기획하기

"강의 모집이 쉽지 않아요. 모집 글을 올렸는데 사람들 반응이 없어요." 종종 이런 이야기를 듣는다. 콘텐츠가 어느 정도 쌓이면 강의 요청이 들어온다. 혹은 직접 강의를 모집한다. 강의를 처음 하는 사람이라면 어떤 방법으로 시작할까? 블로그에 쌓은 콘텐츠로 강의를 시작한다고 가정해 보자. 사람들이 강의를 신청하는 판단 기준은 무엇일까?

- 블로그에 한 분야의 콘텐츠가 쌓여 있다.
- 이웃과 꾸준히 소통하고, 친한 이웃이 있다.

강의를 시작할 때 이 두 가지만 준비돼도 시작이 쉽다. 콘텐츠도 없고, 이웃도 없고, 사람들과 소통도 없다면 모집 글을 올려도 반응은 없다.

1) 정확한 타깃

'누구를 위한 콘텐츠인가요? 누가 읽기를 바라나요?' 이 질문에 여전히 고개를 갸웃한다면 타깃부터 다시 정해야 한다. 콘텐츠를 만들 때 타깃이 정해지지 않으면, 돈 쓸 사람이 헷갈린다. '내가 들어도 되는 강의인가?' 고민이 생긴다.

타깃은 어떻게 정할까? 콘텐츠 만드는 사람이 정한다. 콘텐츠를 보는 사람에게 자신이 타깃이라는 것을 정확히 알려준다. 가령 엄마표 영어 콘텐츠를 만드는 사람에게 물었다.

엄마표 영어 타깃이 누구예요? - 엄마들이요.
그러니까 어떤 엄마요? - 네?

엄마라는 범위가 넓다. 타깃이 정확히 보이지 않는다. "우리 아이는 3살인데, 엄마표 영어 해도 되나요?"라고 물으면 '아'하고 알아듣는다.

콘텐츠를 만드는 사람은 모두가 대상이라 생각한다. 읽는 사람은 본인이 해당하는지조차 모른다. 명확한 타깃, 즉 엄마표 영어를 하는 사람은 '몇 살부터 몇 살까지의 아이를 둔 엄마'라고 알려줘야 한다. 엄마표 영어뿐만 아니라 다른 상품과 서비스도 같다.

타깃 설정이 어렵다면, 한 가지 팁이 있다. 타깃을 언급할 때 모든 타깃을 다 언급한다. 중요한 것은 언급이다. 예를 들어, 중국어 강의를 모집한다. "중국어 이런 분께 꼭 필요합니다."라고 대상을 지정할 때, 직장인, 대학생, 취준생, 중고생, 주부, 어린이를 다 포함한다. 중국어에 관심이 있다면 이 광고가 자신에게 꼭 필요한 강의라고 생각한다. 타깃을 전체라도 언급할 때와 하지 않을 때는 차이가 있다. "모든 분에게 필요한 중국어입니다."와 "이런 분께 꼭 필요합니다."는 느낌이 다르다. 하지만 '이런 분'에는 사실

'모두'가 포함돼 있다.

직장인	승진 및 이직을 위한 중국어 준비	중고생	제2외국어 내신 선행학습
대학생	유창한 중국어 말하기 중국어 경쟁력	주부	자기 계발 및 여행을 위한 회화
취준생	중국어 스펙 및 면접 준비	어린이	중국어 조기 교육 미래 경쟁력

<중국어 학원 타깃 설정 예시. '이런 분' 안에 '모두'가 포함돼 있다.>

다음은 펀딩으로 진행한 네이버 카페 책 펀딩 후원자 모집 글이다. '이런 분'에 당신이 포함되는지 확인해 보자. 찾았는가? '각각' 넣었지만, 결국 '어? 내 이야기네.'라는 생각이 들게 '모두'를 포함했다.

아이템 이런 분들에게 추천합니다.

- ✓ 온라인으로 돈벌고 싶은데 여기저기 비싼 강의 들어도 **수익이 안 나는 분**
- ✓ **네이버 카페가 돈 된다는걸 처음 알게 된 분**
- ✓ **블로그 조차 수익을 못내고 있는 분**
- ✓ 네이버 카페가 돈되는 건 알았는데, **어떻게 해야할지 전혀 감이 안오는 분**
- ✓ 이미 카페를 운영하고 있지만 **수익 내본적이 없는 분**
- ✓ **자신만의 플랫폼**을 만들고 싶은 분
- ✓ **온라인 건물주**가 되고 싶은 분
- ✓ **단 100명의 회원이라도** 수익나는 카페를 운영하고 싶은 분
- ✓ 네이버 카페를 통해 **자동화 수익을** 만들고 싶은 분
- ✓ **디지털노마드**가 되고 싶은 분
- ✓ **투잡으로 월세 300만원** 만들고 싶으신 분

<소영처럼 네이버 카페 책 펀딩 소개글 중 '이런 분들에게 추천합니다.'>

2) 무엇을 보고 강의를 신청할까?

블로그로 강의 모집을 할 때 사람들은 무엇을 보고 신청할까? 콘텐츠다. 도움 되는 정보가 많고, 문제를 해결해 주는 콘텐츠가 많을수록 신청자는 많아진다.

- 블로그 이웃 서로이웃 관리, 아무나 추가해도 되나요? (134)
- 블로그 검색 누락 확인 웨어이즈포스트 + 네이버 고객센터 요청 방법 (63)
- 수익형 블로그, 내 이야기가 돈이 되게 하는 방법 (109)
- 블로그 상위노출 비법 마스터, 그런게 있나요? (89)
- 블로그 왜 해야 하는지 아직도 모르겠다면 (121)
- 네이버 키워드, 블로그 포스팅 할 때 이렇게 찾아보세요 (139)
- 네이버 블로그 에디터 one, 템플릿 + 모바일 동영상 편집 활용해보세요 (33)
- 블로그 운영 팁, 첫 화면 이전 글이 나올때 대처방법 (19)
- 블로그 스크랩하는 법, BLOG 운영 팁! (19)
- 블로그 운영 영상 팁 프롤로그 vs 블로그, 앨범 타입 (27)
- 블로그 페이지뷰 설정 방법 + 유튜브 콜라보 하려해요ㅎ (55)
- 블로그에 어떤 글을 써야할지 모르겠어요 (70)

<소영처럼 블로그에 쌓인 블로그 관련 콘텐츠>

만약 충분한 콘텐츠가 없다면 모집이 안될까? 그렇지 않다. 콘텐츠가 적어도 가치를 입증하면 가능하다. 가치는 제3자가 인정한 후기다. 후기가 없어서 고민이라면 댓글이나 대화 질문을 통

해 후기 효과를 만든다. 상세 내용은 4장 '제3자의 입으로 확신을 줘라'를 참고한다.

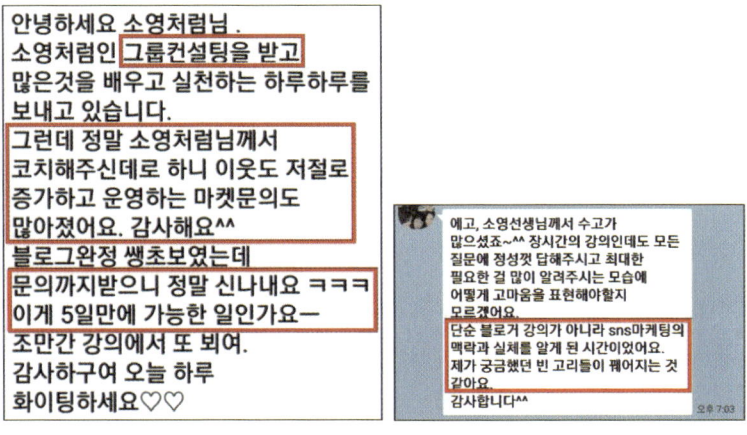

<블로그 강의 모집 글에 담긴 후기>

3) 가격

첫 강의를 기획할 때 강의료 고민이 많다. 얼마를 받아야 할까? 온라인에서 판매하는 강의는 10만 원대부터 50만 원대까지 다양하다. 월 1만~2만 원에 모든 강의를 수강할 수 있는 구독 서비스도 있다. 소규모나 1:1 컨설팅, 장기 코스는 천만 원 이상도 한다.

강의료는 인지도와 연결된다. 처음 강의를 하면 인지도가 없다. 수강료는 인지도를 쌓으며 올린다. 보통 가격 정하는 것을 어려워한다. 돈을 받는다는 생각이 불편하게 만든다. 가격은 받는다는 생각보다 가치와 교환한다고 생각하면 불편함을 없앨 수 있다. 가격을 정할 때 두 가지를 생각해 보자.

- 가격을 먼저 정할 때 : 어떻게 이 가격 이상의 가치를 줄 수 있을까?
- 가치를 먼저 정할 때 : 이 정도 가치면 나는 얼마를 지불할까?

비싸다고 안 팔리고, 싸다고 잘 팔릴까? 가격은 상대적이다. 지불하는 비용 이상의 가치가 예상되면 사람들은 비용을 낸다. 받고 싶은 강의료가 정해졌다면, 고민해야 할 것은 한 가지다. 어떻게 하면 가격 이상의 가치를 줄 수 있을까. 비용이 올라가면 시간이나 횟수를 늘린다. 1회 강의라면 지불한 비용 이상의 정보나 가치를 전한다. 무엇을 줄 수 있을지 생각한다.

가치를 먼저 정했다면 5년 전, 10년 전에 이 가치를 모르던 자신을 상상해 보자. 나라면 얼마를 내도 아깝지 않다고 느낄까? 이 두 가지 방법으로 생각하면 답이 나온다.

4) 선택의 역설

골목식당으로 유명한 백종원 대표는 다니는 가게마다 메뉴 수를 줄여야 한다고 강조한다. 종류가 많을 때 선택이 쉬운가, 적을 때 쉬운가? 만족도는 어떤가? 자신의 경험을 떠올려 보자. 점심 식사를 할 때 메뉴 수가 많은 게 선택이 쉬웠는가, 적은 게 쉬웠는가?

선택지가 많으면 사람들은 선택을 미룬다. 어떤 것을 선택해야 할지 스트레스를 느낀다. 하나를 고른 후에도 좋은 선택이 맞는지 걱정한다. 선택지가 많을수록 선택하기는 더 어렵다. 선택을 해도 만족하기가 힘들다.

선택에 관한 실험이 있다. 아이엔가 콜롬비아대학 교수와 마크 래퍼 스탠퍼드대학 교수는 '잼 판매 실험'을 했다. 6가지 잼과 24가지 잼을 시식한 후 구매로 이어지는 결과를 확인했다. 시식 참여율은 24가지 잼이 60%로 더 높았다. 구매 결과는 어땠을까? 선택지가 많은 것보다 적은 것이 더 높았다. 당신이 판매하고 있는 상품은 선택지가 많은가, 적은가?

잼	시식 참여율	구매율
6가지 잼	40%	12%
24가지 잼	60%	2%

<잼 판매 실험 결과. 선택지가 적은 잼의 구매율이 더 높았다.>

파는 상품이나 서비스가 있다면 메뉴판을 약간만 수정해도 구매율이 달라진다. 마찬가지로 강의 상품을 기획할 때도 적용할 수 있다. 다양한 코스보다 집중해서 팔 상품을 만들어보자.

5) 코스 3개 만들기

몇 개의 강의를 만드는 게 좋을까? 초급, 중급, 고급 3가지 상품을 만든다. 초급은 미끼 상품이다. 누구나 쉽게 접근하도록 낮은 가격을 정한다. 또는 자신을 알리거나 후기 받을 목적으로 무료로 한다. 중급은 주력 상품을 넣는다. 마지막으로 고급 상품은 프리미엄 상품이다. 가격이나 퀄리티, 서비스 면에서 월등히 좋은 상품을 기획한다. 미끼 상품 만족도가 높다면 중간, 고가 상품 판매까지 이어진다.

처음부터 코스를 3개로 만들기는 쉽지 않다. 하지만 첫 상품에 만족도가 높다면, 다음 상품으로 이어질 확률이 높다. 이때 다른 상품이 없다면 발길을 돌린다.

6) 블로그로 강의나 프로젝트를 모집한다면

첫 강의는 부담된다. 부담을 더는 두 가지 방법이 있다. 첫째는 무료 강의다. 무료 강의를 준비할 때 120% 이상을 준다는 마음으로 한다. 무료로 온 사람에게 감동을 주면 유료 판매는 쉬워진다. 무료도 이 정도인데 유료를 들으면 얼마나 가치가 있을까 기대한다. 마찬가지로 콘텐츠를 만들 때도 정성을 다한다. 공개된 콘텐츠는 무료 정보를 주는 것과 같다. '이 정도 정보가 무료인데, 돈을 내면 얼마나 더 얻을 수 있을까?'하고 기대한다.

두 번째는 프로젝트다. 프로젝트는 특정한 목표를 달성하기 위해서 조직적으로 움직이는 작업 과정을 의미한다. 강의는 1회지만, 프로젝트는 기간을 정하고 한다. 1회가 아닌 만큼 시작하는 부담을 덜 수 있다. 기간이 고민된다면 21일 또는 30일로 정한다. 습관을 바꾸려면 최소 21일은 지속해야 한다는 연구 결과가 있다. '21일의 법칙'은 미국의 의사 존 맥스웰이 1960년대 그의 저서 '성공의 법칙'에서 처음 주장했다. 이후 많은 심리학자와 의학자 연구를 통해 체계화됐다.

30일은 '한 달'이 주는 의미가 있다. 매달 1일은 시작을 의미한다. 프로젝트를 새롭게 시작할 때 사람들에게 일부러 동기부여를 시키지 않아도 한 달이 갖는 단어의 의미가 있어, 시작을 쉽게 만든다.

프로젝트는 정해진 기간에 피드백을 주며 사람들을 이끄는 방식이다. 공들인 만큼 참여자 성과가 나온다. 사례가 쌓이면 다음 모집은 좀 더 수월하다. 강의나 프로젝트에 대한 자신감도 얻는다.

	강의	프로젝트
특징	1회(강의에 따라 2회 이상도 가능), 정해진 시간 내 최상의 결과 도출 - 타깃이 잘 이해하도록 - 타깃에게 도움 되도록 - 타깃이 실행할 수 있도록 - 감동할 수 있도록	- 장기 진행 가능 - 참여자 레벨, 따라오는 정도를 파악하며 피드백 가능 - 참여자와 친밀해짐 - 성공 케이스를 만들 수 있음
장점 / 단점	- 장점 : 1회 진행, 부담 없음, 후기 잘 나오면 다음 모집 쉬움 - 단점 : 결과를 바로 만들기 어려움	- 장점 : 결과를 만들기 수월 - 단점 : 프로젝트가 진행되는 동안 지속적인 에너지 소모(시스템화 필요)

<강의와 프로젝트 특징 및 장단점 비교>

프로젝트에 대한 팁이다. 반드시 리더 역할을 혼자 할 필요는 없다. 다음은 오백성 프로젝트 미션이다. 3명이 리더로 함께 활동했다. 새벽 기상, 독서, 미니 특강을 했다. 매달 신규 회원을 모집했다. 유료로 진행했고, 매달 150~200명 정도가 참여했다. 리더와 참여자 모두 성장한 프로젝트다. 프로젝트 참여자에게 강의나 발표 기회를 제공했다. 후기도 받을 수 있도록 지원했다. 후기가 쌓이면 각자의 유료 강의도 이어진다.

안녕하세요.
오백성 시작한지 얼마전 같은데 벌써 한달이 다 지났네요.
마지막 주 일정 공지할게요!

▶ 추천 책 및 미션 안내
. 백만불짜리 습관 (추천 by 스란)
. 11/29까지 백만불짜리 습관 순서로 성공독서후기에 책 리뷰쓰기
   (후기에 꼭 들어갈 것 : 깨달은 것, 내 삶에 적용할 것)

▶ 동영상 미니특강
. 자유의지, 소영처럼, 스란 주별로 질문에 대한 답
: Q&A 게시글 질문 남겨주시면 음성 답변드립니다.

▶ 자유 주제 미니특강
: 자유의지 미니특강 (업로드예정)
  - 퇴사 후 6개월 동안 내가 깨달은 것 (부제 : 성공으로 가는 지름길)

▣ 미션 인증해주세요!

▶ 1일1포스팅 (미션기준 : 1주 3 포스팅)
▶ 책 2주 1권 후기
▶ 새벽기상 (28일 이상), 카톡방에 인증한 경우 화면캡쳐

미션인증예시 https://cafe.naver.com/toberich1/1870

<오백성 프로젝트 미션 공지글>

7) 강의안 만들기

　나는 생각해야 할 것이 있으면 A4 종이에 떠오르는 아이디어를 쏟아 낸다. 마인드맵도 사용해 봤다. PC보다는 펜을 손에 쥐고 할 때 더 많은 생각이 났다. 그 뒤로 거의 모든 일을 시작할 때 흰 종이와 펜을 먼저 준비한다.

　강의안 만들 때도 마찬가지다. 다음은 '조인트 사고'라는 책을 강의로 기획하며 쓴 내용이다. 아이와 같이 있던 주말에 A4용지를 꺼내 누워서 생각나는 대로 썼다. 박스 하나당 PPT 1장이라고 생각하고 만들었다. PC에서 작업하기 전에 이렇게 먼저 아이디어를 쏟아내 보자. 강의안을 만들 때 도움 된다.

<종이에 적은 '조인트 사고' 강의 아이디어>

다음은 '책 쓰기' 강의안이다. 좀 더 쉽게 접근할 수 있도록 A4 용지를 16칸으로 나눴다. 한 칸을 PPT 1장으로 생각한다. 강의를 한다는 것은 이미 각자 하고 싶은 이야기가 있다는 의미다. 이 내용을 빈칸에 하나씩 넣어보자. PPT를 만든다고 생각하면 칸이 채워지는 신기한 경험을 하게 될 것이다. 이렇게 만들어진 초안을 토대로 강의안을 만들어보자. PPT의 빈 화면을 보고 있는 것보다 몇 배는 빠른 강의안이 완성된다.

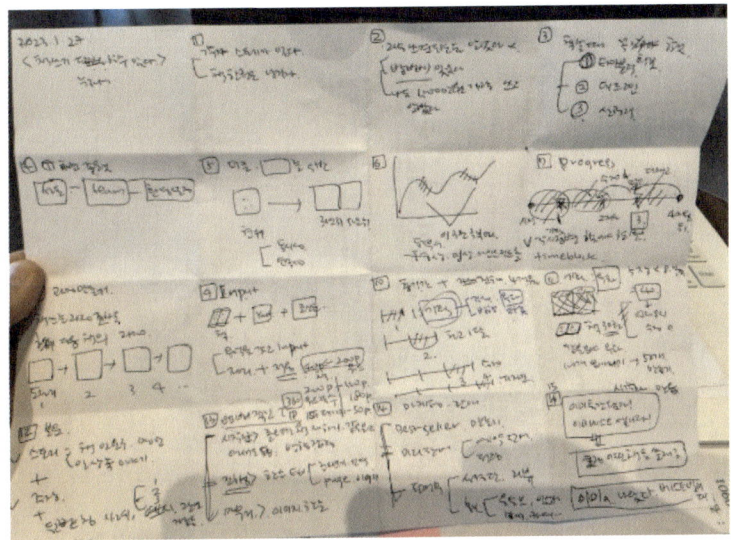

<종이 16칸에 적은 책 쓰기 강의안. 종이 1칸이 PPT 1장이 된다.>

8) 컨설팅 상품 기획하기

　강의를 시작할 당시 지인이 보청기 회사를 운영했다. 블로그 마케팅을 원했다. 5시간 정도 블로그를 1:1로 컨설팅해 드렸다. 고맙다면서 봉투를 주셨다. 봉투에는 20만 원이 들어있었다.

　이 이야기를 콘텐츠로 올렸다. 이후 1:1 컨설팅을 받고 싶다는 문의가 이어졌다. 가격은 지인에게 받은 20만 원으로 시작했다. 문의가 많아지며 컨설팅 준비 시간이 길어졌다. 어느 순간, 받는 비용이 적게 느껴지는 시점이 있다. '과연 이렇게 계속할 수 있을까?'라는 의문이 들면 가격을 인상한다.

9) 강의 에피소드

강의를 시작할 때 단톡방을 운영했다. 오백성 유료 단톡방과 블로그 단톡방이었다. 우선 블로그 단톡방을 수강자 대상으로 모았다. 이후 블로그에 관심 있는 사람들이 모였다. 단톡방을 운영하면 좋은 점이 있다. 단톡방은 폐쇄적이다. 공통된 관심의 사람들이 모여 있다. 누군가 좋은 이야기를 퍼트리면 같은 감정을 가진 사람들이 호응한다. 보고 있는 사람들은 강의나 컨설팅이 궁금하다. 강의 후 수익을 낸 사례들이 나오면서 더 많은 사람들이 몰렸다.

자신만의 이야기를 콘텐츠로 만들어 판다는 게 처음에는 막막하고 어렵게 느껴진다. 나도 그랬다. '과연 내가 할 수 있을까'를 의심했다. 매 순간 스스로를 믿고 사람들 앞에 섰다. 실수를 한 적도 있다. 첫 강의에는 울컥해서 진행을 멈추기도 했다. 출산 후 얼마 되지 않아 감정 조절이 쉽지 않았다. 두 번째 강의는 강의 중 머리가 하얘졌다. 5분이 넘도록 말없이 서 있었다. 사람들이 괜찮다고 힘을 북돋아 줘서 다시 시작했다. 어렵게 강의를 마무리하고 나서 어떻게 수습해야 할지 고민했다. 오셨던 분들 각자에게 블로그 피드백을 드렸다. 실수를 보상하고, 잘 준비해야겠다는 각오를 했다. 지금도 강의나 컨설팅을 할 때 더 많이 준비하고, 더 많이 돕겠다고 마음먹는다. 강의한지 5년이 되었지만 어떻게 하면 도움을 줄 수 있을까 매번 고민한다.

컨설팅을 할 때는 신청자를 최대한 파악하고 만난다. 컨설팅 준비보다 그 사람을 알고 가는 준비가 더 걸린다. 이렇게 하니 사람들의 만족도가 높다. 100만 원, 천만 원이 넘는 강의를 들은 분들은 오히려 더 고마워한다. 비싼 강의와 비교되기 때문이다. 강의는 사람과의 관계이고 신뢰 문제다. 자신이 줘야 할 문제에 대한 솔루션은 기본이다. 한 사람 한 사람을 어떻게 만족시켜야 할지에 대한 고민이 있어야 한다. 그래야 스스로도 성장한다.

가격에 대한 이야기를 했지만 결국, 그 기저에는 스스로에 대한 믿음이 깔려 있다. 새로운 일을 할 때는 언제든 두려움이 생긴다. 두려움에 눌리면 원하는 자신의 모습을 만들 수 없다. 많이 시도하자. 모집 글도 써보고, 가격도 의심스러우면 바꿔가면서 조절해 보자. 5만 원으로 했는데 모집이 안 되면 10만 원으로도 올려본다. 물론 역으로 테스트해 봐도 좋다. 하나하나의 경험을 실패라고 생각하지 말고 테스트라고 생각하자. 시도해 보고 또 시도해 보고 '안되면 말지 뭐.', '다시 하면 되지 뭐.'라는 생각으로 부담을 내려놓자. 당장은 매 순간 의심스럽지만 그게 쌓이면 어느 순간 '나도 되는구나!' 하는 생각이 들 때가 온다.

• 플랫폼에서 콘텐츠 팔기

1 카카오톡 오픈 채팅으로 콘텐츠 파는 법

커뮤니티를 운영하면 콘텐츠 판매는 더 쉬워진다. 관심사가 같은 사람들이 모여 있는 공간은 곧 잠재 고객이 모인 공간이다. 아무리 사람이 많아도 관심사가 다르면 길거리에서 전단을 뿌리는 효과만큼도 안된다. 관심사가 같은 사람이 모인 커뮤니티는 수익 만들기에 좋다.

다양한 커뮤니티가 있지만 카카오톡 오픈 채팅을 이야기해 보자. 카카오톡 오픈 채팅은 코로나19 팬데믹 이후 더 많은 사람이 찾는 플랫폼이 됐다. 핸드폰을 가진 사람이면 누구나 카카오톡을 사용한다. 그만큼 접근이 쉽다.

카카오톡은 개인톡과 단체톡이 가능하다. 단체 톡방은 아이디로 참여하는 단톡방과 링크로 들어가는 오픈 톡방이 있다. 오픈 카톡방은 최대 1,500명까지 입장 가능하다. 관리자는 최대 5명까지다. 단톡방 취지와 맞지 않는 활동을 하면, 관리자는 참여자를 내보낼 수 있다.

오픈 채팅을 사용해 어떻게 수익을 만들 수 있을까? 오픈 채팅에 참여한 사람들은 관심사가 같다. 자연스럽게 대화할 거리가 있다. 하지만 모이기만 하면 알아서 대화할까? 오픈 채팅을 운영할 때도 어려움은 있다. 어떻게 사람을 모을지, 어떻게 하면 대화하게 만들지, 어떻게 수익화를 만들지 등이 과제다. 과제가 해결되면 오픈 채팅을 통해서 수익이 생긴다.

첫째, 사람을 모으는 방법이다. 필요한 정보를 필요한 사람에게 준다. 정보가 필요한 사람은 단톡방에 들어온다. 부동산 단톡방이면 재개발 정보, 세금 정보, 종잣돈 모으는 법, 대출받는 방법 등을 콘텐츠로 만든다. 콘텐츠 하단에 단톡방 링크를 걸어 초대한다.

또는 도움 될 정보를 PDF 파일로 제공한다. 신청 시 댓글에 이메일 주소를 남긴다. 무료 파일을 보내면서 이메일을 수집한다. PDF 파일에 단톡방 초대 링크를 단다. PDF 파일은 유료 광고를 통해서도 사람들에게 전달할 수 있다. 유튜브, 페이스북 광고를 돌리면 저렴한 비용에 좀 더 빠른 모집이 가능하다.

사람들이 모이면 이제부터가 시작이다. 단톡방이 활발하게 돌아가도록 관리자가 분위기를 만든다. 처음에는 아는 사람을 초대해 분위기를 만드는 게 좋다. 여의치 않다면 운영자가 자기소개나 질문으로 대화 분위기를 만든다. 이렇게 하더라도 사람들이 대화하지 않을 수도 있다. 한 달 정도는 신경 쓰며 단톡방을 활발하게 키운다.

대화가 많아지면 판매를 시작한다. 갑자기 팔기 시작하면 사람들은 불편하다. 단톡방 참여자에게 혜택을 주거나, 각자 상품을 공유하도록 분위기를 만든다. 블로그 단톡방을 운영하며 수강생을 먼저 초대했다. 단톡방에서 각자 상품이 팔리도록 도왔다. 먼저 도우면 사람들도 도와준다.

인원이 많아야만 카카오톡 단톡방 수익이 생기는 것은 아니다. 적은 인원으로도 얼마든지 가능하다. 100명만 돼도 관심사가 같다면 수익이 된다. 대화할 수 있고, 쉽게 접근 가능하고, 분위기가 형성되면 판매가 수월하다는 것이 카카오톡 단톡방의 장점이다. 카카오톡에 잠재 고객을 모으자. 한두 사람 후기만 잘 나와도 신뢰는 올라가고 판매로 쉽게 이어진다.

다음은 단톡방에서 판매한 사례다. 단톡방에 다양한 업종의 개인사업자가 활동했다. 그중 주얼리와 주스를 파는 분이 계셨다. 처음에는 한두 명이 상품을 구매한다. 후기가 공유되면 순식간에 판매량이 늘어난다. 관여도가 낮은 상품들은 짧은 후기만으로도 충분히 지갑이 열린다. 또 단톡방 내에서는 이미 신뢰감이 형성돼 구매로 이어지기가 더 쉽다.

<단톡방에서 판매한 주얼리와 주스>

2 네이버 카페로 콘텐츠 파는 법

네이버 카페는 흔히 마케팅의 최종착지라고 부른다. 관심사가 같은 사람들이 모여 있는 공간이기 때문이다. 활동하는 회원이 많으면 카페에서 수백만 원, 수천만 원, 혹은 그 이상을 벌어도 이상하지 않다. 그만큼 활발한 카페는 큰 수익으로 이어진다.

콘텐츠 책에 카페 이야기를 한 이유가 있다. 카페를 운영하면 콘텐츠를 더 많은 사람에게 더 쉽게 팔 수 있다. 카페는 어떻게 시작할까? 네이버 아이디만 있으면 할 수 있다. 중요한 것은 시작이 아니다. 회원을 모으고, 활동하게 만들고, 수익을 만드는 거다.

콘텐츠를 만들고 팔려면 어떤 채널이든 시작해야 한다. 블로그, 유튜브, 인스타그램 등 채널에 사람들이 모였다면 카페로 초대한다. 하나둘 사람들이 모이면 '이렇게 쉽게도 돈을 벌 수 있구나.'라는 걸 실감하는 순간이 온다.

카페는 함께하는 플랫폼이다. 운영자뿐만 아니라 회원이 활동해야 한다. 회원은 얻는 게 있으면 움직인다. 콘텐츠로 정보를 주거나, 문제 해결에 대한 노하우를 준다. 또는 비용적인 혜택도 좋다.

콘텐츠 만드는 방법은 앞에서 설명했다. 잘 따라왔다면 대상과 주제가 정해졌을 것이다. 카페도 같은 주제로 정한다. 단, 주제가 같아도 운영 방법에 따라 방향이 달라진다. 우리는 네이버 카페

하면 커뮤니티를 떠올린다. 여기서 말하는 커뮤니티란 공통된 관심사를 가진 사람들이 모여 정보를 교환하고 일상을 나누는 공간이다. 카페는 커뮤니티 방식만 있는 건 아니다. 운영 목적에 따라 회원들끼리 소통하는 공간이 아닌, 운영자가 일방적인 방식으로 정보를 제공하고 수익화를 만드는 비즈니스 방식도 있다.

예를 들어, 이삿짐 업체 카페를 운영하려고 한다. 커뮤니티 방식으로 운영한다면 이사를 준비하거나 관심 있는 사람을 모아야 한다. 사람들끼리 소통하며 이사에 관한 정보를 나눈다. 주로 질문 글이 많이 올라온다. "○○동에 살고 있는데 ○○로 이사 가려고 합니다. 이삿짐 업체와 청소업체 추천 부탁드립니다." 등이다. 이삿짐 업체 서비스 후기도 올라온다. 그 외에 이사 관련 팁을 회원들끼리 공유하기도 한다. 카페명은 한 업체를 드러내기보다는 '포장 이사의 모든 것'과 같은 느낌이다.

같은 주제 카페를 비즈니스 카페로 운영한다면, 이삿짐 업체 상호가 카페 이름이다. 그동안 블로그나 인스타그램을 통해 이삿짐 업체를 홍보해왔다면 이제는 카페로 확장한다. 어떻게 해야 할까? 우선 기존 고객과 신규 고객을 카페로 불러 모은다. 카페 가입 시 이삿짐 계약 할인 쿠폰을 주거나, 추가 혜택을 준다. 혹은 후기를 남기면 기프티콘을 준다. 유튜브나 페이스북, 인스타그램을 통한 카페 유입도 가능하다.

그동안 블로그에 콘텐츠를 쌓아 상위 노출을 해왔다면, 카페를 왜 운영해야 하느냐고 할 수도 있다. 이사는 한 번만 가는 게 아니다. 몇 년이면 또 간다. 내가 가지 않더라도 주변에서 간다면,

이삿짐 업체는 불러야 한다. 누구나 한 번쯤은 '이사할 때 어떤 업체를 불러야 하나? 믿고 맡길 만한 곳이 있을까?'를 고민하며 지인에게 물어본 경험이 있다. 지인에게 묻지 않고, 이삿짐 카페에 믿을 만한 업체가 있다면 어떨까. 주변에서 이사할 때마다 알아서 추천하며 카페를 소개할 것이다.

이사 관련 카페라고 해서 계약만으로 수익이 끝나는 건 아니다. 청소 외에도 인테리어, 새시, 방충망 등 이사에 필요한 모든 정보를 한곳에 담을 수 있다. 카페가 활발해지면 제휴업체들도 카페 입점을 원한다.

여기서 조금 더 나아가 인테리어 주제 카페로 예를 들어보자. 인테리어 카페를 비즈니스모델로 운영한다면, 업체명을 카페 이름으로 한다. 이때는 카페에 들어오는 회원이 실제 고객과 같은 대상이다. 지역명이 노출되었다면 지역 내 인테리어를 찾는 사람이 카페 회원이 될 수 있다. 이때 올라오는 콘텐츠는 운영자가 올리는 공사 현장 사진이나 인테리어 관련 정보, 지역 거주민 위주의 인테리어 문의다.

반대로 지역이나 사업자명을 걸지 않고, 인테리어를 좋아하는 사람들 정도로 카페를 운영할 수도 있다. 대상을 넓게 잡을 수도 있고, 혹은 사업장 전용 인테리어나 아파트 인테리어 전문 등으로 좀 더 타깃을 좁힐 수도 있다. 아파트 인테리어 전문 카페라면 아파트 인테리어에 관심 있는 사람들이 전국에서 모인다. 여기서도 작은 평수, 대형 평수 등으로 나눌 수도 있다. 물론 대상이 좁아질수록 카페 유입은 줄어들 수 있다. 하지만 꾸준히 키워 나간다면 해당 콘셉트에서 1인자가 될 수도 있다.

작은 미용실만 전문으로 인테리어를 하는 업체가 있다고 가정해 보자. 처음에는 대상이 적게 모인다. 하지만 타깃이 좁기 때문에 전문성이 쉽게 드러난다. 소형 미용실 인테리어를 원하는 사람은 관련된 키워드를 찾는다. 작은 미용실만 전문으로 하는 업체는 거의 없어서 이왕이면 해당 분야 전문가에게 맡기고 싶어진다. 처음에는 많은 수를 확보하기 어렵지만 점점 더 전문성이 쌓이고, 고객들 사이에서 신뢰도가 올라간다. 이를 카페로 옮겨온다. 콘텐츠는 작은 미용실 인테리어 관련 팁이나 후기 등을 담을 수 있다.

또 다른 방법으로 타깃이 모이는 카페를 만들어 반대로 인테리어를 알릴 수도 있다. 동네 작은 미용실 원장님 모임 카페를 만들어 운영한다. 그러면서 인테리어를 자랑하는 분위기를 만들고, 오픈할 때 서로 정보를 나누게 한다. 인테리어 공사한 분이 슬며시 자랑하듯 인테리어 공사 사진을 공유하면, 사람들이 어디에서 했는지 문의가 잇따른다.

인테리어 카페	커뮤니티형	비즈니스형
특징	- 인테리어에 관심 있는 사람들이 모인 공간 - 운영자 보다 회원 중심	- 상호나 운영자가 누구인지 공개됨 - 운영자 중심 카페

카페명 예시	- 인테리어를 좋아하는 사람들 - 인테리어의 모든 것	- OO구 OO인테리어 (업체명)
콘텐츠 방향 (카페 게시글)	- 인테리어 경험담, 자랑, 질문 등	- 운영자 인테리어 팁, 정보 - 현장 공사 사진, 후기 - 인테리어 상담 신청 방법 등

<같은 주제 유형별 카페 운영 예시>

중요한 것은 내 콘텐츠가 필요한 대상을 정하고, 어떻게 이들을 모으고, 어떻게 움직이게 할까다. 사람들이 모이면 수익은 따라온다. 하지만 카페는 회원들이 움직이기까지 운영자가 지속적인 관심을 보여야 한다. 카페는 어느 정도 자리를 잡기까지는 다른 플랫폼에 비해 노력이 들어간다. 그럼에도 콘텐츠를 팔 때, 카페를 운영한다면 상당히 큰 도움이 된다. 카페에서 콘텐츠를 통해 수익을 만든 사례를 좀 더 살펴보자.

1) 회원도 성장하고, 카페도 성장하는 스터디 & 프로젝트

카페를 운영할 때 혼자서 모든 콘텐츠를 만드는 운영자가 있다. 이때 고민은 '왜 회원들은 카페 활동을 하지 않을까?'다. 운영자는 열심히 콘텐츠를 만드는데, 회원들은 읽기만 하고 반응이 없다고 하소연한다.

운영자는 어떻게 하면 회원이 글을 쓸까 끊임없이 고민해야 한다. 서서히 운영자 비중을 줄여가며 회원이 활동하는 시스템을 갖춰 나간다. 이때는 스터디나 프로젝트를 운영해 회원 활동을 이끈다. 운영자가 카페에서 활동하는 회원 중에서 스터디 리더를 뽑는다. 카페 활동을 활발히 하고, 회원들에게 도움을 줄 수 있는 사람에게 리더 기회를 제공한다. 스터디는 프로젝트에 비해서 작은 규모로 시작할 수 있다. 카페 주제에서 벗어나지 않고, 회원들이 성장할 수 있는 미션을 제공한다. 스터디를 하는 회원들은 미션을 실행하며 자연스럽게 성장한다. 미션은 곧 카페 콘텐츠가 된다.

나는 다양한 카페를 운영하며, 카페 주제에 관심 있는 회원을 모았다. 그 속에서 스터디를 만들고, 리더를 뽑았다. 예를 들어, 육아하는 K 님은 인스타그램 사진이 남달랐다. 스터디 리더를 부탁하고 한 달 동안 진행되는 인스타그램 감성 사진 찍기 스터디를 만들었다. 그 외에도 출산 후 다이어트, 경제신문 보기, 돈 되는 독서, 유튜브, 블로그 등 다양한 스터디가 진행됐다.

카페에서 스터디를 진행하는 이유는 콘텐츠를 만들기 위해서다. 운영자 혼자서 콘텐츠를 만들면 지치기 마련이다. 더 좋은 콘텐츠는 회원들에게서 나오게 해야 한다. 이를 통해 카페에 질 좋은 콘텐츠가 꾸준히 발행되도록 한다. 처음에는 운영자의 좋은 콘텐츠를 보고 회원들이 유입되었다면, 이후에는 회원들이 생산한 질 좋은 콘텐츠로 카페를 지속적으로 키워 나간다. 그러면 잠재 고객이 자연스럽게 카페에 모인다. 콘텐츠가 쌓이면 무엇이든 판매는 쉬워진다.

2) 알아서 팔리는 분위기 만들기

무엇을 팔든 분위기를 만드는 것은 중요하다. 길 가다 사람들이 모여 있으면 무슨 일인가 궁금해진다. 줄 서서 뭔가를 사려는 사람들을 보면 무슨 줄인가 궁금하다. 분위기 탓이다.

블로그에 콘텐츠를 쌓고, 상품이나 서비스를 판다면 어떻게 분위기를 만들 수 있을까? 비공개 댓글로 궁금증을 유발한다. 판매나 모집 글을 올렸는데, 사람들 반응이 없다면 사려는 사람조차 망설이게 된다. 이때 블로그에 댓글이 많다면, 고민하던 사람도 적극적으로 문의하거나 구매한다. 이때는 비공개 주문 또는 문의로 댓글 개수를 늘린다.

댓글을 조작을 하라는 의미는 아니다. 자연스럽게 가격이나 정보를 제한적으로 제공해 비공개 댓글로 문의가 들어오게 한다. 좋은 상품과 서비스를 제공하고 론칭 이벤트를 준비한다. 그러면 댓글은 쌓인다. 이때 비공개 댓글은 운영자 외에는 가격 문의인지, 일반 질문인지, 구매 댓글인지 알 수 없다.

댓글이 많아지면 '사람들이 관심이 많구나.', '사는 사람이 이렇게 많구나.' 하는 생각이 든다. 이를 통해 더 많은 댓글이 달린다. 심리학 용어로는 '밴드웨건 효과'다. 실제 마차 행렬을 따라가는 사람들을 비유한 말이다. 어릴 때 소독차가 연기를 뿜으면서 좁은 골목을 다닐 때면 아이들은 소독차 뒤를 따라다녔다.

또, 물건을 팔 때 바람 잡는 사람이 있다. 옛날 영화에 보면 보통 약장수 옆에서 바람 잡는 사람이 있다. 물건을 사는 것처럼 보이는 사람들이다. 이렇게 사는 사람들이 생기면 사람들 역시 관심을 갖게 된다. 살 분위기가 형성된다.

카페도 마찬가지다. 카페는 관심사가 같은 사람들이 모여 있다. 그만큼 분위기 형성이 쉽다. 워킹홀리데이 카페를 운영할 때 보험 상품을 팔았다. 비자나 항공권이 반드시 챙겨야 할 상품이라면 보험은 그렇지 않았다. 유학원이나 보험사 대부분은 가입자를 많이 받지 못했다. 상당수가 적은 비용으로 해외에 나갔기 때문이다. '굳이 보험까지 가입해야 하나?'라는 분위기였다.

이때 카페에서 보험 가입 현황을 공유했다. 관심 없던 학생도 가입하기 시작했다. 보상 사례가 공유되니 가입률이 더 올라갔다. 카페라는 폐쇄된 커뮤니티 특성과 가입을 해야 한다는 분위기가 만들어진 덕분이었다. 이렇게 분위기가 형성되면 판매는 자동으로 이뤄진다.

[보험신청완료] 신청되었습니다.	님 W10 보험	0
완전성공 V	조회 1	댓글
[보험신청완료] 신청되었습니다.	님 W10 보험	0
완전성공 V	조회 1	댓글
[보험신청완료] 신청되었습니다.	님 WH5 보험	0
완전성공 V	조회 1	댓글
[보험신청완료] 신청되었습니다.	님 WH5 보험	0
완전성공 V	조회 2	댓글
[보험신청완료] 신청되었습니다.	님 WH5 보험	0
완전성공 V	조회 2	댓글

<카페에 공유된 보험 신청 현황>

Part

06

돈 되는 콘텐츠
판매전략

06

돈 되는 콘텐츠 판매전략

1. 콘텐츠 팔 때 중요한 것

20대에 주말 아르바이트를 했다. 김민희가 광고하던 C사 프린터를 파는 일이었다. 다른 아르바이트에 비해 시급이 높았다. 일하는 환경도 좋았다. 당시 프린터 시장은 H사가 장악하고 있었다. C사 프린터는 '버블젯'이라는 이름으로 조금씩 인지도가 오르고 있었다. C사에서 출시한 프린터는 컬러 잉크를 색깔별로 분리했다. 한 통에 3색이 아닌, 낱개로 파는 방식이었다. 타 회사는 컬러를 다 쓰면 색이 제대로 안 나왔다. 이것을 C사에서 색깔별로 만들었다. 상당히 힙한 제품이었다. 그럼에도 H사 인지도를 꺾기는 쉽지 않았다. 당시는 프린터하면 H사의 데스크젯이 최고였다.

내가 일한 곳은 목동에 있는 S브랜드 컴퓨터 대리점이었다. 컴퓨터 매장에서 브랜드 PC뿐만 아니라 프린터와 각종 소모품도 판매했다. 이곳에서 파견직으로 프린터 판매 일을 맡았다. 당시에 PC 관련 학과를 다녔다. 한창 온라인 게임인 포트리스와 디아블로에 빠져 있었다. 업그레이드를 위해 수시로 PC를 뜯고, 조립해 댔다. PC 정비사와 네트워크 자격증도 있었다.

일하는 동안, C사 프린터를 한 대라도 더 팔아야 했다. 하지만 C사 제품만 파는데 집중하지 않았다. 그보다 대리점에 온 손님을 챙기며 무엇이 필요한지 물었다. 프린터뿐만 아니라 PC까지 판매했다. 덕분에 프린터가 필요하지 않은 손님도 패키지로 샀다.

프린터만 사는 손님에게 C사 것만 권하지 않았다. 두 회사를 비교하며, 어떤 것이 더 유용할지 선택하도록 도왔다. 처음부터 H사 제품을 사겠다고 마음먹지 않은 이상 대부분은 C사 제품을 샀다.

어느 날 대리점 사장님이 취직을 권했다. 파견 아르바이트생이 매장 직원보다 더 잘 팔아서 받은 제안이었다. 제안은 받지 않았다. 이후 삼성역에 있는 전자랜드에서 다시 C사 제품을 팔기 시작했다. 이곳에서도 C사 프린터뿐만 아니라 PC와 타 업체 프린터까지 판매량을 늘렸다. "진짜 잘 판다."라는 평을 들었다.

돌이켜 생각해 보면 파는 걸 잘한 이유가 있다. 일부러 팔려 하지 않았기 때문이다. C사 프린터를 한 대라도 더 파는 것보다 내 관심사는 다른 데 있었다. 매장을 찾은 사람들에게 어떻게 하면 각자에게 맞는 최상의 상품을 권할까였다. 매장에는 잘나가는 패키지 상품 몇 개와 개별 상품이 있었다. 하지만 손님들은 자신이 무엇이 필요한지 잘 몰랐다.

무조건 비싸거나 팔고 싶은 상품을 권하기보다, 잘 들어주고, 각자에게 맞춰 상품을 권했다. 그러다 보니 전체적인 판매가 늘었다. 만약 C사에서 아르바이트 비용을 받는다고, PC를 구매하러 온 손님이나, 타사 프린터 구매 손님에게 관심을 보이지 않았다면 "진짜 잘 판다."라는 말은 못 들었을 거다. 그만큼 상품을 판다는 건 '내가 팔고 싶은 것을 작정하고 팔아야지.'가 아니라 그 마음을 버릴 때 비로소 더 팔린다.

아무리 인지도가 있는 상품이라도 판매자가 팔려고 작정하면, 소비자는 부담스럽다. 팔려는 마음을 내려놓고, 상대방에게 필요한 것이 무엇인지, 문제를 어떻게 해결할지에 집중하자. 그게 잘 파는 비결이다.

콘텐츠도 마찬가지다. 콘텐츠를 만드는 데 집중한 나머지 콘텐츠 수만 늘리려 하거나, 수익만을 목적으로 계속 홍보하는 글만 올리면 사람들은 도망간다. 사람들은 자신에게 도움 되는 정보나 이점이 있는 상품이 아니면 굳이 시간을 쓰지 않는다. 팔려고 달려들수록 오히려 멀어진다. 파는 건 이게 핵심이다. 상대방에게 무엇을 더 줄 수 있을지 고민하는 것, 진심으로 도움 될 만한 것이 무엇인가를 고민하고 해결해 주는 것 말이다. 그게 당신의 콘텐츠에 있다면 팔려 하지 않아도 사람들이 팔아 달라고 한다.

2 팔리는 콘텐츠 2스텝 전략

팔리는 콘텐츠 2스텝 전략 중 첫 번째는 이메일 마케팅이다. 이미 많은 사람이 이메일 마케팅을 하고 있다. 단계별로 타깃에게 정보를 전달한다는 점에서 스팸 메일과 차이가 있다. 뉴스레터 구독 서비스가 인기를 끌면서 이메일 마케팅으로 고객을 모으는 사람들이 늘고 있다.

이메일 마케팅이 왜 필요할까? 개인 채널에 이미 콘텐츠를 쌓고 있다면, 이메일 마케팅은 무엇이 다를까? 좀 더 적극적인 방법으로 고객을 이끌 수 있다.

블로그나 SNS는 고객에게 깊이 파고드는 방식은 아니다. 서로이웃, 팔로우, 구독을 하더라도 수많은 콘텐츠 속에서 묻힌다. 도움 되는 정보라도 관심이 없으면 무시한다. 이메일 서비스는 구독을 신청한 고객에게 전달된다. 단, 이메일이 광고로 인식되지 않도록 좋은 콘텐츠를 전한다.

이메일 서비스는 20%의 당장 살 사람들이 아니라, 약간이라도 상품에 관심이 있는 80%의 사람들을 모으는 일이다. 당장은 관심이 없지만 언젠가는 지갑을 열 사람들이다.

예를 들어, 노인주간보호소를 운영한다고 해보자. 당장 입소할 사람을 모으려면, 할인 행사나 이벤트를 통해 찾는다. 하지만 이메일 서비스는 70대 이상을 대상으로 건강하게 사는 법, 치매를 예방하는 5가지 필수 식품 등 이야깃거리를 제공한다. 자연스럽게 주간보호소 소식도 전한다.

  이메일로 지금 돈을 쓸 사람은 아니지만, 언젠가 고객이 될 사람들을 대상으로 관심 있고 도움 되는 정보를 제공한다. 그 정보가 좋다면 사람들은 입소문을 낸다. 누군가 주간보호소를 찾는다면 소개를 한다. 건강 정보가 좋다면 전달도 한다.

  이메일 마케팅은 어떤 방법으로 할까? 이메일 마케팅이 가능한 사이트가 있다. 무료로 사용할 수 있으니 활용해 보자. 그 외에 유료로 콘텐츠를 팔 수 있는 사이트도 참고로 담았다.

국내 사이트

스티비 Stibee https://www.stibee.com /

메일리 https://maily.so /

해외사이트

메일침프 Mailchimp https://mailchimp.com /

겟리스폰스 GetResponse https://www.getresponse.com /

액티브 캠페인 Active Campaign https://www.activecampaign.com /

컨버트킷 ConvertKit https://convertkit.com /

메일러라이트 Mailerlite https://www.mailerlite.com /

센더 Sender https://www.sender.net /

옴니샌드 Omnisend https://www.omnisend.com /

벤치마크 Benchmark https://www.benchmarkemail.com /

센드인블루 Sendinblue https://www.sendinblue.com /

이메일옥토퍼스 EmailOctopus https://emailoctopus.com/

유료 구독서비스

네이버 프리미엄 콘텐츠 https://contents.premium.naver.com/

퍼블리 https://publy.co/

포스타입 https://www.postype.com/

딜리헙 https://k.dillyhub.com/

<이메일 마케팅 서비스 사이트>

 이메일 서비스 사이트가 정해졌다면, 이메일을 통해 구독자에게 필요한 정보를 제공한다. 이때 이메일 서비스로 자신이 운영하는 다른 채널로 구독자를 끌어모은다. 받는 사람이 부담되지 않는 선에서 추가로 무료 자료를 제공한다. 이메일 서비스를 하나의 통로로 활용해도 좋다.

 이메일 서비스는 1주일에 1번 정도는 보낸다. 1달에 1번 정도 이메일을 보내면 곧 잊혀진다. 압도적으로 좋은 정보를 제공하는 게 아니라면 적어도 2주에 1번은 이메일 마케팅을 활용해 보자.

 메일을 꾸준히 받은 사람은 메일을 보내는 사람을 전문가로 여긴다. 관련 내용에 대해서 필요할 때 지속해서 받아온 메일을 떠올리며 가장 먼저 문의를 해올 것이다. 길들여졌기 때문이다. 또는 구매 계획이 없더라도 꾸준한 정보를 받음으로써 구매욕이 올라가기도 한다.

예를 들어, 온라인으로 돈 버는 것에 관심이 있는 사람이 '언젠가 강의를 수강해야지.'라는 생각을 한다. 이때 지속해서 돈 버는 방법에 관한 정보를 제공한다. 이 콘텐츠에는 누구나 돈을 벌 수 있다는 메시지가 담겼다. 이렇게 메일을 지속적으로 받는다면, 실행할 마음이 없던 사람도 '나도 할 수 있겠다.'라는 마음에 행동으로 이어질 수 있다.

이메일 마케팅은 지금 당장 지갑을 열 고객이 아닌 잠재 고객까지도 관심을 불러 모은다. 다른 업체와 경쟁하지 않으면서 잠재 고객을 늘리는 방법이다. 꾸준하게 콘텐츠를 제공하며 자연스럽게 자신의 상품을 노출한다. 좋은 정보를 제공하면 고객의 신뢰도 얻게 될 것이다.

이 방법은 단계적으로 고객의 지갑을 열게 한다. 당장은 번거롭지만 길게 보면 이보다 쉬운 방법이 없다. 고객을 길들이는 가장 좋은 방법이다.

3 콜라보로 콘텐츠 파는 법

온라인에서 콘텐츠를 쌓는 일부터, 수익화를 만드는 과정까지 혼자 하면 지치기 쉽다. 이때 나는 사람들과 함께한다. 기한을 정해, 각자 콘텐츠를 만들고 공유한다. 보증금을 걸고 포기하지 않도록 동기부여를 한다. 강제적인 환경에서 미션을 성공하기 위해 각자 콘텐츠를 만든다. 어떤 채널이든 콘텐츠를 주기적으로 발행하면 팬이 생긴다. 사람들이 하나둘 모이면 쌓인 콘텐츠를 수익으로 연결한다. 강의 등 지식을 팔 수도 있고, 상품 또는 오프라인 매장이 있다면 계약이나 상품 판매로 이어지기도 한다. 콘텐츠를 판매하다 보면 확장이 더딘 순간이 온다. 이때는 다음 단계로 도약해야 할 때다. 이때도 혼자보다는 같이하는 게 낫다.

다른 상품을 만들거나 다른 채널을 시작해 팔로우를 늘릴 수도 있다. 하지만 이보다 빠른 방법이 다른 사람과의 연결이다. 단순히 연결을 넘어 콜라보를 한다. 콜라보의 사전적 의미는 '일정한 목표를 달성하기 위하여 일시적으로 팀을 이뤄 함께 작업하는 일'이다. 예를 들어, 유튜브도 구독자가 어느 정도 있고 콘텐츠가 탄탄하면 서로의 채널에 나와서 홍보를 돕는다. 그러면 출연한 채널의 팬들이 자연스럽게 본인이 운영하는 유튜브로 넘어온다. 같이 기획해 판매를 함께 할 수도 있다. 강의를 기획해 새로운 코스를 만드는 것도 가능하다. 혼자보다 서로의 채널에서 알리면 효과는 배가 된다.

강의나 카페 운영을 함께할 수도 있다. 상품을 판매한다면 콜라보로 팔 수도 있다. 예를 들어, 온라인으로 차(茶)를 판다면 오프라인 매장과 콜라보 하고 상품을 서로 홍보한다. 고급스러운 찻잔을 파는 사람과 콜라보를 할 수도 있다. 강의하는 사람도 새로운 강의나 프로젝트를 론칭하는 방식으로 함께할 수 있다. 혼자서 하는 것보다 네트워킹을 통해 서로를 도울 때 더 빨리 성장한다. 그만큼 수익은 따라온다.

나는 종종 사람들과 콜라보를 한다. 네트워킹 파티를 하며 일부러 자리를 마련한다. 꼭 자신이 어떤 것을 콘텐츠로 만들어 팔지 않아도 사람들은 연결된다. 그 속에서 또 다른 시너지 효과가 난다. 콜라보는 꾸준히 함께 가는 관계보다는 느슨한 관계에서 일시적으로 팀을 이루고 해체하는 일이다. 재미있게 기획하고, 혼자 할 때보다 사람들에게 더 좋은 것을 제공할 수 있다면 의미 있는 활동이다.

4 하나의 콘텐츠 여러 채널에 활용하기

종종 음식을 할 때 마법의 가루가 있으면 좋겠다는 생각을 한다. 어떤 음식에 넣더라도 뿌리면 음식 맛이 살아나는 가루 말이다. 외식 사업가로 유명한 백종원 대표의 레시피 중에 만능 양념장 소스가 있다. 어디에 넣더라도 한두 숟가락이면 맛을 살린다.

때로는 이런 만능 소스 같은 콘텐츠를 만들 수 없을까 고민한다. 단 하나로 어떤 채널이든 활용할 수 있는 콘텐츠 말이다. 하나의 콘텐츠를 여러 채널에 활용하면 어떤 점이 좋을까? 더 많은 사람들에게 노출될 뿐만 아니라 인지도도 높일 수 있다. 블로그를 메인 채널로 잡았다면, 이 콘텐츠를 다른 채널에 맞게 구성하고 활용한다. 아래는 블로그에 올린 네이버 카페 회원 모으는 방법이다. 이렇게 콘텐츠를 하나 만들고, 다른 채널에도 활용한다.

1. 콘텐츠 쌓기

네이버 카페 시작은 콘텐츠입니다. 아무리 화려하고 있어보이게 꾸며놓더라도 카페에 볼거리가 없으면 들어 온 사람도 그냥 나가버립니다.
카페 주제와 타깃이 정해졌다면, 적어도 20-30개 정도의 콘텐츠를 쌓아둡니다.
그냥 아무 글이 아닌 카페에 들어온 회원들에게 도움이 되거나, 문제를 해결해 줄 수 있는 그런 글 말이죠.

2. 지식인 활용

네이버 카페를 키울 때 많이 활용하는 방법입니다. 네이버 카페는 지식인과 연동이 되는데, 카페 주제와 관련된 질문이 올라온다면 답변을 답니다.

3. 카페 회원 초대

네이버 카페 회원을 모으는 가장 기본적인 방법입니다.
콘텐츠가 어느정도 쌓인 후 회원을 초대하는데 이때에는 초대하기 기능을 이용할 수 있답니다.

초대하기 버튼은 카페 왼쪽 상단, 회원수 옆에 있습니다.

<네이버 블로그에 올린 '카페 회원 모으는 방법' 콘텐츠>

위 콘텐츠를 유튜브에 영상으로 올렸다. 유튜브에서 네이버 카페 정보를 찾는 사람들에게 노출돼 수익으로도 이어졌다. 그 외에 블로그에 만들어진 다른 네이버 카페 콘텐츠도 유튜브 영상 콘텐츠로 활용했다.

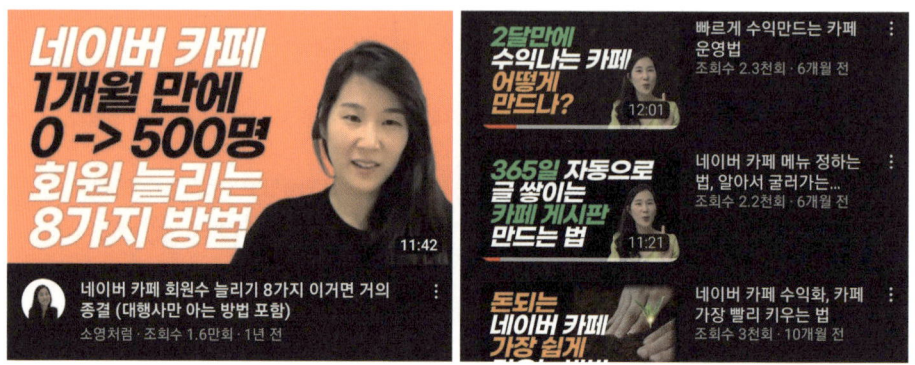

<블로그에 올린 네이버 카페 콘텐츠를 유튜브 콘텐츠로 활용한 예시>

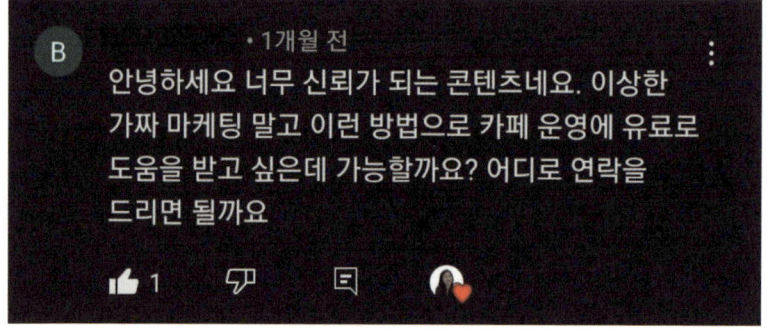

<해당 영상에 달린 댓글. 블로그 콘텐츠를 유튜브에 활용해 수익화로 연결했다.>

다음은 블로그에 올린 네이버 카페 콘텐츠를 브런치에 활용한 예시다. 블로그에서는 하나의 콘텐츠로 올렸다면, 브런치에서는 회원 모집방법을 각각 나눠서 콘텐츠를 연재했다.

네이버 카페를 개설했다고 해서 사람들이 알아서 가입을 하지는 않는다. 카페가 어디에 있는지도 모르고, 굳이 가입할 이유도 없기 때문이다. 그렇다면 이제 막 카페를 시작한 경우 어떻게 해야 사람들을 모을 수 있을까?

최근 네이버 카페를 시작하는 사람들이 많아졌다. 특히 유튜버, 1인기업으로 활동하는 사람들중에 카페를 개설하고 활동하는 경우를 많이 봤다. 이들 중에는 카페를 시작하고 알아서 회원들이 들어오게

얼마전 동네 치킨집이 오픈을 했다. 오픈 당일 가게 앞에 길게 늘어선 줄은 한 눈에 봐도 50명 쯤은 되어 보였다. 반값 행사 덕분이다. 그냥 돈주고 사먹지 굳이 반값에 저렇게 줄을 서나 싶은 생각이 들었다. 하지만 사람들은 꼭 가격때문에 줄을 선것은 아니다. 이 가게는 오픈 전부터 요란하게 광고를 해댔다. 작은 동네에 체인점이 들어오는 것도 신기했을테고, 광고 덕분에 사람들의 기대 심리도 올랐을거다.

<네이버 카페 회원 모으는 방법에 관한 블로그 콘텐츠를 브런치에 활용한 예시>

　이번에는 블로그에 올린 다른 콘텐츠 사례를 알아보자. 나는 꾸준히 블로그에 책 리뷰 콘텐츠를 올렸다. 이 콘텐츠는 인스타그램에 활용됐다.

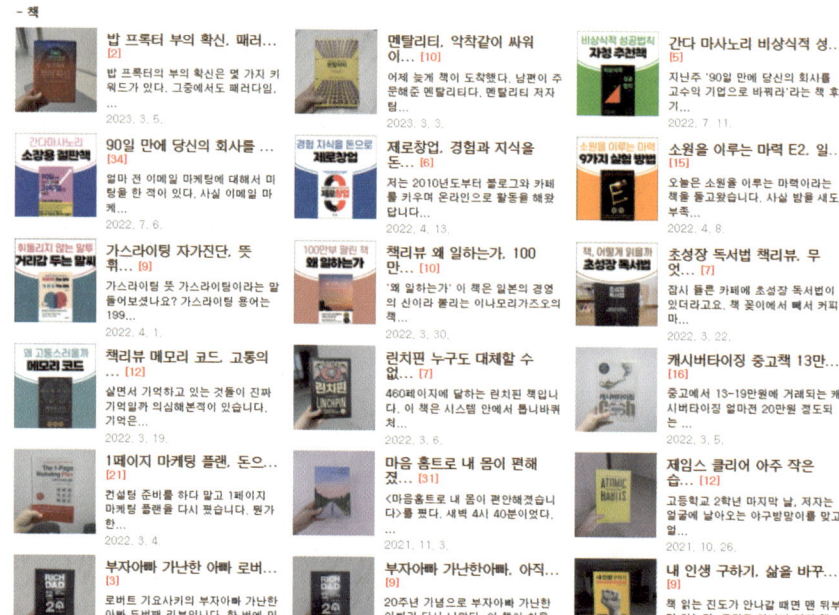

<블로그에 올린 책 리뷰 콘텐츠들>

　　블로그에 올린 책 리뷰 콘텐츠를 화면 캡처해 인스타그램 피드 사진으로 활용하고, 본문에는 블로그 콘텐츠를 요약했다. 하나의 콘텐츠를 자연스럽게 두 개 이상의 채널에 활용했다. 더 자세한 리뷰 콘텐츠가 궁금한 사람은 블로그로 찾아왔다. 이처럼 잘 만들어진 하나의 콘텐츠는 다양한 플랫폼에 올려 나를 알리는데 활용할 수 있다.

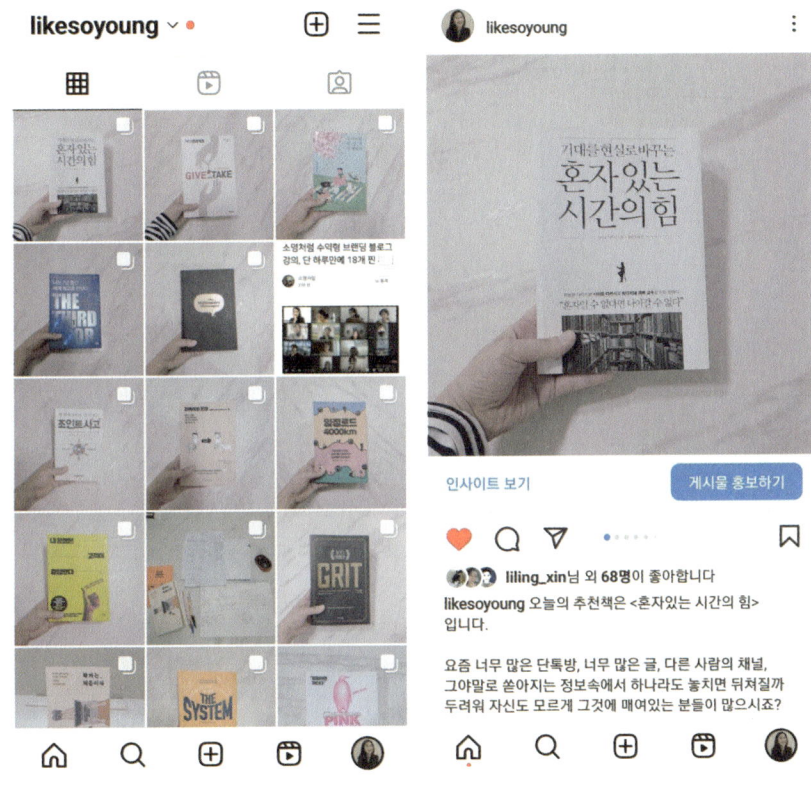

<블로그에 올린 책 리뷰 콘텐츠를 인스타그램에 활용한 예시>

5 상품 만들기 전 미리 파는 법

지인 중에 인터넷 쇼핑몰을 하는 사람이 있다. 단가를 낮추기 위해 상품을 대량으로 구매했다. 가득 쌓인 재고를 보며 한숨을 쉰다. 상품을 파는 사람이라면 누구나 재고에 대한 부담을 느낀다. 팔리지 않는 상품에 대한 부담을 덜 수 있는 방법이 있을까? 상품을 만들기 전 미리 팔면 어떨까? 살 사람에게 미리 비용을 지불하게 해 수익을 확보할 수 있고, 재고에 대한 부담도 덜 수 있다.

어떻게 미리 팔까? 김장철마다 엄마는 김치를 미리 주문하신다. 판매자는 배추 수확 시기를 가늠해 선주문을 받는다. 배추는 심은 시기와 포기 수를 알면 판매수량을 알 수 있다. 자연스럽게 몇 포기를 얼마에 팔지 견적이 나온다. 배추를 미리 팔기 위해서는 다양한 경로가 있다. 온라인 예약 판매가 가능하다. 지인을 통해 주문을 받을 수도 있다. 블로그나 카페 등에 배추 농사 과정을 담아왔다면 판매는 더 쉽다. 유튜브에 배추 영상을 찍어서 광고를 진행할 수도 있다. 인스타그램 공동구매도 가능하다. 배추 외에도 농작물, 과일, 채소, 무엇이든 가능하다.

지식상품도 미리 팔 수 있다. PDF 파일을 판다고 해보자. 대부분 작업을 마친 후 판매를 시작한다. 파일을 만드는 동안 과정을 담으면 사람들은 호기심이 생긴다. 발송 일정을 정하고, 미리 주문을 받는다. 강의 등 다른 지식상품도 마찬가지다.

강의를 다 찍어 놓고 상품을 파는 것이 아니다. 준비 과정을 콘텐츠로 만들며 기대감을 높인다. 내용을 다 담을 필요는 없다. 어떻게 준비를 하고 있는지, 어떤 사람에게 도움이 되는지만 담아도 관심은 구매로 이어진다. 상품이 나오지 않은 상태에서 구매하는 만큼 할인된 비용을 적용한다. 상품이 나오고 사면 혜택이 없음을 강조한다.

책을 출간할 때 펀딩을 진행했다. 책을 쓰면서 어떻게 하면 집중할 수 있을까 고민했다. 책 쓰기가 우선순위가 아니면 일정은 밀린다. 펀딩을 통해 선주문을 받고, 기한을 정했다. 이때부터는 약속이다. 정해진 스케줄이 생기고, 이것을 지키기 위해 집중한다.

펀딩은 책 쓰는 과정에서 환경 설정 역할을 했다. 출간 전 260명의 후원자가 생겼고, 목표 펀딩 금액의 1,258%로 마무리했다. 펀딩으로 미리 팔 수 있다면 사람들의 반응도 볼 수 있고 출간 후 판매에 대한 부담도 덜 수 있다.

1) 펀딩 시장과 고객 분석

펀딩이 처음인 당신을 위해 직접 진행한 펀딩 방법을 소개한다. 펀딩을 진행하기 전 할 일이 있다. 시장 분석과 고객 분석이다. 책이라는 지식 콘텐츠가 펀딩 시장에 얼마나 진입해 있는지, 상품으로 매력이 있는지, 실제 구매자는 얼마나 되는지를 파악한다. 비슷한 사례가 있다면 어떤 상품이 성공하고 실패했는지를 역추적한다. 다른 상품이라면 마찬가지로 해당 분야의 상품과 시장을 파악한다.

　크라우드 펀딩이 가능한 사이트는 대표적으로 텀블벅, 와디즈, 크라우디다. 각 사이트에 올려진 지식 콘텐츠를 확인한다. 펀딩 참여율이나 금액, 스토리 내용을 비교한다. 도움 될 만한 펀딩 스토리는 따로 정리한다. 펀딩 사이트뿐만 아니라 해당 키워드 검색률도 체크한다. 인스타그램, 유튜브 등에서 키워드를 검색해 콘텐츠와 사람들의 반응을 확인한다.

<책 펀딩 진행 사례. 펀딩 사이트에서 시장과 상품, 반응 등을 분석해야 한다.(출처 : 텀블벅)>

당시 크라우드 펀딩 사이트에 올려진 성공과 실패 사례를 정리해 놓은 표다. 비슷한 상품을 조사했다.

비슷한 아이템 펀딩 성공률		와디즈	5건/7건	텀블벅	3건/4건	크라우디	0
관련 프로젝트 사례	성공		플랫폼: 텀블벅 달성금액: 10,831,200원 달성률: 3610%		플랫폼: 텀블벅 달성금액: 35,085,000원 달성률: 3508%		플랫폼: 텀블벅 달성금액: 12,933,007원 달성률: 2586%
	실패		플랫폼: 텀블벅 달성금액: 1,925,000원 달성률: 358%		플랫폼: 텀블벅 달성금액: 1,524,800원 달성률: 50%	<성공사례>	플랫폼: 와디즈 달성금액: 11,182,400원 달성률: 1118%

<펀딩 성공과 실패 사례 분석표>

2) 상품을 팔 때, 스마트스토어와 펀딩은 어떤 차이가 있을까?

사람들은 필요할 때 상품을 구매한다. 마스크가 필요하거나 핸드크림을 사야 할 때 검색한다. 치약이 떨어지면 치약을 검색하고, 결과에 나온 다양한 치약을 비교한다. 기존에 사용하던 제품이 있다면 상품명을 검색해서 가격을 비교하고 구매한다. 새로운 상품이라면 네이버 추천 탭이나 판매량순을 본다.

펀딩은 어떨까? 스마트스토어에서 상품을 검색하는 사람은 상품이 필요해서 검색한다. 펀딩 사이트는 왜 들어올까? 펀딩 사이트에 오는 사람들 심리는 무엇일까? 필요보다는 새로운 펀딩 소식이 궁금하거나, 심심하거나 지루할 때, 퇴근길에 사이트에 방문하는 경우가 많다. 배너를 통해서 진행되고 있는 펀딩을 확인하거나 가장 눈길을 끄는 것을 본다.

구매자의 행동 패턴을 알면 상품을 기획할 때나 채널을 정할 때 도움이 된다. 행동의 시작점이 다르면 결과도 다르다. 스마트스토어는 필요 때문에 들어온 사람들이 타깃이다. 펀딩은 니즈가 없는 사람이 대부분이다. 그만큼 스토리에 신경을 써야 한다. 필요 없는 상품을 사고 싶게 만들어야 한다.

① 펀딩 잘 되게 하는 법

어떻게 하면 펀딩을 잘 되게 할까? 제공하는 상품이 새로운지 아닌지를 판단한다. 기본적인 부분과 제품력도 좋아야 한다. 펀딩을 진행할 때 기본사항을 확인하는 질문이다.

- 기존에 있던 문제를 완전히 다른 방법으로 해결했는가?
- 가격 혜택이 있는가?
- 가치관과 부합하는가?
- 재미있는가, 새로운가, 확산 가능한가?

<펀딩 진행 전 체크사항>

사람들에게 가장 인기 있는 펀딩은 무엇일까 찾아봤다. 다음 상품은 커피 애호가들에게 꾸준한 인기를 얻고 있다. 상세페이지를 보니 다양한 사용방법을 동영상으로 제공하고 있다. 커피 분쇄 과정을 하나하나 보여줘 믿고 구입할 수 있도록 했다. 무게감, 내구성, 고급스러움 등을 보여주며 성공할 수밖에 없는 스토리를 만들었다. 이 상품은 어디서든 신선한 커피를 내려마시고 싶어 하는 커피 애호가들의 갈증을 새로운 제품으로 해결했다.

 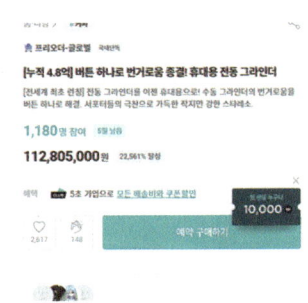

<와디즈 펀딩 누적 4.8억 원의 휴대용 전동 그라인더 상품
(출처 : 와디즈)>

② 펀딩 상세페이지 어떻게 만들까?

펀딩이 처음이면 스토리보드 작성이 쉽지 않다. 역기획을 통해 스토리보드를 기획한다. 역기획은 기존에 잘되어 있는 스토리보드를 분석하는 방법이다. 예를 들어, '왜 이런 콘셉트일까?', '이 페이지에서 하고 싶은 말은 무엇일까?', '배경 음악은 어떤 것을 사용했을까? 왜 이 음악을 넣었을까?', '소비자 입장에서는 어떤 느낌일까?'를 생각한다.

① 인트로, 제품 한 문장 소개

② 문제 : 문제의 근본 원인

③ 해결 방법

④ 소구점 (Unique Selling Point) 및 핵심 기능 3~5개 소개

⑤ 제3자 효과 : 대안 비교, 전문가 인증, 객관적 수치화, 특허기술, 체험단 의견, 추천 고객 등

⑥ 부가 정보 : 제품 스펙, 구성품, 이벤트 등

⑦ 리워드 및 가격 혜택

⑧ 메이커 소개

⑨ 기타 사항 Q&A

⑩ 배송 정보 등

<스토리보드 짜는 순서>

위의 순서대로 스토리보드를 제작한다. 스토리보드 작성이 어

렵다면 다양한 케이스를 본다. 역기획을 하며 감을 잡는다. 이때 스토리는 전체를 아우르는 하나의 메시지가 있어야 한다. 아무리 긴 이야기를 해도, 단 하나의 메시지가 없다면 기억에 남지 않는다.

'한 달 300만 원 네이버 카페로 평생 월세 받기'라는 타이틀로 텀블벅에서 펀딩을 진행했다. PDF 파일이 아닌 종이 책 출간을 앞두고 펀딩 판매를 먼저 했다. 표지는 제작 전이라 미리캔버스를 사용해 간단히 디자인을 하고, 배경 화면은 3D 목업을 사용했다.

<3D 목업을 활용한 펀딩 상품 책 표지 이미지>

TIP BOX

무료 목업 사이트

목업은 실제로 제품을 만들어 보기 전, 디자인 검토를 위해 실물과 비슷하게 시제품을 제작하는 작업의 과정과 결과물을 통칭한다. 콘텐츠를 쌓고 상품을 만들다 보면 종종 디자인이 필요하다. 무료 목업 사이트를 활용하면, 로고나 이미지 하나만으로도 어떤 결과물이 나올지 예상할 수 있다.

1. freepik (https://www.freepik.com/mockups)

2. unblast.com (https://unblast.com/mockups/)

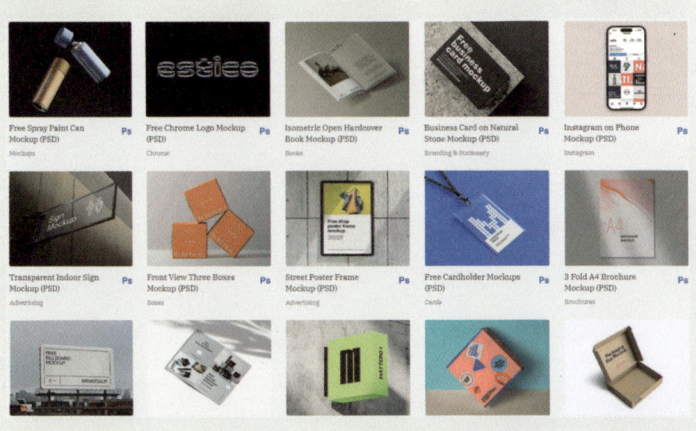

3. Placeit (https://placeit.net/c/mockups/)

4. 3D book cover (https://diybookcovers.com/3Dmockups/)

<3D book cover 목업 사이트를 활용한 펀딩책 & PDF 파일 표지>

다음은 텀블벅 펀딩 진행 절차다. 프로젝트 기획 후 회원 가입을 한다. 프로젝트 기획 순서에 맞게 내용을 기재한 후 심사를 요청한다. 보통 2~3일 이내에 심사 결과를 알려준다.

기본 정보 → 펀딩 계획 → 선물 구성 → 프로젝트 계획 → 창작자 정보 → 신뢰와 안전

<텀블벅에 공지된 프로젝트 기획 순서>

펀딩을 진행할 때 '스토리 선물 구성' 메뉴가 있다. 한 가지 상품보다는 메인 상품과 함께 판매할 수 있는 선물을 구성한다. 나는 PDF 파일과 컨설팅을 추가했다.

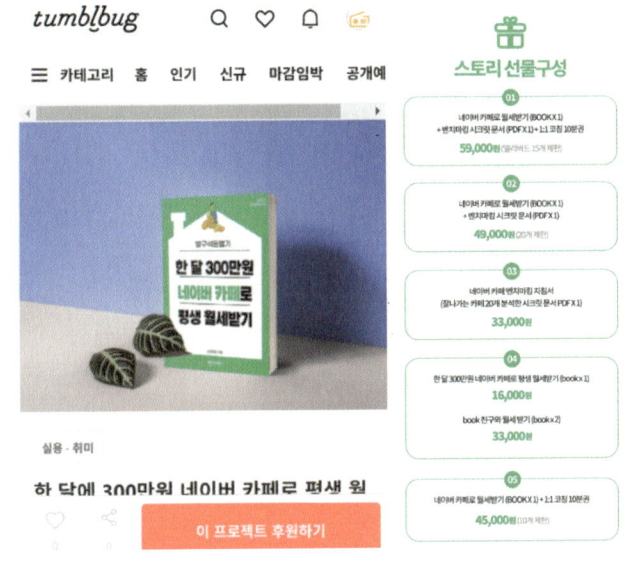

<펀딩 스토리 선물 구성(출처 : 텀블벅)>

펀딩이 종료되면 결과가 나온다. 펀딩은 책뿐만 아니라 다양한 상품으로 진행할 수 있다. 강의나 PDF 파일도 펀딩 가능하다. 펀딩은 상품을 미리 만들지 않고 스토리를 판다. 무엇보다 사람들의 반응을 확인할 수 있다. 상품 출시 후 재고나 판매량에 대한 부담도 덜 수 있다. 간혹 펀딩 판매로 더 많은 수익을 내기도 한다. 콘텐츠를 쌓아 상품을 기획하고, 펀딩으로 상품이 나오기 전에 파는 경험을 해보자.

한 달에 300만원 네이버 카페로 평생 월세받기

<1,258%로 마감된 첫 번째 펀딩(출처 : 텀블벅)>

6 콘텐츠 노하우로 대행하는 법

블로그를 꾸준히 운영하며 자신만의 노하우가 있는 사람이 있다. 이 사람은 여행하는 것을 좋아해 맛집이나 여행지를 콘텐츠로 만든다. 사람들이 댓글을 남기고, 여행지를 찾을 때 도움이 된다는 반응을 보인다. 자연스럽게 더 좋은 콘텐츠를 만들겠다는 의지가 생긴다. 덕분에 오랫동안 블로그를 운영한다. 어느 순간 관광지나 숙박업소, 맛집에서 콘텐츠 의뢰를 하기 시작한다. 무료로 숙박을 하고 맛있는 음식을 먹을 수 있어서 흔쾌히 수락한다. 점점 더 많은 제안을 받는다. 콘텐츠 덕분에 블로그 방문자가 늘어난다. 이제는 비용을 받으며 콘텐츠를 만든다.

여기까지는 콘텐츠 주제를 찾고, 만들며, 콘텐츠로 수익화하는 과정이다. 여기서 확장하는 방법이 있다. 자신만의 콘텐츠를 만드는 일이다. 사례는 그동안 다른 사람 상품이나 서비스를 홍보하며 콘텐츠를 만든 이야기다. 그동안의 경험을 자신만의 노하우 콘텐츠로 만든다면 수익을 높일 수 있다.

맛집이나 여행지 콘텐츠를 가공해 유튜브 영상을 만들거나 인스타그램을 시작한다. 책을 쓰거나 PDF 파일 판매, 강의나 컨설팅도 가능하다. 이 모든 것은 자신의 콘텐츠를 가공하거나 자신의 이야기로 확장하는 방법이다.

방향을 조금 바꿔 마케팅 대행도 할 수 있다. 마케팅 대행은 그동안 콘텐츠를 만들며 쌓은 노하우를 활용해 다른 사람이나 업체 채널을 대신 운영하는 일이다. 대행은 대행사에서만 하는 게 아닌가 생각할 수 있다. 요즘은 각자의 노하우를 가진 1인 기업이 많다. 대행 일을 하는 개인을 어렵지 않게 찾아볼 수 있다.

대행 일을 하는 방법은 두 가지다. 첫째는 본인이 직접 한다. 자신만의 노하우를 체계화하고 적용한다. 사례가 생기면 추가 대행을 늘려 나간다. 보통 1주일에 2개 정도의 콘텐츠를 만들면 한 달에 50만 원 정도를 받는다. 하나씩 늘려 4개 정도를 운영하면 200만 원 정도 수익을 만들 수 있다. 인스타그램도 마찬가지다. 대행은 크몽 등 재능 판매 사이트에 모집 글을 올린다.

둘째는 본인은 사람을 모으고, 대행은 위임한다. 중개 역할만 한다. 모집 글을 쓰고, 일할 사람을 찾아 대행을 맡긴다. 당장에 큰 비용을 버는 건 아니지만, 시스템화가 되면 수월하게 수익을 만든다. 대행을 맡아서 진행하는 사람에게 자신만의 노하우를 전한다. 퀄리티가 유지되게 피드백을 준다. 아래는 한 재능 판매 사이트에 올라온 블로그 대행 글이다. 시장은 이미 형성돼 있다.

고품질 블로그 관리 대행 150,000원~	블로그 전문가 월 단위 관리 대행 330,000원~
브랜드 블로그 1500자 이상 작성 800,000원~	블로그 경력 6년차 최적화 블로그 관리합니다. 1,000,000원~

<재능마켓 '크몽'에 게시된 블로그 운영 대행 게시물 예시>

Part 07

콘텐츠 수익화 사례

07

콘텐츠
수익화 사례

1 해외에서 온라인으로 수익 0원에서 월 천만 원까지 ─(B쌤 님 사례)

"한 달에 10만 원이라도 벌어보면 좋겠어요." 블로그에 댓글이 달렸다. 해외에 있는 이웃이 남긴 글이었다. 이후 블로그 강의와 1:1 컨설팅을 진행했다. 그동안 콘텐츠로 어떻게 수익을 만들었는지 그 이야기를 해보려 한다.

처음 B쌤을 알게 된 건 2018년이었다. 당시 멕시코 시골 마을에서 두 아이를 키우며 살고 있었다. 멕시코 현지 학생들에게 한국어도 가르치고 있었다. 다국어 교육 관련 카페 활동을 한 경험이 있었고, 블로그도 몇 년째 운영 중이었다. 다만 취미로 운영했다. 수익화 경험은 없었다.

해외에서 생활을 시작한 B쌤은 중국에서 아이들을 가르친 경험이 있다. 선교 활동을 하며 해외살이를 시작했다. 처음에는 말도 통하지 않는 시골 마을에서 할 게 많지 않았다. 스페인어 공부를 하며 3년 동안 학업에만 매달렸다. 그때 B쌤은 수익형 블로그 강의를 알게 됐다. 당시 B쌤의 고민이다.

① 해외 작은 시골 마을 거주. 상황적으로 무기력함.
② 일과 육아를 동시에 하는 방법 고민.
③ 유료로 재능(콘텐츠)을 파는 것에 대한 불편함.

1) 콘텐츠 수익화 과정

B쌤은 블로그를 운영했다. 일상적인 이야기를 담은 콘텐츠가 대부분이었다. 자신이 가진 콘텐츠 중 무엇을 수익으로 바꿔야 할지 몰랐다.

B쌤의 상황에서 할 수 있는 것을 찾아봤다. 스페인어를 할 수 있다는 장점이 있었다. 해외 거주자라 온라인 활동만 가능하다는 점도 고려했다. 먼저 온라인 스페인어 스터디를 만들었다. 처음이라 무료로 시작하고 콘텐츠를 쌓아 나갔다. 스터디 교재를 선정하고 피드백을 받았다. 점차 유료로 모집했다.

① 컨설팅 시 가장 높았던 허들, 수익화보다 중요한 것

B쌤은 재능을 팔며 사람들에게 돈 받는 것을 불편해했다. 이런 점은 B쌤만 느끼는 감정은 아니다.

"뭘 잘하세요?", "사람들이 무엇을 많이 물어보나요?", "그동안 어떤 일을 하셨어요?" 등의 질문을 시작으로 할 수 있는 것을 찾고, 그것에 콘셉트를 입히고, 상품이나 프로그램을 만들자고 하면 보통 비슷한 반응을 보인다.

"이걸 돈 받고 해도 되나요?"라고 말이다. 많은 사람들이 자신이 가진 것을 콘텐츠로 만들고, 이것을 파는 것에 대해 불편해한다. 본인이 알고 있는 것을 그냥 알려줄 수도 있는데, 돈을 받는다는 것을 어려워한다. 나는 이런 불편함을 없애 준다. 스스로 파는 것에 대해 불편한 마음이 있으면 팔기 어렵다.

두 가지를 생각해 보자. '내 콘텐츠가 상대방에게 가치를 줄 수 있는가'와 '시작과 끝을 보여줄 수 있는가'다. 스페인어를 배우고 싶은 사람이 있다. 학원 다니기에는 부담되고, 혼자 공부하기에는 막막하다. 이럴 때 B쌤이 진행하는 스터디에 참여하면 어떨까? 저렴한 비용에 피드백까지 가능한 수업이다. 실력은 자연스럽게 올라간다. 스터디 후 기대되는 레벨을 예상할 수 있다. 수강생이라면 안 할 이유가 없다.

무엇보다 중요한 것은 스터디를 파는 상품에 대한 B쌤의 생각이다. 사람들은 상품의 가치를 모른다. 무료나 저렴한 가격으로 테스트한다. 사람들의 피드백이 쌓이면 가격을 올린다. 그 시작은 파는 사람이 자신의 콘텐츠 가치를 인정하는 것이다.

또 하나 B쌤을 설득할 때 했던 이야기다. B쌤은 평소 기부하는 삶을 산다. 빠듯한 수입에 적은 돈을 기부하는 게 좋은지, 이왕이면 더 많은 기부를 하는 게 좋은지 물었다. 좋은 콘텐츠로 사람들을 돕고, 더 많은 돈을 벌면, 파는 사람, 사는 사람, 기부받는 사람까지 전부 이득이다.

만약 당신도 콘텐츠를 팔 때 '정말 돈을 받아도 될까?'라는 불편함이 있다면 B쌤 사례를 떠올려 보자. 줄 수 있는 가치가 있고, 시작과 끝을 보여줌으로써 상대방의 삶을 다르게 만들 수 있다면 얼마든지 비용을 받아도 좋다. 타깃은 지불한 비용보다 더 많은 가치를 얻는다면 돈을 아까워하지 않는다. 오히려 고마워한다.

② **콘텐츠 차별화 만들기**

어떻게 해외에 있는 B쌤이 자신의 콘텐츠로 수익을 만들었을까?

A. 단점을 장점으로 바꾸기

B쌤은 멕시코 작은 마을에 산다. 자원봉사로 해외 청소년에게 한국어를 가르친다. 이들 중 한국에 교환학생으로 간 학생도 있다.

스터디 운영 중 질문이 많아져 응대가 어려운 상황이 왔다. 육아와 일을 동시에 하니 시간적 제약도 있었다. 스페인어를 할 수는 있지만, 전문적으로 잘하지는 않는다는 점이 B쌤에게 부담으로 다가왔다. 이 두 가지 상황은 단점이다. 하지만 다른 방법으로 단점을 극복했다. 해외 학생들에게 스페인 튜터 기회를 제공하고 피드백을 했다.

B. 타깃 설정

B쌤은 자신의 스페인어 콘텐츠를 성인 시장이 아닌 어린이, 청소년 시장에 팔았다. 중국에서 어린이들을 가르친 경험이 있어서 스페인어 타깃도 어린이로 잡았다. 더불어 두 딸과 함께 어린이 스페인어를 유튜브에 올려 콘텐츠를 확장했다.

C. 남다른 스토리, 자신과 타인의 이익 고민

B쌤은 스페인어 강의와 스터디뿐만 아니라 멕시코 원주민이 만드는 상품을 마켓에 팔고 있다. 멕시코는 인건비도 저렴하고, 작은 시골 마을이어서 환경이 열악한 편이다. 어떻게 하면 현지인을 도울 수 있을까 고민했다. 처음에는 이러한 이야기를 블로그에 콘텐츠로 쌓았다. 쌓인 콘텐츠를 인스타그램으로 확장했다. 이를 통해 한국 업체와 제휴를 맺었다. 멕시코 원주민이 만든 상품을 한국 시장에도 판매하게 된 거다. 그동안 쌓은 콘텐츠와 현지인을 돕고자 한 B쌤의 선한 영향력 덕분이다. 이는 B쌤의 남다른 스토리가 되었다.

2) 다양한 수익화

현재 B쌤은 자신만의 콘텐츠를 통해 다양한 수익을 만들고 있다. 스페인어 스터디와 강의는 해외와 한국에 있는 현지인 학생들과 연계해 진행한다. 직접 강의나 스터디를 진행하는 대신 자신이 더 잘하는 홍보와 관리에 집중한다. 덕분에 하는 일을 계속 확장하고 있다.

<B쌤이 집필한 스페인어 교재>

그 외에도 아이들을 대상으로 한 스페인어, 한국어 교재를 집필했다. 새로운 플랫폼을 준비하며 스페인어 영상 클래스 계획도 세우고 있다. 콘텐츠를 통한 수익은 스페인어 스터디, 스페인어

원서 판매, 한국어 교재 집필, 어린이 스페인어 유튜브 1만 명 구독, 카페 운영, 원주민 상품 판매 등으로 이어졌다.

다음은 B쌤이 운영하는 'BBB 스페인어 스터디 카페'다. 블로그와 유튜브를 통해 스페인어 콘텐츠를 꾸준히 쌓으며, 스터디와 강의를 모집한다. 수강생은 매일 카페에 과제를 제출한다.

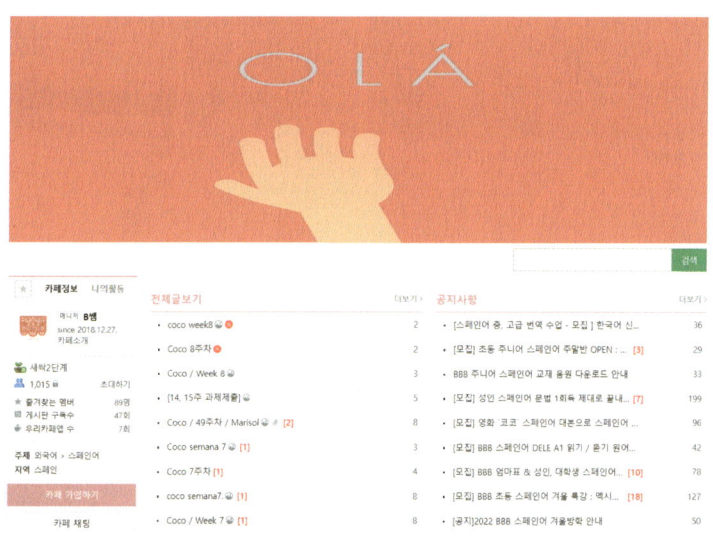

<B쌤의 BBB 스페인어 스터디 카페>

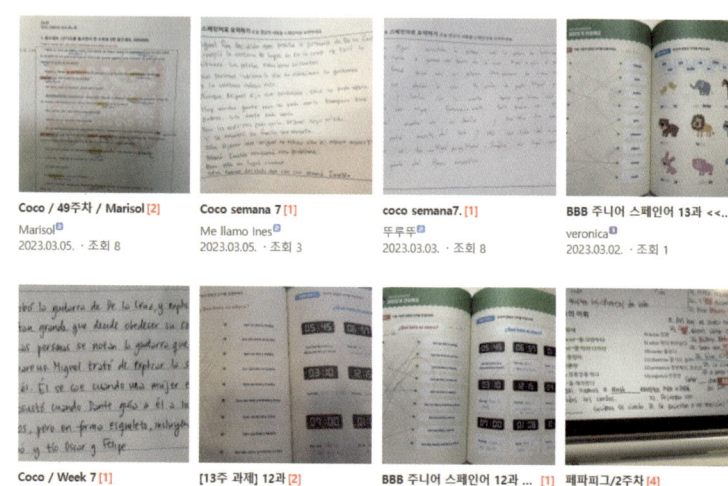

<BBB 스페인어 카페 내 과제 제출 콘텐츠>

3) 고민에 대한 실행

누군가는 이 사례를 보고 '이 사람은 이미 가진 게 많아서 성과가 나온 거야.'라고 생각한다. 하지만 B쌤도 시도해 보지 않은 일이었다. '과연 콘텐츠 수익화가 가능할까?'라고 의심했고, 확신이 서지 않았다. 하지만 방향을 잡고 꾸준히 실행해 나가니 결과물로 이어졌다. 지금도 계속 실행하며 성과를 만들어 나간다.

처음 B쌤이 가진 3가지 고민을 이렇게 하나하나 실행하며 해결했다. 무엇보다 자신의 콘텐츠가 수익이 된다는 것을 알게 됐다. 비용을 받는 것에 대한 부담은 더 좋은 가치를 만들 수 있다는 생각으로 바뀌면서 불편함을 내려놓았다. 받는 비용보다 더 많은 가치를 줘서 함께 하는 이들의 삶을 바꿨다. 덕분에 자신만의 콘텐츠로 수익화 방향을 잡고, 실행한 후 3개월 만에 500만 원 정도를 벌었다. 1년 정도 후에는 월 500만 원 이상을, 현재는 월 1,000만 원 이상의 수익을 내고 있다.

- 수익화가 될 수 있도록 당장 프로젝트 시작.
- 유료화에 대한 부담을 내려놓기 위해 무료에서 서서히 가격 올림.
- 자신의 가치와 맞는 방향으로 이끌고 나감.
- 채널 다각화 : 블로그, 카페, 인스타그램, 유튜브 등 다양한 채널 활용.

<B쌤 고민에 대한 실행 방법>

4) 콘텐츠로 수익을 낸다는 것

"저는 정말 뭘 해야 할지 모르겠어요."라고 막막해 하는 사람이 많다. 이야기를 나누다 보면 한두 가지는 콘텐츠 주제가 나온다. 다만 자신이 가진 콘텐츠가 어떻게 수익으로 이어질지 알지 못한다.

B쌤도 시작이 쉽지 않았다. 하지만 자신만의 콘텐츠를 성실하게 쌓다 보니 결국 성과를 만들었다. 작게 시도하며 더 큰 도전들을 할 수 있었다. 꾸준히 콘텐츠를 쌓으며 더 다양하고, 많은 수익구조를 만들었다.

콘텐츠 수익화를 너무 어렵게 생각하지 말자. 누구에게나 각자의 이야기가 있다. 분명 잘하는 것이 있다. 그것은 누군가에게 도움을 줄 수 있다. 거기서부터 시작이다.

멕시코에서 N잡러가 된 두 딸 맘 B쌤의 자기소개

벌써 2021년의 10월도 끝이 보인다. 아침저녁으로 옷깃을 여미는 날씨가 계속되고 있다. 멕시코도 가을인가 보다. 하늘은 구름 한 점 없이 파란 하늘이 펼쳐져 있고, 한국 뉴스에서는 그렇게 더웠던 여름을 뒤로하고 한파 주위 보라는 뉴스가 보인다. 이제 한 해를 마무리해야 하는 연말인가 보다. 연말 집착증일까? 나는 BBB를 시작 한 3년 전부터는 매년 발전하는 BBB와 나에 대한 기대로 항상 연말을 기대하고 또 기다린다. 이유는 간단하다. 올 초 내가 세운 새해

내가 요즘 가장 재미를 느끼고 있는 분야는 바로 마켓 사업이다. 멕시코에는 아직도 인디헤나 분들이 계시는데 이분들의 손재주가 정말 예술이다. 매번 이 멋진 작품과 같은 물건들을 한국에 소개하고 싶었었는데, 한 번의 시작이 지금은 여러 개의 거래처와 거래할 정도로 규모가 커져서 매달 스페인어 교육 사업 및 한국어 말고도 재미난 일을 할 수 있어 즐겁게 일하고 있다.

<블로그에 올린 B쌤 님의 자기소개 콘텐츠>

2 계약 0건에서 전환율 90%로 (디자인봄애 님 사례)

인테리어 사무실을 오픈한지 한 달 정도 된 부부가 컨설팅에 찾아왔다. 오픈 후 고객 문의는 이어졌지만, 한 건도 계약이 되지 않았다. 온라인으로 어떻게 홍보를 해야 할지, 어떻게 하면 계약을 진행할 수 있을지 고민이 돼 컨설팅을 신청했다. 당시 대표님은 계약 건수를 늘리는 데만 집중하지 않았다. 자신의 업에 대한 3가지 고민이 있었다.

① 많은 인테리어 업체가 고객의 신뢰를 얻지 못함. 어떻게 하면 자신이 신뢰를 줄 수 있을까?
② 타 업체에 비해 다소 견적 비용 높은 편. 어떻게 이를 고객에게 납득시킬까?
③ 고객이 어떻게 하면 인테리어 업체에 사기당하지 않고 제대로 공사할 수 있을까?

<컨설팅 당시 디자인봄애 대표님의 고민들>

1) 고민에 대한 해결 방안

인테리어 사업장을 오픈한 대표님은 위와 같은 고민을 갖고 있었다. 어떻게 하면 이러한 고민을 해결할까 고심하던 차에 수익형 블로그 강의와 컨설팅 후기를 보게 됐다. 진정성 있는 강의였다는 후기와 문제가 해결됐다는 글을 보고 컨설팅을 신청했다. 고민을 어떻게 해결했을까?

대표님에게 각 고민에 대한 다양한 콘텐츠 사례와 방향을 제시했다. 구체적인 사례를 통해 타깃에게 필요한 콘텐츠를 만들고 이를 통해 신뢰감을 쌓을 수 있도록 했다. 예를 들어, 앞의 1번 고민에 대한 콘텐츠 방향이다.

① 1번 고민에 대한 콘텐츠 방향

A. 타깃이 인테리어 업체에 신뢰감을 얻지 못하는 이유를 찾는다. 가령 견적을 두루뭉술하게 내 각 항목의 비용을 알 수 없게 하는 것 등이다.
B. 견적 의뢰 시 주의할 점과 체크해야 할 리스트를 콘텐츠로 만든다.
C. 인테리어 순서도를 만들어 구체적으로 보여준다. 타깃이 어떤 곳을 인테리어를 해야 할지, 빼야 할지를 점검할 수 있도록 돕는다.

4.업체견적받기 및 최종결정하기

일반철거	씽크대와 기본철거
화장실공사(타일)	거실화장실공사
타일작업	베란다타일
	주방,현관타일
목공작업	걸레받이
	손잡이 및 경첩교체
전기작업	시스템거실6등
	시스템방등
	시스템주방등
	베란다 등
	식탁등
	조명시공비
	스위치콘센트교체작업
벽지	합지소폭
	퍼티작업
마감공사	페인트 작업
	창판
가구	씽크대

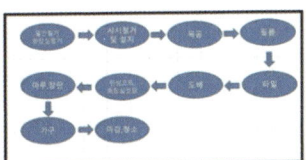

인테리어 공사순서 배우기

기본적인 순서는 이렇게 공사가 진행이 됩니다
어느 업체랑 하셔도 목공까지는 순서가 동일 하고
목공이후는 업체마다 그리고 하시는 품목에 따라
서 조금씩 달라 질수 있어요

이거보시고 어 나는 이렇게 안했는데 하시는분들
도 계시기때문에 미리 말씀드렸습니다^^

<컨설팅 후 만들어진 콘텐츠>

    이러한 방법으로 하나씩 타깃의 문제 해결을 위한 콘텐츠 방향을 잡았다. '인테리어 공사 순서 배우기' 순서도는 타깃에게 특히 도움 되는 콘텐츠다. 인테리어를 처음 해보는 사람은 어떤 순서로 진행하는지 모른다. 그럴 때 순서도로 자신이 어느 위치에 있는지, 어느 정도 진행됐는지, 필요한 것이 무엇인지 알 수 있다.

② 2번 고민에 대한 콘텐츠 방향

　타 업체에 비해 견적이 높은 점은 어떻게 설명해야 고객이 납득할까? 이점에 대해서 질문을 하나 하겠다. 당신은 상품이나 서비스를 구매할 때 저렴한 가격을 선호하는가? 아니면 비싼 것을 선호하는가? 성향 혹은 지불하는 상품에 따라 다르겠지만, 대부분은 이왕이면 저렴한 것을 선호한다. 하지만 저렴하다고 해서 무조건 구입하는 건 아니다. 비싸다면 비싼 이유가 이해되게 설명한다.

A. 타사 가격보다 비싼 이유가 무엇인지 찾는다.
B. 자재, 시공 노하우 등 고객이 고개를 끄덕일 정도로 상세한 이유를 제시한다.
C. 시공 사례를 눈으로 확인할 수 있는 콘텐츠를 만든다.(예 : 화장실 공사 시 가격 차이가 나는 이유, 방수공사 유무, 타일의 차이 등, 저렴한 공사 후 AS가 안 돼 고생했다는 타 업체 사례 공유 등)

<견적 가격이 높은 이유를 설명하는 콘텐츠 기획 예시>

　이렇게 콘텐츠 방향이 잡히면, 구체적으로 타깃에게 도움이 되는 콘텐츠를 만들 수 있다.

<시공 사례를 직접 확인할 수 있는 콘텐츠 예시>

2) 행동, 콘텐츠 만들기

3시간 동안 진행된 컨설팅이 끝나면 이제부터가 시작이다. 컨설팅하는 동안 방향을 정하고 해야 할 과제를 준다. 많은 사람이 자신만의 콘텐츠로 수익을 원하지만, 강의나 컨설팅 후 모두가 수익을 만들지는 못한다. 콘텐츠로 수익을 내는 사람과 내지 못하는 사람의 차이는 단 하나다. 바로 행동이다.

콘텐츠를 만들 때 타깃 입장에서 생각한다. 좋은 콘텐츠를 만들더라도 계약으로 이어지지 않으면 목적이 달성되지 않는다. 어떻게 하면 계약으로 이어지게 할 수 있을까? 타깃이 행동하도록 유도한다.

행동을 유도하려면 타깃이 가진 문제점에 확실한 해결책을 제시해야 한다. 그것이 콘텐츠다. 콘텐츠를 통해 해결책이 제시되면 타깃의 신뢰감은 높아진다. 이때 '견적 의뢰', '궁금한 점 질문', '일정 문의' 등 직접적으로 행동을 촉구하는 문구가 콘텐츠에 있다면 타깃이 행동할 확률은 올라간다.

타깃이 당장 행동하지 않을 때도 있다. 이럴 때는 타깃에게 도움이 될 만한 정보를 무료로 준다. 가령 '천만 원 아끼는 인테리어 견적 요청법'이다. 타깃에게 필요한 것을 꾸준히 제공한다. 많이 얻을수록 갚으려는 마음이 생긴다. 이 마음이 문의나 계약으로 이어진다.

3) 제품을 사지 않는 타깃, 어떤 손해를 볼까?

고객이 어떻게 하면 인테리어 사기를 당하지 않고 제대로 진행할까? 3번 고민에 대해 어떤 콘텐츠를 만들 수 있을까? 이 고민에 대해서는 타깃이 '이 업체와 인테리어 계약을 하지 않으면 손해를 보겠구나.'라는 생각이 들게 만들어야 한다. 어떻게 하면 타깃이 '손해'를 입지 않기 위해 해당 인테리어 업체에 연락할까?

① 타깃이 위험에 노출되어 있음을 알린다.
② 인테리어 공사 의뢰 시 업체에게 사기당하고 싶지 않으면 행동해야 함을 알린다.
③ 타깃이 사기를 당하지 않도록 구체적으로 어떤 행동을 해야 하는지 이야기한다.
④ 타깃이 구체적인 행동을 하도록 자극한다.

<타깃이 손해 보지 않게 행동을 유도하는 콘텐츠 기획 예시>

인테리어를 진행할 때 제대로 된 업체를 고르지 못한다면 사기를 당할 수 있다. 타깃이 합리적인 가격에 제대로 된 시공 서비스를 받도록 업체 선정 시 주의점을 알려준다. 어떤 고객은 인테리어에 적지 않은 비용을 들였는데 1년도 안 돼 집안 곳곳에 여러 가지 문제점이 발생했다. 해당 업체에 AS를 요청했으나 추가 비용만 운운할 뿐 제대로 된 서비스를 받지 못한 사례 등 다양한 일이 일어날 수 있다.

타깃에게 직접 좋은 업체와 좋지 않은 업체를 구분할 방법을 제시한다. 견적서 보는 방법, 어떤 질문을 해야 하는지, 인테리어 관련 기본 용어 숙지 등이 해당된다.

마지막으로 자신이 운영하는 인테리어 업체와 계약했을 때는 이러한 문제가 생길 여지가 없다는 것을 보여준다. 콘텐츠를 통해 인테리어를 맡기기 전 반드시 알아야 할 것을 알려주고, 공사 현장 실제 사진과 꼼꼼한 설명으로 신뢰가 생기도록 한다. 업체를 잘못 선택할 경우 받을 수 있는 정신적, 금전적인 손해를 입지 않을 수 있음을 주지시키고, 계약이 이루어질 수 있도록 한다.

4) 컨설팅 받은 후 달라진 점

현재 해당 업체는 꾸준히 계약 의뢰가 들어오고 있다. 몇 개월째 계약이 마감된 상태다. 고객 의뢰가 늘면서 언론사에서 취재 연락도 받았다. 오픈 후 얼마 안 돼 컨설팅을 진행하고 콘텐츠 방향을 제대로 잡은 덕분이다.

처음에는 어떻게 온라인으로 홍보해야 할지 막막한 상태였다. 블로그에 콘텐츠를 올리고 있었지만, 다른 업체와 차별화가 없었다. 예를 들어, 이전 콘텐츠는 쇼룸에 방문한 내용이다. 여기저기 사진을 찍고 보여주기에만 몰두한 콘텐츠였다. 어떻게 하면 도움 되는 콘텐츠로 만들 수 있을까? 쇼룸에 다녀온 내용이라면, "다녀왔어요." 같은 사진만 보여주는 게 아니다. 최근의 인테리어 트렌드, 쇼룸 해당 업체에서 사용한 자재에 대한 설명, 공간 구성에 따른 소비자가 느끼는 편리한 점, 쇼룸에 비치된 인테리어 소품 등 전혀 다른 콘텐츠를 만든다.

인테리어 대표님에게는 그동안 스토리가 있었다. 20대에 건축을 배우기 위해 공사 현장에서 고생했던 일, 결혼 후 아이를 낳고 아빠가 되며 책임감을 느낀 점, 이를 통해 더 많은 것을 배우기 위해 발로 뛰었던 시간, 자신이 힘든 상황을 경험했기에 사람들에게 도움이 되고자 하는 마음이다. 이러한 것이 콘텐츠 곳곳에

녹아들었다. 다른 업체와 전혀 다른, 차별화된 콘텐츠로 대표님은 타깃에게 도움 될 콘텐츠를 지속적으로 쌓았다. 그 효과는 단 2주 만에 나타났다. 지금은 어떻게 하면 계약을 성사시킬까를 고민하는 게 아닌, 빡빡한 일정을 조율하느라 바쁜 일상을 보낸다.

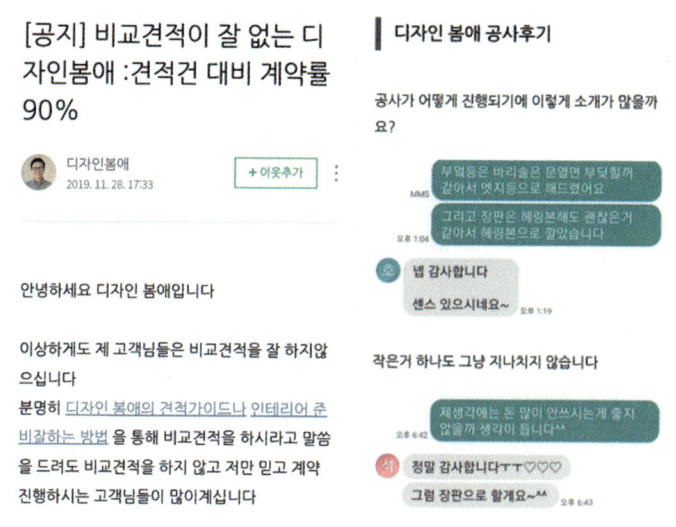

<인테리어 시공 계약을 이끈 콘텐츠 예시>

Part 08

콘텐츠로 당신의 인생을 1도만 바꿔라

08

콘텐츠로 당신의 인생을 1도만 바꿔라

1 모든 일의 시작은 '이것'부터다

요즘 하는 일이 있다. 그동안 해 온 일이지만 사뭇 다르다. 거의 매일 무엇인가를 만들어 내야 하는 압박이 있다. 그와 동시에 책 마무리를 하고 있다. 책을 쓰기로 마음먹었을 때는 무엇보다 목차를 잡는 게 힘들었다. 몇 번을 수정하고 나서야 이제는 써도 되겠다는 목차가 나왔다. 그렇게 흘러간 시간이 2~3개월이다. 목차가 나오고, 무엇이든 쓰자고 결심했다. 1~7장까지 목차를 펴고 써 내려가기 시작했다. 때로는 타이머를 맞추며 긴장감을 일으켰다. 무엇을 써야 할지 막막한 흰 화면을 앞에 두고 하염없이 바라보는 날도 허다했다. 그럼에도 나는 결국 해내기로 선택했다. 그리고 오늘도 새벽부터 일어나 이 책을 마무리하고 있다.

지난 목요일 밤 10시에 미팅을 했다. 맡아서 진행하고 있는 일의 대표님은 눈코 뜰 새 없이 바쁘다. 둘 다 일정을 맞추다 보니 밤 10시가 됐다. 원래 미팅은 오전 10시였는데, 일정이 변경되면서 밤이 됐다. 보통은 며칠 전에 미팅 자료를 준비하는데 그날은 하루 종일 진도가 안 나갔다.

머릿속에 무엇을 해야 할까 한참 그랬지만, 해결 방안이 보이지 않았다. 매번 미팅 준비를 할 때마다 무엇인가 해결책이 나와야 할 거 같은데 막히는 기분이었다. 매번 도전이었고, 퀘스트를 하나씩 깨고 나가는 기분이었다. 거의 온종일 미팅 준비를 했지만 무엇인가 뚜렷해 보이지 않았다. 놓치고 있는 것이 있나 주고받은 대화를 여러 차례 확인했다.

저녁 7시, 쌓인 설거지가 눈에 들어왔다. 마무리하지 못한 미팅 준비에 마음이 불편했다. 계속 부정적인 생각이 올라왔다. 상대방의 다소 불만스러워하는 모습이 떠올랐다. 그때 나는 내 선택을 바꾸기로 했다.

우리는 무엇인가 할 때 끊임없이 부정적인 생각을 한다. 긍정적인 결과를 상상하는 것보다 부정적인 걱정과 염려가 떠오르는 게 더 자연스럽다. 하지만 나는 어떤 상상을 하든 곧 이루어진다는 걸 안다. 부정적인 상상을 떨쳐내고 상대방도 나도 만족스럽게 미팅을 마치는 상상을 했다. 영상을 재생하고 이어폰을 꽂은 후 설거지를 했다.

한참 영상을 듣고 있는데 일하는 방법에 관한 이야기가 나왔다. 무엇인가 시작할 때 그것에 해당하는 것을 전부 적어보라는 이야기였다. 여과 없이 떠오르는 생각을 종이에 적어보는 작업이다. 평소 나는 A4 종이 뒷면을 이면지로 쓴다. 3색 볼펜을 손에 쥐고 종이에 떠오르는 것을 적는다. 내 생각을 끄집어내고 구체화시키는 과정이다. 아이디어 대부분이 이 작업을 하며 나온다. 그동안 거의 이 작업을 못 했다.

설거지를 하다 말고 자리에 앉았다. 내가 안고 있는 문제를 시작으로 할 수 있는 모든 것을 적어 내려갔다. 단순히 하나의 문제를 어떻게 해결할까가 아니라, '이건 안돼, 이건 돼.'라는 생각을 없애고 생각나는 모든 것을 적어봤다. 우리가 원하는 것은 수익을 만드는 일이다. 수익을 위한 근본적인 방향은 타인을 이롭게 하는 일이다. 어떻게 해야 할까?

느닷없이 생각이 쏟아져 나왔다. 마치 나에게 답을 주는 것처럼 말이다. 그동안 경험했고, 알고 있었지만, 전혀 떠오르지 않았던 생각이 쏟아져 나오는 경험을 했다. 온종일 만들려 했던 솔루션보다 단 5분 만에 쏟아진 생각에서 더 좋은 아이디어가 나왔다.

미팅은 잘 마무리됐다. 상대방도, 나도 만족스러웠다. 이 일이 가능했던 이유는 단 하나다. 내가 그렇게 되기로 선택했기 때문이다. 누군가는 별거 아닌 일이라 생각할 수도 있다. 미팅 준비를 하고 서로 만족할 만한 결과를 만들었다는 게 별거 아닐 수도 있다. 하지만 내 이야기는 그게 아니다. 이 결과는 내가 선택해서 얻은 것이라는 말을 하는 거다.

삶의 모든 것이 스스로의 선택으로 이룬 것이다. '왜 그런 일이 일어날까, 왜 나에게는 안 좋은 일만 일어날까, 왜 나는 끈기가 없을까, 왜 나는 매번 실패할까, 왜 매번 하다 말까?' 결과를 만들어내지 못하는 건 그렇게 당신이 선택했기 때문이다. 잘 되기로, 결국 해내기로 선택한 것이 아니라 잘 되기를 바라는 마음으로 걱정을 한 것이 부정적인 결과를 선택한 것이다. 이걸 깨닫고 나면 무엇인가를 할 때 '선택'하는 것이 시작이라는 것을 알게 된다.

'나는 결국 이 일을 잘 해낼 거라고 선택한다.'
'나는 책을 잘 마무리하기로 선택한다.'
'나는 이 계약이 성공적으로 잘 이루어지는 것을 선택한다.'
'나는 부자가 되기로 선택한다.'
'나는 이 무대에서 최고의 강연을 하기로 선택한다.'

당신이 무엇을 하든 원하는 만큼 이뤄지지 않는다면 그건 명백하다. 그렇게 되기로 선택하지 않았기 때문이다. 한번 생각해 보자. 무엇인가를 할 때, 그렇게 되기로 선택했는지 말이다. 모든 일의 시작은 선택이다. 그렇게 하기로 결심하고, 그 결과를 시작하기 전에 선택하는 것이다.

콘텐츠를 다루는 책에서 나는 뜬금없이 무엇인가를 시작할 때 '선택'을 하라는 이야기를 하고 있다. 콘텐츠를 만들고 수익으로 만드는 것도 이 선택이 필요하기 때문이다. 콘텐츠를 만든다는 것은 쉬운 일이 아니다. 평소에 글을 자주 쓰는 사람이라면 조금은 수월할 수 있다. 대부분은 아니다. 그렇기에 먼저 당신의 삶에서 콘텐츠로 수익 내는 것을 선택하기를 바란다. 이 선택이 없으면 어느 순간 중요한 일에 콘텐츠가 밀리게 된다. 선택하고 결과를 만들어라. 안될 거 같다는 상상이 아니라, 결국 내가 만든 콘텐츠가 나를 대신해 영업하고, 수익으로 이어진다는 것을 믿고 선택하자. 이게 시작이다.

2. 삶을 쉽게 만드는 단 한 가지

누구나 다양한 사람들과 연결돼 있다. '5년 뒤 내가 어떤 모습이 될지 궁금하면 지금 같이하는 사람들이 누군인가를 보라.'라는 말이 있다. 평소 누구와 시간을 보내고, 어떤 사람들과 같은 방향을 향해 나아가는지 말이다.

어제는 오랜만에 한 대표님을 만났다. 늘 많은 것을 챙겨주는 분이다. 다양한 이야기를 주고받다가, 삶을 쉽게 만드는 단 한 가지에 관한 이야기를 나누었다. 우리는 동시에 많은 일을 하고 있다. 어쩌면 한 가지 일을 해내기 위해서 너무 많은 것을 하고 있는지 생각해 봐야 한다. 정작 집중해야 할 것을 못하면서 말이다.

예를 들어, 식당을 오픈했다고 치자. 오픈을 하면 해야 할 일이 많다. 기본적인 인테리어나 메뉴, 음식은 기본이다. 그렇다고 주인이 매일 청소에만 집착하면 안 된다. 어떻게 하면 오픈한 식당의 매출을 올릴 수 있을까 고민해야 한다.

온라인에서 오프라인 음식은 정보일 수 있다. 인테리어는 보이는 것들, 배너나 상세페이지 등 시각적인 디자인 일 수 있고, 메뉴는 판매하는 상품에 대한 리스트일 수 있다. 가장 낮은 자세에서 가게 사장님이 손님을 한 분 한 분 대하는 것은 좋다. 매일 청결한 가게를 위해 청소하는 것도 좋다. 하지만 결국 가게를 차린 이유는 돈을 벌기 위함이다. 단순히 돈을 좇으라는 의미는 아니지만, 돈이 벌리면 다른 일들은 순조로워진다.

더 좋은 재료로 음식을 더 맛있게 할 수 있고, 사람을 더 많이 써서 매일 청소를 더 깨끗하게 할 수 있다. 돈이 벌리지 않으면 사람을 쓸 수 없으니 모든 일을 혼자서 해야 한다. 악순환이 된다. 그러니 당신도 단 하나가 무엇인지 생각해야 한다. 그것을 해냈을 때 나머지 일들이 자연스럽게 해결되는 그 하나 말이다.

콘텐츠도 마찬가지다. 각자에게 그 단 하나가 다를 수 있다. 누군가에게는 콘텐츠를 만들 때 명확한 주제가 정해지면 나머지 일들이 쉬워질 수 있다. 누군가에게는 단 한 번의 수익화 경험이 나머지를 쉽게 할 수도 있다. 누군가에게는 자신에게 꼭 맞는 플랫폼을 찾는 게 모든 일을 쉽게 하는 단 하나일 수도 있다. 이 점을 생각해 보자. 부산스럽게 10가지 일을 하고 있지만, 결국 한 가지만 해내면 쉬워지는 일이 분명히 있다. 어떤 일 하나를 해냄으로써 나머지 일들이 순조롭게 혹은 알아서 해결되는 일 말이다.

3 시작할 때 두려움 없애는 방법

사람들은 내게 "어떻게 하면 그렇게 시작을 쉽게 할 수 있냐?"라고 묻는다. 무엇인가 시작할 때 쉽게 하는 것처럼 보이는가 보다. 누구에게나 시작할 때 두려움이 있다. 그것을 뛰어넘고 시작하느냐, 그렇지 않으냐의 차이다. 시작할 때 어떻게 두려움을 없앨 수 있을까.

1) 자신을 인정하기

결혼을 앞두고 수영을 배워야겠다고 결심했다. 30년 동안 물을 무서워해 감히 시도조차 못한 수영이었다. 이런 내가 신혼여행 가서 수영하려고 수영장을 다니기 시작했다. 초급반에 들어갔다. 나는 초급반은 진짜 초보가 오는 줄 알았다. 한 1주일쯤 지나니 다들 맨손으로 수영하기 시작했다. 진짜 초보는 나 혼자였다.

키판 내려놓기까지 2달이 걸렸다. 이걸 내려놓는 순간 공포스러웠다. 그럼에도 수영을 포기하지 않았던 이유는 스스로를 인정했기 때문이다. 다들 일주일 만에 키판을 내려놓을 때 나는 왜 안 될까를 고민하지 않았다. 그보다 나는 원래 배우는 게 느리다는 걸 인정하는 쪽을 택했다. 그러고 나니 2달 동안 혼자서 키판을 잡는 게 하나도 이상하지 않았다. 원래 느렸으니까. 하지만 결국 수영을 하게 된다는 것을 믿었다. 느려도 포기하지만 않으면 결국 해낸다.

회사에 다닐 때도, 학교 다닐 때도 새로운 것을 할 때 항상 다른 사람보다 좀 느린 편이었다. 그때마다 나는 왜 이렇게 못 알아들을까 고민했다. 그러다 수영을 하고 알게 되었다. '아, 나는 진짜 배우는 게 느리구나.' 그걸 인정하고 나니 오히려 마음이 편해졌다. 연습량도 일부러 늘렸다.

이제는 무엇을 시작하든 스스로를 인정하고 시작한다. 같은 출발 선상에 있더라도 '나는 원래 좀 느린 편이야. 그래서 더 많이 노력하니까 조금 늦더라도 괜찮아.'라고 스스로를 다독인다. 스트레스 받고, 무리해서 잘하려 하기보다, 조금 늦어도 결국 해낸다는 걸 아니 오히려 마음이 편해졌다.

2) 잘하려고 하지 않기

시작을 주저하게 되는 이유는 잘하고 싶은 마음탓이다. 주변에 기대 이상을 보여주고 싶은 마음, 인정받고 싶은 마음이다. 이런 마음이 커지면 시작할 때 두려움도 커진다. 과연 내가 할 수 있을까에 대해 의심이 커진다.

이럴 때 내가 원하는 것인지, 사람들이 원하는 것인지를 구분해야 한다. 누구를 위해 시작하려고 하는 것인지, 나를 위한 일이라면 굳이 다른 사람 눈을 의식할 필요가 없다. 스스로 인정하고 만족하면 된다. 도전했다는 것, 그 과정에서 내가 얼마나 애를 썼는지는 스스로 가장 잘 안다. 결과로 이어지지 않으면 어떤가. 그 과정은 어디 가지 않는다. 결국 내가 필요한 순간에 다시 이어지게 된다. 그러니 다른 사람들의 기대 때문에 잘해야 한다는 부담은 내려놓자. 누구를 위한 것인지 먼저 생각하고 그게 나를 위한 거라면 시작하면 된다. 시작은 누구나 어렵다. 잘하려 애쓸 필요도 없다. 일단 시작한다는 것만으로도 용기 낸 것이 대단하다.

3) 같이하기

무엇인가 시작할 때 혼자 하기보다는 같이 한다. 혼자 할 때는 포기가 빠르다. 같이 하는 순간 상황이 달라진다. 서로 힘이 되고 얻는 것이 많아진다. 30대 초반에 블로그와 카페를 시작할 때도 모임을 함께 했다. 각자 공부한 것을 공유하고, 정보를 나누며 같이 성장했다. 지금도 이 방법이 나를 성장시킨다. 유튜브를 시작할 때도, 블로그 콘텐츠를 쌓아 나갈 때도, 카페를 키워 나갈 때도 사람들과 함께 한다. 혼자서 애쓰지 말자. 생각보다 많은 사람이 함께할 때 힘을 얻는다. 직접 모집해서 같이 성장해도 좋다. 모집이 힘들다면 함께하는 그룹으로 들어간다.

4) 상황을 바라보는 눈

나는 나쁜 말은 입에 담는 걸 좋아하지 않는다. 뉴스나 영화조차 부정적인 것은 안 본다. 무엇인가를 할 때도 마찬가지다. '왜 나는 안되지?', '나는 왜 못하지?'보다 '이 정도 한 것도 대단하다.'라고 격려한다.

육아할 때에도 마찬가지다. 잘못한 것을 지적하기보다는 덕분에 할 수 있는 것들에 관해서 이야기한다. 가령 아이가 장난을 치다 물을 쏟으면 물을 쏟아 혼내는 게 아니라 왜 물을 쏟게 됐는지 물어보고, 다음부터 실수하지 않도록 이야기한다. 덕분에 바닥 한 번 더 닦아서 깨끗해졌다고 생각한다.

같은 상황에 대해서도 자신이 어떻게 들여다보는지에 따라 태도가 달라진다. 이건 평소에 자꾸 쌓는 게 좋다. 억지로 한두 번의 상황을 만들기보다 자연스럽게 사고가 흘러가도록 평소에 습관을 만들어 간다.

5) 보상심리

무엇인가를 시도할 때, 내가 하는 방법 중 가장 효과가 좋은 방법은 보증금을 거는 방식이다. 함께하는 사람들에게 10만 원씩 걷고, 성공하면 보증금을 돌려받고 실패하면 보증금을 잃는 방식이다. 성공한 사람들과 1/N로 나눈다. 내가 낸 금액 외에도 보상이 따라온다. 물론 금액이 크지는 않지만 효과는 좋다. 나는 이렇게 가볍지만 동기부여하는 장치를 활용한다. 덕분에 포기하지 않고 나아갈 힘이 생긴다. 각자에게 동기부여를 줄 수 있는 장치를 만들자. 그것 덕분에 작은 성공이 쌓인다.

6) 책

나에게 책은 동굴 같은 곳이다. 하기 싫은 것이 쌓여 있을 때도, 해야 할 것이 너무 많을 때도, 아무것도 하고 싶지 않을 때도, 무엇을 해야 할지 모를 때도 책을 편다. 숨을 수 있는 안전한 공간이다. 책은 읽을 때마다 그 속에 답이 있다. 아무리 늦어져도 뭔가를 하고 있다는 마음의 위안을 얻는다. 시작하는 것이 두려울 때 역시 책을 편다. 그러면 다시 일어설 용기가 생긴다. 그때는 전과 다른 마음으로 조금 더 용기를 얻고 시작한다.

7) 문제 마주하기

무엇인가 시작할 때, '내가 과연 할 수 있을까'라는 의심이 들 때가 있다. 그럴 때면 나는 종이에 할 수 있는 것과 할 수 없는 것, 내가 이 일을 하지 않았을 때와 했을 때 일어나는 일이 무엇인지를 적어본다. 종이에 쓰면, 상황이 객관적으로 보인다. 할 수 있을까 하는 의심은 상황을 제대로 보지 않으면 두려움이 된다. 문제를 마주하면 상황이 객관적으로 보이고, 내가 감당할 수 있는 정도가 파악된다. 그러면 보이지 않는 두려움은 할 수 있겠다는 용기로 바뀐다.

이 책을 보고 과연 내가 콘텐츠를 만들 수 있을까 의심스러울 수도 있다. 이때 종이에 써보자. 콘텐츠를 꾸준히 쌓아 나갔을 때 얻을 수 있는 게 무엇인지, 아무것도 하지 않았을 때 얻지 못하는 것이 무엇인지 말이다. 아무것도 하지 않으면 아무 일도 일어나지 않는다. 종이에 써보면 답이 보인다. 의심이 어느 순간 용기가 될 것이다.

나는 이 책 한 권을 읽고 당신 인생이 바뀔 거라고 생각하지는 않는다. 하지만 적어도 방향을 잡아주거나, 마음에 불씨가 심어질 거라 믿는다. 과정은 언제나 배신하지 않는다. 삶을 하나하나 콘텐츠로 만들어 나갈 때, 당장은 끝이 보이지 않는 터널 같은 기분이 들 거다. 하지만 곧 말도 안 되는 기회가 하나씩 다가올 거다. 거침없이 앞으로 나아가자. 작은 성공을 쌓으며 스스로를 믿자. 그 시작은 당신의 이야기를 담은 콘텐츠가 될 거라 확신한다. 누구나 이야기가 있다. 당신도 할 수 있다. 당신만의 이야기를 콘텐츠로 만들자.

에필로그

당신의 첫 콘텐츠를
마음 다해 응원합니다

어릴 적 몇 가지 기억이 있다. 그중에서도 책을 읽던 시간은 생생하다. 초등학교 수업 시간에 자리에서 일어나 책을 읽었다. 친구들이 책을 읽으면, 귀에 쏙쏙 박혔다. 공부를 잘하는 친구는 책도 잘 읽었다. 부러웠다. 속으로 몇 번이나 잘하자는 다짐을 했다. 어김없이 내 차례가 오면 귀부터 빨개졌다. 늘 제대로 읽지 못했다. 공부 잘하는 사람은 타고나는 줄 알았다. 학교 밖에서 하는 노력은 보이지 않았다. 책을 얼마나 읽는지, 노력은 왜 하는지, 어떻게 하는지조차 몰랐다. 얼마나 공부를 해야 하는지도 관심 없었다. 그저 머리가 좋아서 잘하는 줄 알았다.

새벽 4시 반, 이 책을 마무리하기 위해 식탁에 앉았다. 한 꼭지를 쓰니 1시간이 지났다. 밖은 여전히 어둡다. 옷을 주섬주섬 꺼내 입었다. 옷을 입다 말고 졸음이 몰려와 다시 자러 갈까 잠시 고민했다. 하지만 이내 옷을 다시 입고, 모자를 눌러쓰고 집을 나섰다. 나서자마자 오늘도 나에게 고맙다는 말을 한다.

누구도 새벽부터 일어나 글을 쓰고, 운동하라고 하지 않았다. 내가 좋아서 시작한 일이다. 어린 시절 노력을 몰랐던 나는 누구보다 그 중요성을 알게 되었다. 그렇게 10년을 넘게 스스로 노력하며 살고 있다. 나는 회사에 다니지 않는다. 내 일은 직접 만들어 한다. 덕분에 회사를 다닐 때보다 시간적, 경제적으로 여유가 있다. 이 책에 그 방법을 담았다. 내가 어떻게 혼자서 일을 만드는지, 어떻게 어디서든 노트북 하나만 들고 일하며 사는지 말이다. 나는 경험한 것, 아는 것, 배운 것을 콘텐츠로 만든다. 콘텐츠를 통해 사람들을 돕고 가치를 전한다. 콘텐츠로 사람들과 연결된다. 무엇보다 내가 좋아하는 일을 하며 산다.

얼마 전 활동하는 카페에서 한 청년에게 이런 질문을 받았다. 가슴 뛰는 일을 하고 싶다고 한다. 마케팅을 배우고 싶은데 지원하는 회사마다 경력자를 찾는다고 한다. 회사에 다녀야만 마케팅을 배울 수 있는 게 아니다. 스스로 찾아서 할 수 있는 일은 얼마든지 많다. 하는 일에 압도적인 노력을 하고, 잘 해내면 가슴은 뛴다. 자신의 이야기를 콘텐츠로 만들고 그것을 팔다 보면 마케팅 전문가가 되는 건 시간 문제다.

나는 강의나 컨설팅을 할 때마다 그동안 만들어온 콘텐츠를 수강생에게 보여준다. 그럴 때마다 반응은 같았다. 정성에 놀란다. '이 정도까지 해야 되나..' 싶은 눈치다. 콘텐츠를 돈으로 바꾼다는 것은 단순히 글을 잘 쓴다는 의미가 아니다. 반드시 돈을 쓸 사람이 있어야 한다. 돈을 쓰는 사람이 왜 돈을 써야 할까를 생각해 보면 답은 간단하다. 그 콘텐츠가 돈과 바꿔도 아깝지 않은 가치가 있기 때문이다. 그 가치는 그 사람이 가진 문제를 해결하는 데 있다.

그렇다면 브랜딩을 하고 콘텐츠를 돈으로 바꾸는 방법은 간단해진다. 눈에 띄는 결과를 위해서 각자의 과정을 쌓고, 그것을 콘텐츠로 만들면 된다. 하지만 그 과정은 단순히 기록이 아닌 누군가의 문제를 해결해 주는 것에 초점이 맞춰져 있어야 한다. 그러면 사람들은 돈을 쓴다. 이 점을 꼭 기억하자. 오랫동안 각자 채널을 운영하고 있어도 단 한 번도 돈으로 연결하지 못했다면 분명 놓치고 있는 것이 있다는 의미다. 자신의 이야기를 하지 않고 있거나, 과정이 쌓이고 있지 않거나, 타깃에게 도움이 되는 글이 아닐 거다. 브랜딩이 되면, 그야말로 알아서 돈을 들고 찾아온다. 그동안 쌓은 과정을 보고 '이 사람이라면 나의 문제를 해결해 줄 수 있겠구나.'하는 확신이 들기 때문이다.

나는 이 책에 그동안 쌓아온 콘텐츠의 모든 노하우를 담고자 했다. 최대한 직접 쓴 사례를 보여주려고 했다. 이론적인 설명이 아니라 경험을 보여줌으로써 따라 할 수 있게 했다. 이것이 콘텐츠를 만들고 수익화하는데 첫 발을 떼는 당신에게 도움이 되길 바란다. 나는 10년이 넘는 시간 동안 도전하고, 부딪히며 성과를 만들어 왔다. 그때마다 이런 가이드북이 있었다면, 조금은 더 쉽게 성과를 만들지 않았을까 하는 아쉬움이 있었다.

누군가는 이 책을 보고 콘텐츠를 만들고, 수익화에 도전할 것이다. 그러다 생각만큼 성과가 나지 않아 좌절할 수도 있다. 실패하는 것도 괜찮다. 그런 순간들은 과정일 뿐이다. 그 과정들은 다시 당신의 콘텐츠가 될 것이고, 덕분에 누군가의 시간을 더 아껴줄 수 있게 될 것이다.

나는 당신의 이야기가 기다려진다. 콘텐츠가 돼 세상에 나온 당신의 이야기는 누군가의 삶을 바꾸는 계기가 될 것이다. 그것이 쌓이면 당신의 삶도 바뀔 것이다. 용기를 내 시작해 보자. 당신의 첫 콘텐츠를 마음 다해 응원한다.

CONTENTS
콘텐츠미라클
경험을 돈으로 바꾸는 콘텐츠 전략
MIRACLE

초판 1쇄 발행 2023년 5월 22일

지은이 소영처럼
발행인 정진욱
편집인 윤하루
디자인 서승연

발행처 라디오북
출판등록 2018년 7월 18일 제 2018-000161호
주　소 (07299)서울시 영등포구 경인로 775
전　화 0507-1360-8765
팩　스 050-7078-8765
이메일 hello.radiobook@gmail.com

ⓒ소영처럼 2023

ISBN 979-11-90836-76-0(13190)

값 25,000원

이 책은 저작권법에 따라 보호를 받는 저작물이므로 무단 전제와
무단 복제를 금지하며, 이 책의 전부 또는 일부를 이용하려면 반드시 저작권자와
라디오데이즈의 서면 동의를 받아야 합니다.

*라디오북은 라디오데이즈의 출판 전문 브랜드입니다.